DATA-BASED OPERATION IN B2B
CROSS-BORDER
E-COMMERCE

职业教育跨境电商系列
¤ 新形态精品教材 ¤
总主编 ◎ 章安平

跨境电商 B2B 数据运营

主 编 ◎ 章安平　于 斌　牟群月
副主编 ◎ 杨光炜　邬黄靖伊

大连理工大学出版社

图书在版编目(CIP)数据

跨境电商 B2B 数据运营 / 章安平，于斌，牟群月主编. -- 大连：大连理工大学出版社，2022.2(2025.7重印)
ISBN 978-7-5685-3443-7

Ⅰ. ①跨… Ⅱ. ①章… ②于… ③牟… Ⅲ. ①电子商务—商业经营 Ⅳ. ①F713.365.2

中国版本图书馆 CIP 数据核字(2021)第 252572 号

大连理工大学出版社出版

地址：大连市软件园路 80 号　邮政编码：116023
营销中心：0411-84707410　84708842　邮购及零售：0411-84706041
E-mail：dutp@dutp.cn　URL：https://www.dutp.cn
辽宁星海彩色印刷有限公司印刷　　大连理工大学出版社发行

幅面尺寸：185mm×260mm　　印张：13.5　　字数：310千字
2022年2月第1版　　2025年7月第4次印刷

责任编辑：夏圆圆　　　　　　　　　　　　　　责任校对：刘丹丹
　　　　　　　　　　　封面设计：对岸书影

ISBN 978-7-5685-3443-7　　　　　　　　　　　定　价：45.00元

本书如有印装质量问题，请与我社营销中心联系更换。

前言 Preface

2020年6月，海关总署发布2020年第75号公告（关于开展跨境电子商务企业对企业出口监管试点的公告），自2020年7月1日起在北京、天津、南京、杭州、宁波、厦门、郑州、广州、深圳、黄埔等10个直属海关开展跨境电商B2B出口监管试点。2020年8月，海关总署发布2020年第92号公告（关于扩大跨境电子商务企业对企业出口监管试点范围的公告），自2020年9月1日起增加上海、福州、青岛、济南、武汉、长沙、拱北、湛江、南宁、重庆、成都、西安等12个直属海关开展跨境电商B2B出口监管试点。在总结前期试点工作的基础上，2021年6月，海关总署发布2021年第47号公告（关于在全国海关复制推广跨境电子商务企业对企业出口监管试点的公告），决定自2021年7月1日起在全国海关范围内全面复制推广跨境电商B2B出口监管试点，标志着跨境电商B2B业务在全国范围内真正落地应用，吹响了我国传统外贸数字化全面转型的号角。

面对外贸发展新机遇和新挑战，提高外贸从业人员数字素养，培养大批熟悉跨境电商B2B数据运营操作、适应外贸发展新业态的高素质跨境电商B2B数据运营技术技能人才，成为我国传统外贸数字化全面转型成功的关键。为此，编者结合跨境电商B2B最新发展形势，适应教育部《职业教育专业目录（2021年）》和经济贸易类专业教学标准的新要求，站在《职业教育提质培优行动计划（2020—2023年）》的职业教育新起点，编写了本教材。本教材呈现以下三个特点：

1. 优秀的校企"双元"合作编写团队

本教材采用国家"万人计划"教学名师章安平教授领衔的校内专业教师和跨境电商B2B企业专家相结合的优秀"双元"合作编写团队，由全球跨境电商B2B业务专家担任教材主审，从而保证教材的高质量建设。

2. 新形态一体化的项目教材编写模式

本教材依据校企"双元"合作开发的课程标准,打破平面教材编写模式,采用基于新形态一体化的项目教材编写模式。本教材依据跨境电商 B2B 数据运营工作流程,分为跨境电商 B2B 店铺建设与产品发布、跨境电商 B2B 店铺营销与社媒营销、跨境电商 B2B 数据分析与优化、跨境电商 B2B 商机获取与管理等七个项目。每个项目都包括项目背景、任务分解、任务完成、知识链接、习题测验和能力实训六部分内容。学习者使用本教材时,扫描正文旁边的二维码,即可获取重要知识点、技能点对应的优质数字化教学资源。

3. "岗课赛证"综合育人的教材内容

本教材依据校企"双元"合作开发的跨境电商 B2B 数据运营相关岗位标准,开发"跨境电商 B2B 数据运营"课程,融入教育部全国职业院校技能大赛"互联网+国际贸易综合技能"赛项 B2B 模块内容和教育部 1+X 证书制度试点的跨境电商 B2B 数据运营职业技能等级证书标准(中级),实现"岗课赛证"综合育人。

本教材既可以作为国际经济与贸易、国际商务、跨境电子商务、商务英语等专业的教材,也可以作为国际贸易和跨境电商从业人员的培训教材。

为了紧贴业务实际,本教材中的图片、合同等仿照真实文件的外观样式制作,涉及的原交易当事人、交易内容等关键信息均已隐去,换之以虚拟的公司名称、地址、交易内容等。所述内容如不慎与真实生活中的人物、组织或事件发生雷同之处,实属巧合,谨此声明。

本教材由浙江金融职业学院章安平教授、南京瀚海企业管理咨询有限公司于斌总经理和浙江金融职业学院牟群月老师担任主编,杭州琴阁贸易有限公司杨光炜总经理、浙江金融职业学院邬黄靖伊老师担任副主编,杭州琴阁贸易有限公司周兴林经理参与了部分内容的编写。全书由章安平教授进行统稿,联合国 B200 项目特邀讲师、杭州索斯通商务咨询有限公司郑锴总经理担任主审。具体编写分工如下:章安平、于斌编写导论、项目五至项目七,杨光炜、牟群月编写项目三和项目四,周兴林、邬黄靖伊编写项目一和项目二。

在编写本教材的过程中,编者参考、引用了部分出版物中的相关资料以及网络资源,在此对这些资料的作者表示深深的谢意!请相关著作权人看到本教材后与出版社联系,出版社将按照相关法律的规定支付稿酬。

由于编写时间较紧、任务重,本教材可能仍存在一些疏漏和错误,真诚欢迎各界人士批评指正,以便再版时予以修正,使其日臻完善。

编 者

2022 年 2 月于杭州西湖

所有意见和建议请发往:dutpgz@163.com
欢迎访问职教数字化服务平台:http://sve.dutpbook.com
联系电话:0411-84707492　84706671

目录 Contents

导　论 ····· 1

项目一　跨境电商 B2B 店铺建设与产品发布 ····· 8

　　项目背景 ····· 9
　　任务分解 ····· 9
　　任务完成 ····· 9
　　知识链接 ····· 20
　　习题测验 ····· 38
　　能力实训 ····· 38

项目二　跨境电商 B2B 店铺营销与社媒营销 ····· 40

　　项目背景 ····· 41
　　任务分解 ····· 41
　　任务完成 ····· 41
　　知识链接 ····· 50
　　习题测验 ····· 74
　　能力实训 ····· 75

项目三　跨境电商 B2B 数据分析与优化 ····· 76

　　项目背景 ····· 77
　　任务分解 ····· 77
　　任务完成 ····· 77
　　知识链接 ····· 86
　　习题测验 ····· 102
　　能力实训 ····· 103

项目四　跨境电商 B2B 商机获取与管理 ······ 104

　　项目背景 ······ 105
　　任务分解 ······ 105
　　任务完成 ······ 105
　　知识链接 ······ 117
　　习题测验 ······ 144
　　能力实训 ······ 144

项目五　跨境电商 B2B 订单签订与跟进 ······ 146

　　项目背景 ······ 147
　　任务分解 ······ 147
　　任务完成 ······ 147
　　知识链接 ······ 151
　　习题测验 ······ 164
　　能力实训 ······ 164

项目六　跨境电商 B2B 结算与物流交付 ······ 165

　　项目背景 ······ 166
　　任务分解 ······ 166
　　任务完成 ······ 166
　　知识链接 ······ 172
　　习题测验 ······ 189
　　能力实训 ······ 190

项目七　跨境电商 B2B 客户服务与维护 ······ 191

　　项目背景 ······ 192
　　任务分解 ······ 193
　　任务完成 ······ 193
　　知识链接 ······ 198
　　习题测验 ······ 207
　　能力实训 ······ 208

参考文献 ······ 209

导　论

学习目标

知识目标

- 熟悉跨境电商含义和分类；
- 熟悉主要跨境电商 B2B 平台；
- 了解跨境电商发展趋势；
- 熟悉跨境电商 B2B 数据运营含义；
- 了解跨境电商 B2B 数据运营职业技能等级标准。

思维导图

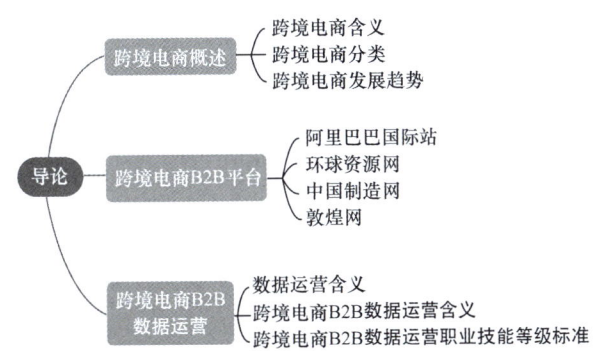

一、跨境电商概述

(一)跨境电商含义

跨境电商是指分属于不同关境的交易主体,通过电子商务手段将传统进出口贸易中的展示、洽谈和成交环节电子化,并通过跨境物流及异地仓储送达商品、完成交易的一种国际商业活动。

(二)跨境电商分类

我国跨境电商主要分为跨境电商 B2B(Business-to-Business)、跨境电商 B2C(Business-to-Consumer)和跨境电商 C2C(Consumer-to-Consumer)三种模式。

1.跨境电商 B2B

跨境电商 B2B 是指分属不同关境的企业对企业,通过电商平台达成交易、进行支付结算,并通过跨境物流送达商品、完成交易的一种国际商业活动,现已纳入海关一般贸易统计。

2.跨境电商 B2C

跨境电商 B2C 是指分属不同关境的企业直接面向消费者个人开展在线销售产品和服务,通过电商平台达成交易、进行支付结算,并通过跨境物流送达商品、完成交易的一种国际商业活动。跨境电商 B2C 模式下,我国企业直接面对国外消费者,以销售个人消费品为主,物流方面主要采用邮政物流、国际快递、专线物流及海外仓等方式,其报关主体是邮政或快递公司,目前大多还未纳入海关登记。

3.跨境电商 C2C

跨境电商 C2C 是指分属不同关境的个人卖方通过第三方电商平台发布产品和服务售卖信息、价格等内容,个人买方进行筛选,最终通过电商平台达成交易、进行支付结算,并通过跨境物流送达商品、完成交易的一种国际商业活动。

(三)跨境电商发展趋势

1.贸易模式高度复合化

跨境电商 B2B 是大动脉,负责大批量成交和供应链协调;跨境电商 B2C 是支线,既如毛细血管一样为最后一公里的消费者输送货物,又如同神经末梢一样感知消费者的个性化需求。两者之间通过大数据算法相联系。伴随跨境电商的发展,为了充分反映消费者的个性化需求和制造业的智能化转型需要,跨境电商 B2B2C 日益凸显,成为一种重要的线上复合贸易形态,其既能满足贸易成本降低的诉求,又能契合碎片化订单集聚的趋势。在跨境电商 B2B2C 模式高度发展的同时,跨境电商 B2B 和跨境电商 B2C 仍具有其模式的科学性与合理性,跨境电商 B2B、跨境电商 B2C 和跨境电商 B2B2C 三者共生并存。虽然相应企业具体的业务模式有所调整,但从总体上讲,其调整的依据和出发点仍是原有的比较优势,三者在全球数字贸易发展过程中战略定位各有所侧重。例如,阿里巴巴国际站将其工作重点放在 B2B 业务的深度数字化挖掘上,速卖通将其工作重点放在 B2C 业务的深度数字化挖掘上。

2. 贸易环节高度扁平化

跨境电商平台使国际贸易各环节之间信息流动频率加快,能够有效促进贸易企业、生产企业和消费者直接与国外大小批发商甚至消费者进行直接沟通,而中间的环节(如通关、支付、物流、金融、财税等)直接在跨境电商平台实现,贸易流程呈现高度扁平化趋势。

3. 贸易主体高度普惠化

几乎所有在传统分工中处于弱势地位的主体都可以通过跨境电商平台有效参与跨境贸易,共享国际分工带来的福利。一方面,货物贸易企业能够通过平台参与国际贸易,国家间产业内贸易将更为普遍;另一方面,服务贸易企业能够在平台上提供更多全面优质的线上服务。部分优秀个体工商户能够利用平台将产品销往海外,越来越多的个体工商户能够通过跨境贸易方式备货,成为跨境电商平台的重要采购商。消费者不仅可以通过跨境电商平台直接购买海外产品和服务,还能通过国内平台间接购买海外产品和服务。

4. 智能制造高度常态化

跨境电商并非只是简单的跨境交易活动,其强调数字技术与传统产业的融合发展,并以实现制造业智能化作为重要目标。传统制造业智能化主要聚焦于能够负担高额数据成本的大企业,与其不同,跨境电商平台降低了中小企业获取消费端数据的成本,使更多中小企业能够通过跨境电商平台累积消费端数据,并将其与生产端的设计、制造、管理等环节结合,实现生产端的精准分析和快速响应。这种高度常态化的智能制造模式将成为推动消费互联网向工业互联网转变的重要力量。

5. 营销推广高度个性化

随着网络信息技术的迅猛发展,消费者对产品和服务的个性化需求被进一步激发,跨境电商在消费与生产流通环节之间搭建起了一条高效的交流渠道,使消费者的个性化需求能够得到反映与满足。在跨境电商中,大量虚拟企业、中小企业乃至个人都可以通过网络共享信息、资源,进行生产经营合作,分散的贸易流量和消费者偏好等信息通过平台汇集成一个整体,这为跨境电商中的产品差异化生产和个性化服务定制提供了更多可能性,也为实现智能制造提供了更充分的消费者信息集成,消费者个性偏好和需求将得到充分体现。在跨境出口中,品牌出海成为近年来发展的主流趋势。在出口电商中,庞大的海外市场需求及外贸企业转型升级等因素都助推行业快速发展,吸引更多企业参与品牌出海。

二、跨境电商 B2B 平台

跨境电商 B2B 平台所面对的最终客户为企业或集团客户,提供企业、产品、服务等相关信息。目前,中国跨境电商市场交易规模中跨境电商 B2B 市场交易规模占总交易规模的 80% 以上。在跨境电商市场中,企业级市场始终处于主导地位。代表企业有阿里巴巴国际站、环球资源网、中国制造网、敦煌网等。

(一)阿里巴巴国际站

阿里巴巴国际站(Alibaba.com)成立于 1999 年 9 月,是中国最早的互联网公司之一,也是目前全球最大的 B2B 交易平台之一,如图 0-1 所示。

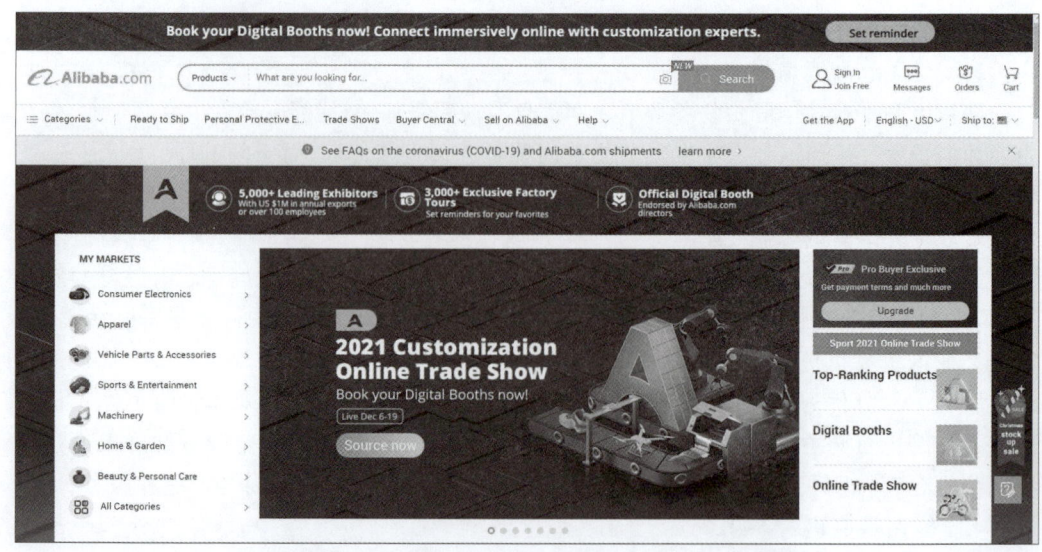

图 0-1 阿里巴巴国际站

作为中国电子商务的领军企业，阿里巴巴一直以来成绩显著。然而在 2015 年之前，与淘宝、天猫的在线交易相比，阿里巴巴跨境电商 B2B 业务却始终停留在信息撮合阶段。也就是说，阿里巴巴国际站经过 15 年的发展，还是停留在信息展示平台阶段，海外买家和中国供应商的后续跟进和交易通过传统的外贸流程完成，无法形成交易闭环，交易数据不能沉淀，导致海外买家无法利用数据有效判断卖家诚信，中国供应商也无法利用买家数据来判断是否为有效询盘。

认识阿里巴巴国际站

2014 年开始，阿里巴巴国际站开始推广一达通平台（One Touch），通过集约化服务，为外贸企业提供快捷、低成本的通关、外汇、退税以及配套的金融、物流服务，用电子商务平台的方式解决外贸企业流通环节的难题，让企业回归到本质，专注于产品和服务。2015 年，在一达通平台推广一年后，阿里巴巴正式在国际站推出了信用保障体系（Trust Assurance），阿里巴巴国际站服务全面升级，携手供应商和买家构建诚信市场。

目前，阿里巴巴国际站的商品已覆盖全球 200 多个国家和地区，5900 多个产品类别，有超过 1200 万的活跃优质海外买家，他们平均每天会发送超过 30 万个订单采购需求。

（二）环球资源网

环球资源网是一家领先业界的多渠道 B2B 媒体公司，致力于促进大中华地区的对外贸易。公司的核心业务是通过一系列英文媒体，促进大中华地区的出口贸易；同时，通过一系列中文媒体，协助海外企业在大中华地区行销。环球资源网一方面为全球买家提供采购信息，另一方面为供应商提供整合营销服务。通过环球资源网，超过 100 万名活跃买家在复杂的海外市场上进行有效益的采购。同时，供应商借助环球资源网提供的各种有效媒体，向遍布超过 240 个国家和地区的买家推广和销售产品。环球资源网主要提供贸易媒体和出口推广服务，包括 14 个网站、13 本月刊及 18 本数字版杂志、超过 80 种采购资讯报告以及每年在 9 个城市举行 20 个（共 57 场）专业的贸易展览会。每年，来自逾 26

万家供应商的超过470万种的产品信息,通过环球资源网的各种媒体到达目标买家。仅在环球资源网(http://www.globalsources.com),买家社群每年向供应商发出的采购查询就已经超过2亿宗。

环球资源网是新一代的网上采购平台,具备全面的搜索结果和已核实供应商体系两大特色,分为面向产品、面向买家、面向供应商、国际资讯和线下交易几个模块,如图0-2所示。关注"价值"的对口买家可以通过专业行业细分的贸易平台满足采购所需。供应商通过注册认证可以进行广告投放和内贸推广。

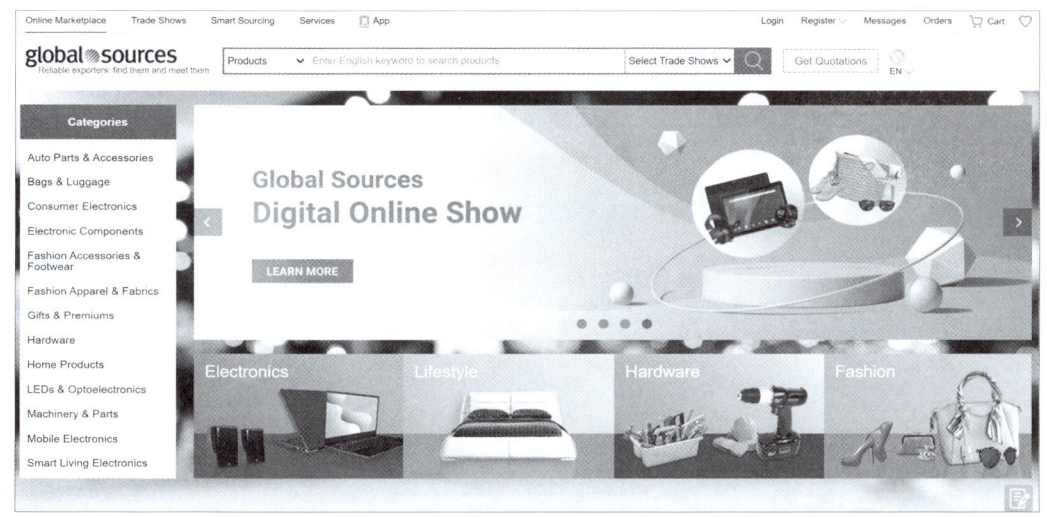

图0-2 环球资源网

(三)中国制造网

中国制造网是一个中国产品信息荟萃的综合性电子商务网站,面向全球提供中国产品的电子商务服务,旨在利用互联网将中国制造的产品介绍给全球采购商。中国制造网(Made-in-China.com)诞生于1998年,是由运营综合型第三方B2B电子商务平台企业——焦点科技股份有限公司创建的。焦点科技股份有限公司建立中国制造网旨在将中国制造的产品通过互联网平台介绍给全球采购商,为国内中小外贸企业搭建一座"走出国门"的桥梁,提供一个可以向世界推销其商品的"大商场"。可以说,中国制造网是中小外贸企业的综合服务商。

中国制造网致力于建立一个国际化网络平台将"中国制造"远销海外,让更多的全球采购商更清楚地了解中国供应商及其产品。中国制造网注重外贸市场的发展,设有简体中文、英文以及繁体中文三种网站页面,如图0-3所示。

(四)敦煌网

敦煌网2004年正式上线,是中国国内较早实现在线交易的跨境电商B2B平台之一,以中小额外贸批发业务为主,开创了"成功付费"的在线交易佣金模式,免卖家注册费,只有在买卖双方交易成功后才收取相应的手续费,将传统的外贸电子商务信息平台升级为真正的在线交易平台,如图0-4所示。

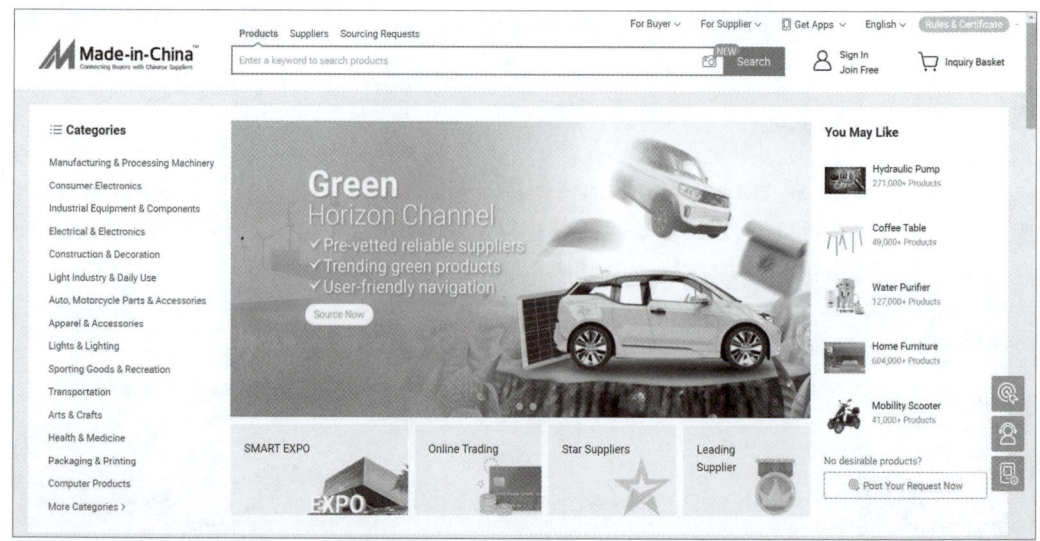

图 0-3 中国制造网

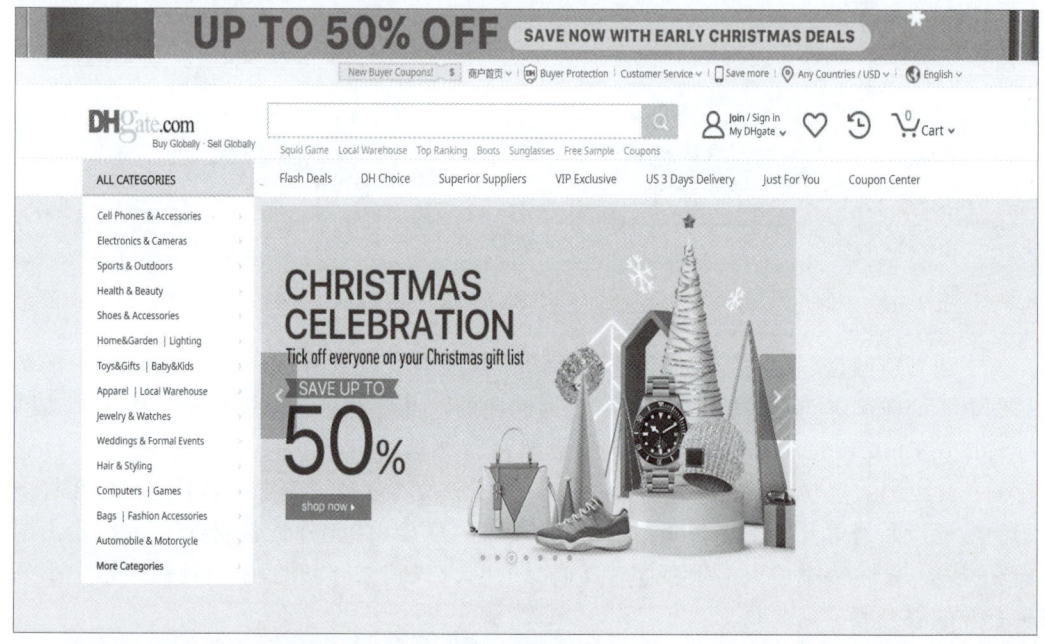

图 0-4 敦煌网

目前,敦煌网已经具备 120 多万家国内供应商在线,2500 多万种商品,遍布全球 224 个国家和地区的 550 多万卖家的规模,平均每小时有 10 万买家实时在线采购,平均每 3 秒产生一张订单。敦煌网提供第三方网络交易平台,中国卖家通过商铺建设、商品展示等方式吸引海外买家,并在平台上达成交易意向,生成订单,可以选择直接批量采购,也可以选择先小量购买样品,再大量采购,并且提供货源、海外营销、在线支付和国际物流、保险、金融、培训为一体的供应链整合服务体系,实现一站式外贸购物体验。

敦煌网的优势在于较早推出增值金融服务,根据自身交易平台的数据为敦煌网商户提供无须实物抵押、无须第三方担保的网络融资服务。虽然速卖通后续也推出过类似产品,但时间上晚于敦煌网。敦煌网在行业内率先推出手机 APP,不仅解决电商交易中的沟通问题和时差问题,而且还打通了订单交易的整个购物流程。

三、跨境电商 B2B 数据运营

2020 年,教育部发布了 1+X 证书制度试点的第三批职业技能等级证书标准,其中就包括了跨境电商 B2B 数据运营职业技能等级证书标准。

(一)数据运营含义

数据运营(Data-based Operation)是通过信息网络以数据化为特征的运营工作,包括服务于信息呈现和数据采集、进行数据分析以及对数据加以应用的相关经营活动。

(二)跨境电商 B2B 数据运营含义

跨境电商 B2B 数据运营(Data-based Operation in B2B Cross-Border E-Commerce)是跨境电子商务 B2B 应用企业基于数据进行经营与管理工作。

(三)跨境电商 B2B 数据运营职业技能等级标准

1.职业技能等级划分

跨境电商 B2B 数据运营职业技能等级分为初级、中级和高级三个等级。

初级主要面向跨境电商应用和服务企业的跨境电商平台运营、跨境电商全网营销和跨境电商销售等岗位,根据跨境电商店铺规划,完成跨境电商店铺基础设计、跨境电商平台基础运营工作任务,根据线上跨境交易业务需要,完成跨境交易跟单工作任务。

中级主要面向跨境电商应用和服务企业的跨境电商平台运营、跨境电商全网营销和跨境电商销售等岗位,除具备完成初级岗位工作任务的能力以外,主要完成跨境电商平台店铺运营、跨境交易履约、跨境电商全网营销(社媒)等工作任务。

高级主要面向跨境电商应用和服务企业的跨境电商平台运营、跨境电商全网营销和跨境电商销售等岗位,除具备完成中级岗位工作任务的能力以外,主要完成跨境电商平台运营与营销、跨境电商全网营销(搜索引擎)、跨境交易客户管理等工作任务,达成数据经营目标。

2.职业技能等级对应工作任务要求

跨境电商 B2B 数据运营(初级)包括产品拍摄、图片和视频后期处理、店铺基础装修、账户管理、店铺基础管理、产品基础管理、客户基础管理、交易基础管理、单证制作、物流选择等工作任务。

跨境电商 B2B 数据运营(中级)包括店铺建设与产品发布、店铺营销、数据分析、商机获取与管理、交易管理、履约服务、基础营销、付费营销、营销成效分析与优化等工作任务。

跨境电商 B2B 数据运营(高级)包括营销框架体系搭建与营销战略制定、营销战术制定与评估、多营销任务策划与评价、国际搜索引擎优化、国际搜索引擎营销、营销数据分析与典型优化场景、海外客户开发、线上合同签订、海外客户服务等工作任务。

本书内容主要对接跨境电商 B2B 数据运营(中级)对应的工作任务。

项目一

跨境电商 B2B 店铺建设与产品发布

学习目标

能力目标

- 能熟练进行常规产品发布操作；
- 能熟练进行 RTS 产品发布操作；
- 能熟练进行平台产品管理；
- 能制订旺铺设计方案并完成店铺装修。

知识目标

- 熟悉产品发布规则；
- 掌握产品拍摄、图片与视频处理的基本技巧；
- 掌握制作产品关键词表与标题的方法；
- 熟悉 RTS 产品发布特点；
- 掌握产品分配、分组管理和橱窗产品设置的方法；
- 掌握店铺装修操作方法。

素养目标

- 具备较强的平台规则意识和守法意识；
- 具备一丝不苟的店铺建设与产品发布责任意识。

项目一 跨境电商B2B店铺建设与产品发布

思维导图

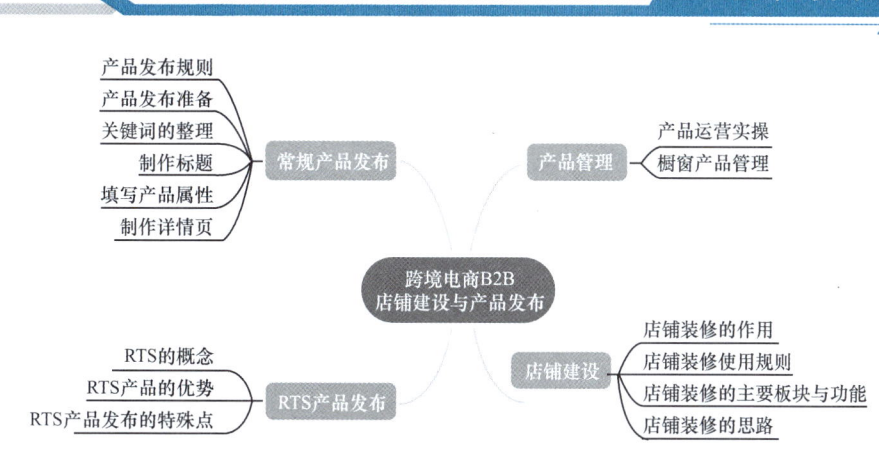

项目背景

2021年2月,杭州维丰实业有限公司的跨境电商B2B运营专员南希被分配了一个阿里巴巴国际站的业务员账号,周经理让她开始负责国际站店铺的建设和运营。南希随即想开始上传产品,对跨境电商B2B运营工作跃跃欲试。但周经理建议南希不要着急,先做好店铺建设的充分准备工作后再去发布产品。

任务分解

接下来,跨境电商B2B运营专员南希的主要工作任务是:
任务1　在阿里巴巴国际站上发布产品
任务2　完成阿里巴巴国际站的店铺建设

任务完成

任务1　在阿里巴巴国际站上发布产品

跨境电商B2B运营专员南希听从经理的建议,开始认真做起产品发布的准备工作。通过调研和学习,她熟悉了产品的发布规则,并通过登录阿里巴巴国际站的后台,掌握了产品发布的基本流程和需要准备的产品信息要素。随后开始店铺建设的各项工作。

【Step1】准备产品图片和视频

南希根据产品上传的图片和视频要求,挑选准备了产品的主图视频、主图、详情图和

9

公司介绍图,具体包括产品大图、产品细节图、产品尺寸图、场景应用图、公司资质介绍图等,如图1-1、图1-2、图1-3所示。

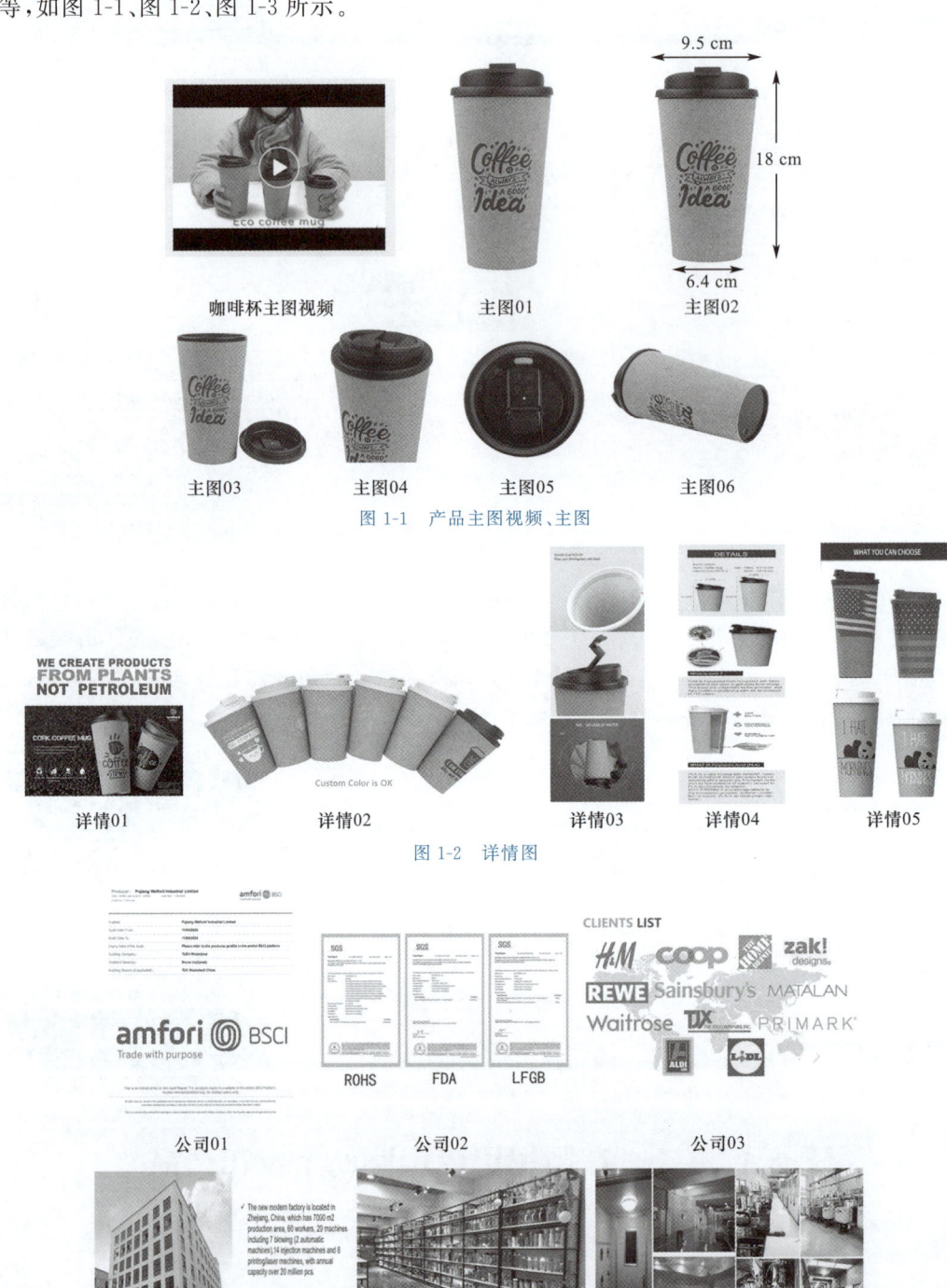

图1-1 产品主图视频、主图

图1-2 详情图

图1-3 公司介绍图

项目一 跨境电商B2B店铺建设与产品发布

【Step2】制作关键词表

首先,南希通过各种关键词获取渠道,搜集整理关键词。

(1)查看"关键词指数",搜集热门搜索词,如图1-4、图1-5所示。

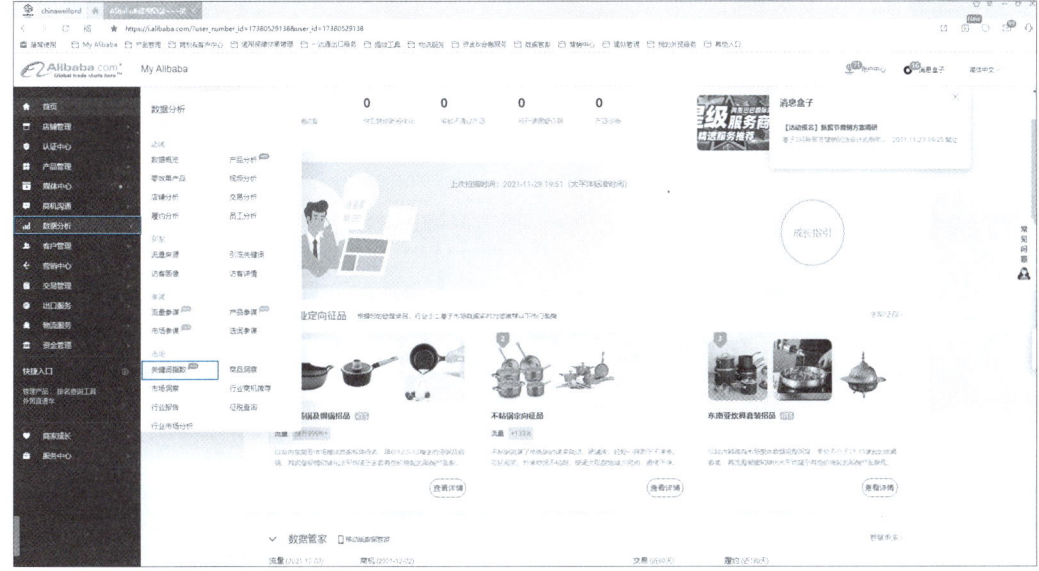

图1-4 关键词指数搜索图

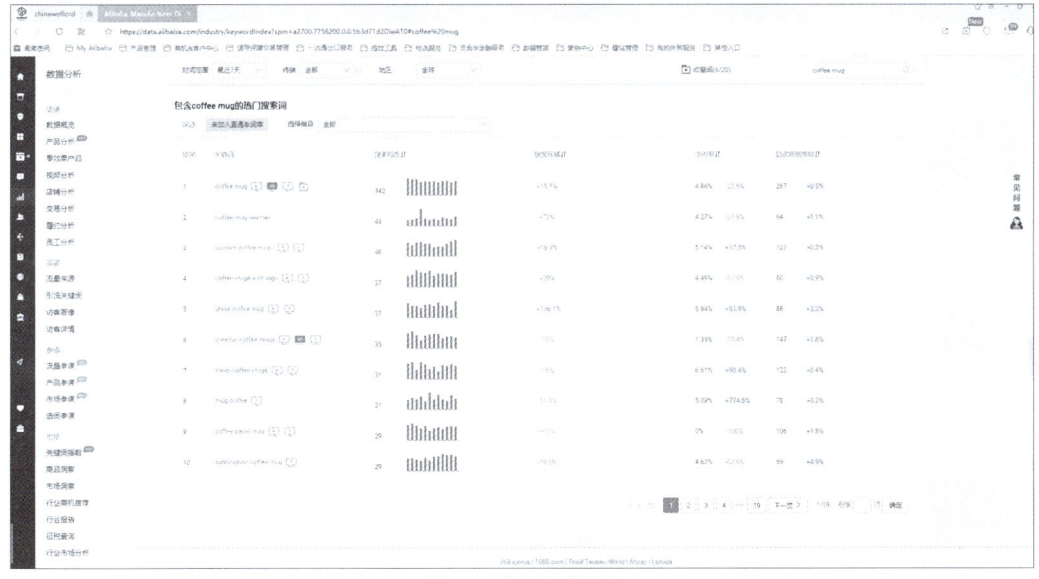

图1-5 热门搜索词图

（2）查看"访客详情"，搜集访客词，如图1-6、图1-7所示。

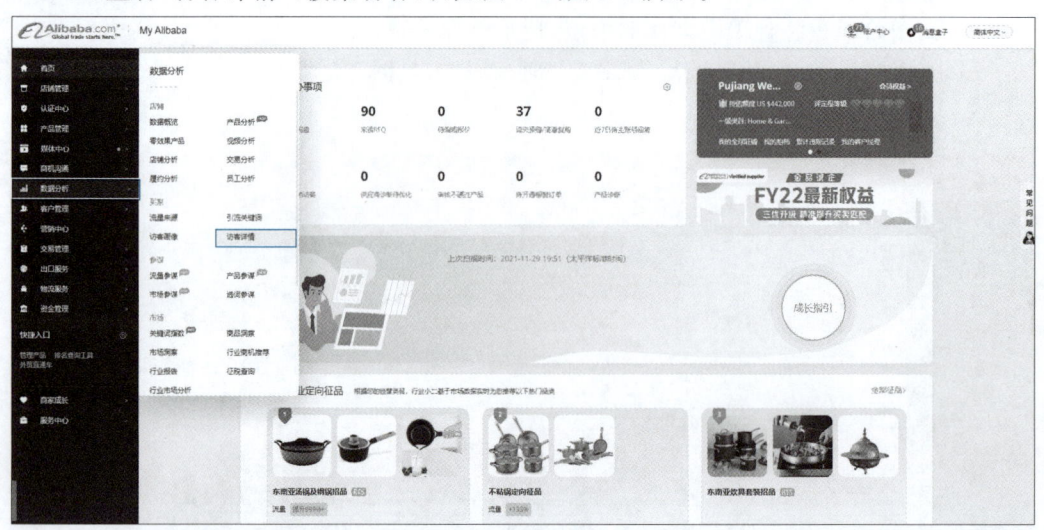

图1-6　访客详情图

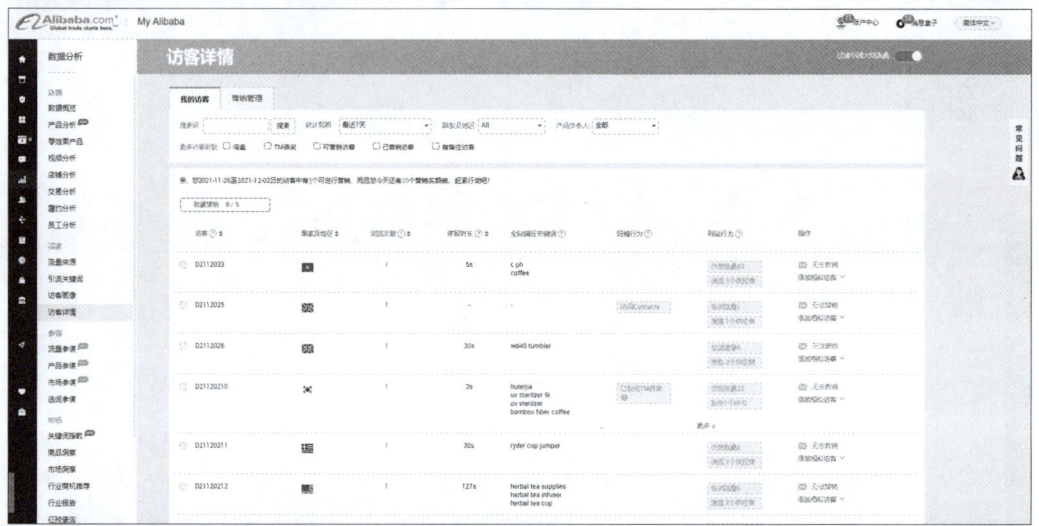

图1-7　访客词图

然后，以核心关键词命名并制作关键词表，如图1-8所示。

关键词	B
coffee mug	
coffee mugs with logo	
travel coffee mug	
custom coffee mugs	
coffee travel mug	
black coffee mug	
stainless steel coffee mug	
mugs coffee	
glass coffee mug	
reusable mug coffee	
reusable coffee cup 12oz mug	

图1-8　关键词表

项目一 跨境电商B2B店铺建设与产品发布

【Step3】发布产品

准备好以上工作后,南希登录 My Alibaba 后台,开始发布产品。

(1)选择"My Alibaba"→"产品管理"→"发布产品",如图1-9所示。

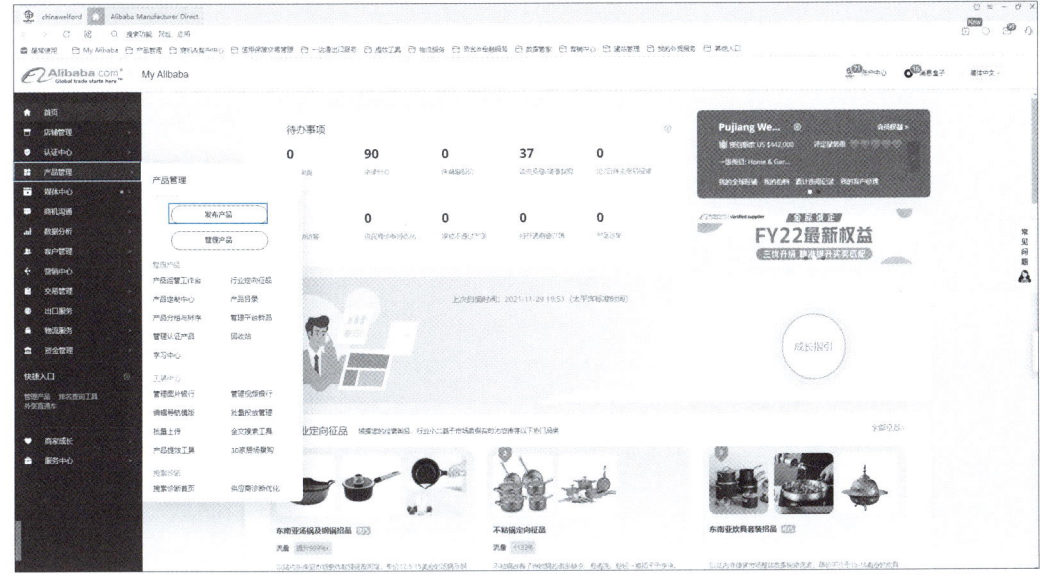

图 1-9 发布产品路径图

(2)选择产品类目以及产品类型(快速发货产品/定制产品),如图1-10所示。

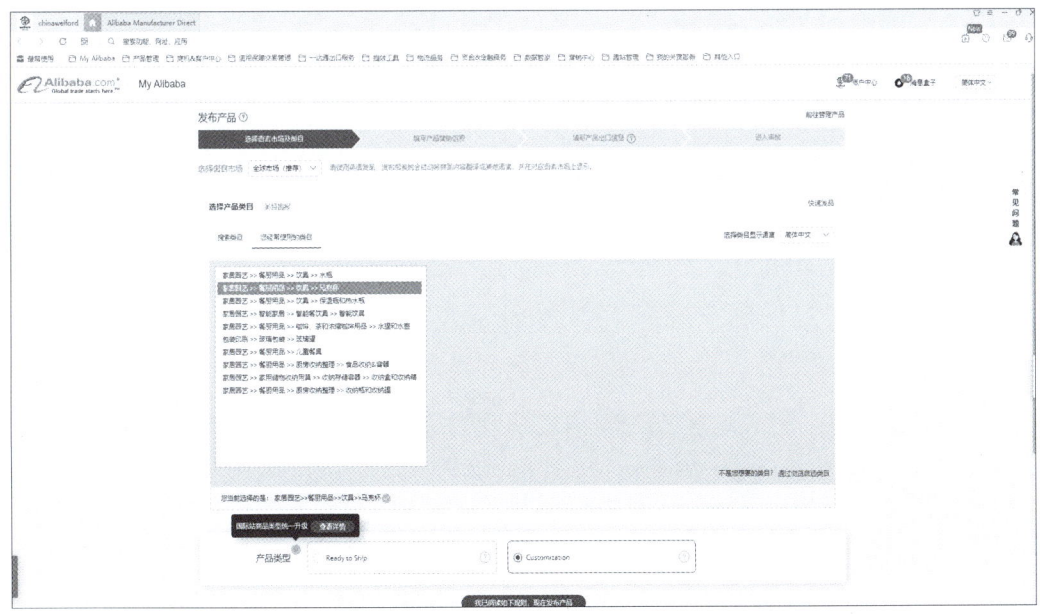

图 1-10 选择产品类目图

13

(3)填写产品名称和关键词,如图1-11所示。

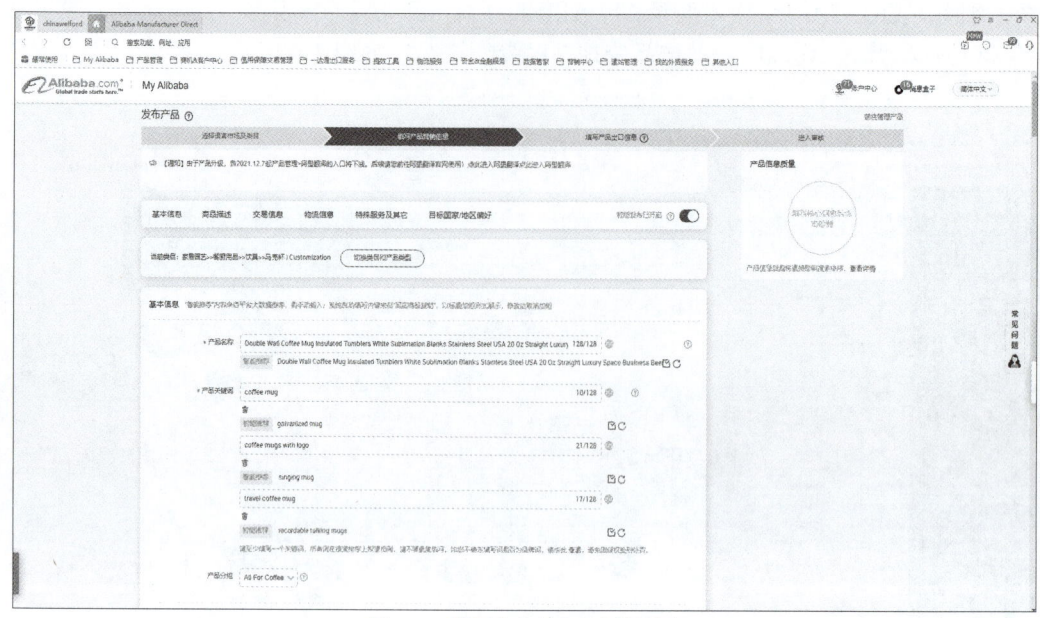

图1-11　填写产品名称和关键词图

(4)填写产品属性,如图1-12所示。

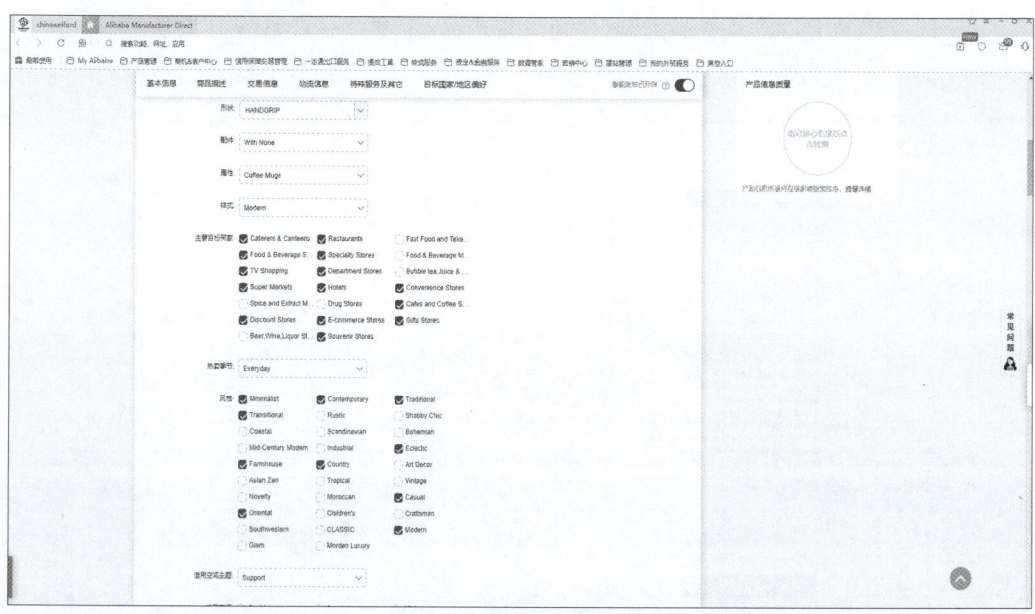

图1-12　填写产品属性图

(5)上传产品主图和主图视频,如图 1-13 所示。

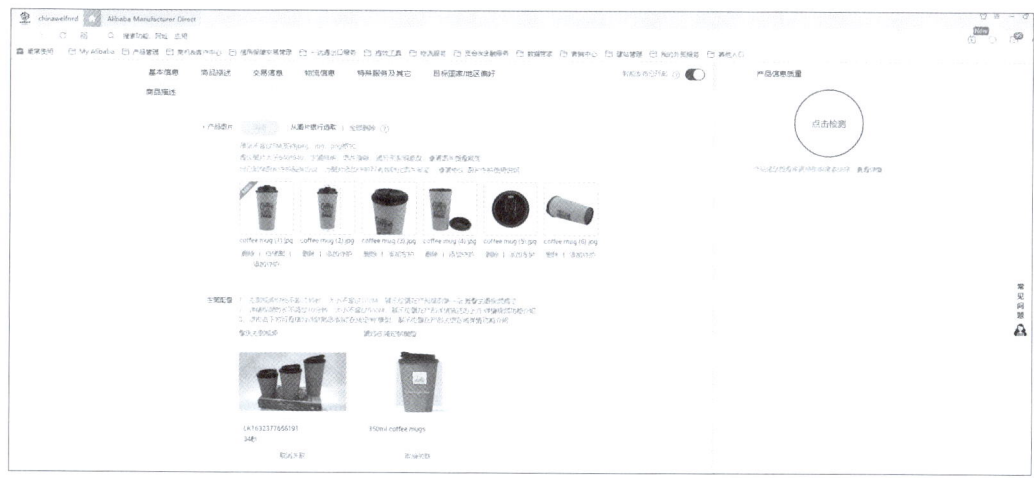

图 1-13　上传产品主图和主图视频图

(6)编辑产品详情页,如图 1-14 所示。

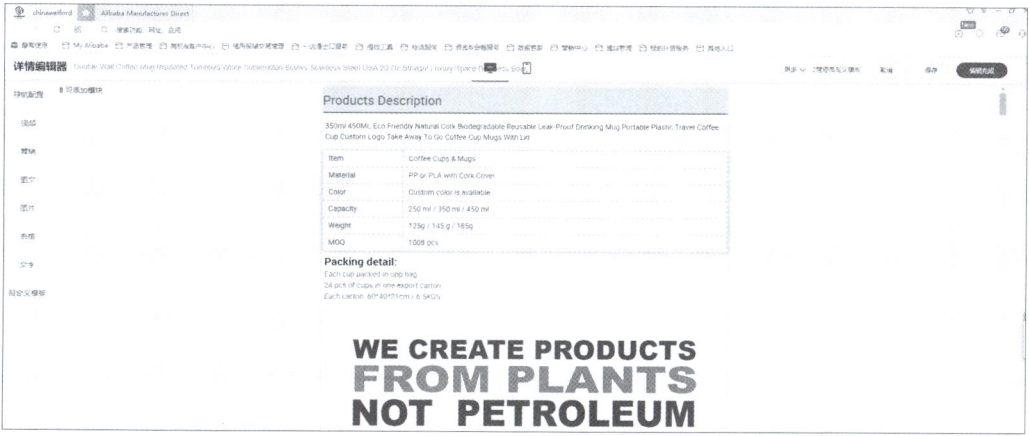

图 1-14　编辑产品详情页图

(7)编辑产品交易信息,如图 1-15 所示。

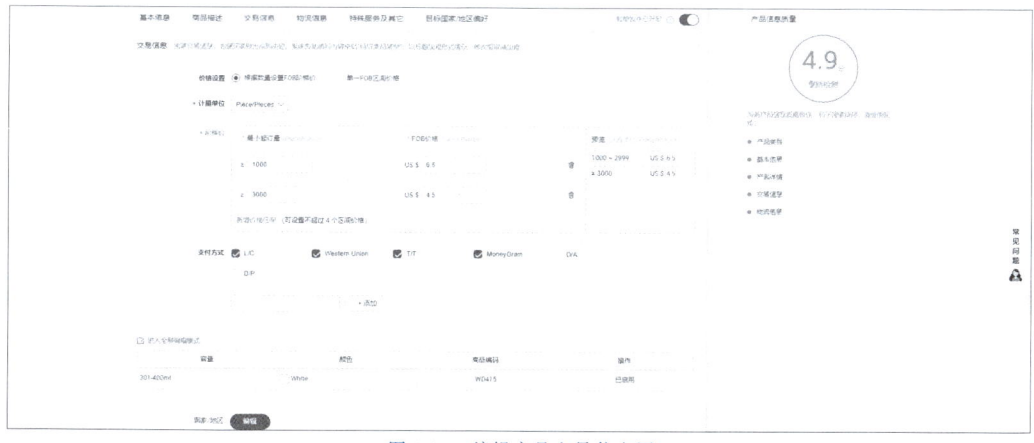

图 1-15　编辑产品交易信息图

(8)编辑产品物流信息,如图1-16所示。

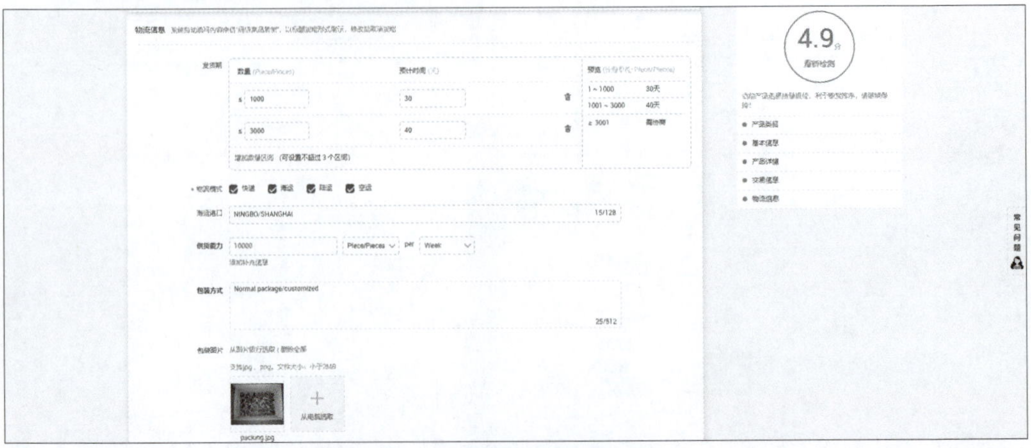

图1-16 编辑产品物流信息图

(9)编辑产品特殊服务和目标国家等信息,如图1-17、图1-18所示。

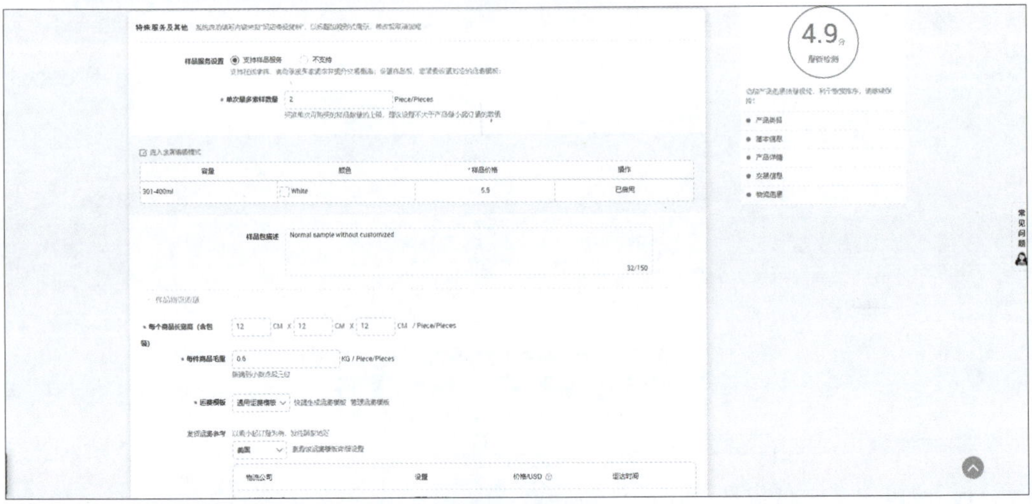

图1-17 编辑特殊服务信息图

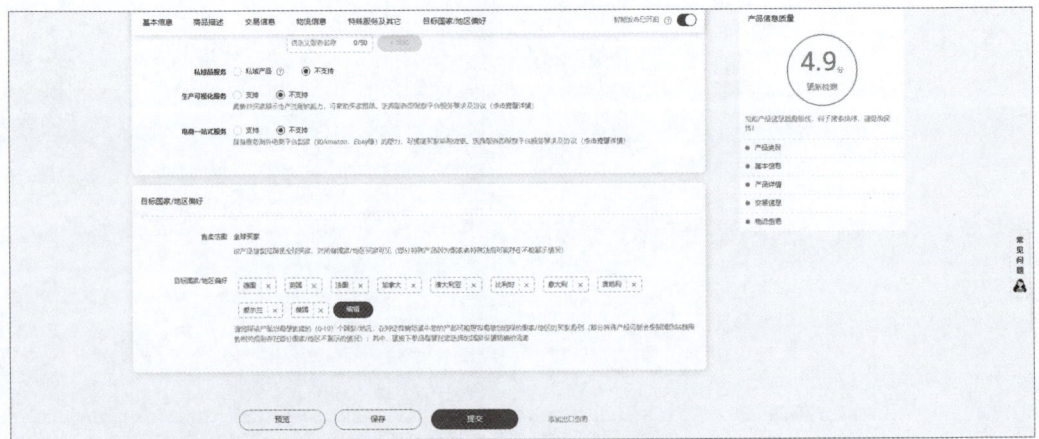

图1-18 编辑目标国家/地区偏好图

项目一 跨境电商B2B店铺建设与产品发布

（10）所有信息填写完成后，检测产品信息质量，分数在 4.2 以上即可发布，如图 1-19 所示。分值越高代表产品越符合平台规则，产品排名越靠前。

图 1-19　产品成功发布图

通过以上选择类目、填写产品名称、填写产品关键词、填写产品属性、上传产品主图、编辑产品详情和交易信息等，南希终于成功完成了第一个产品的发布，后面的操作就熟练多了。

任务 2　完成阿里巴巴国际站的店铺建设

在完成公司几大系列的主营产品的上传之后，跨境电商 B2B 运营专员南希开始与经理商量着手店铺建设的工作。她先熟悉了店铺建设的规则，并掌握了店铺建设的主要板块和功能以及需要准备的信息要素。在明确了这些工作后，南希开始有条不紊地操作起来。

【Step1】进入店铺装修

选择制作员账户登录 My Alibaba 后台，点击全球旺铺，选择店铺装修，如图 1-20 所示。

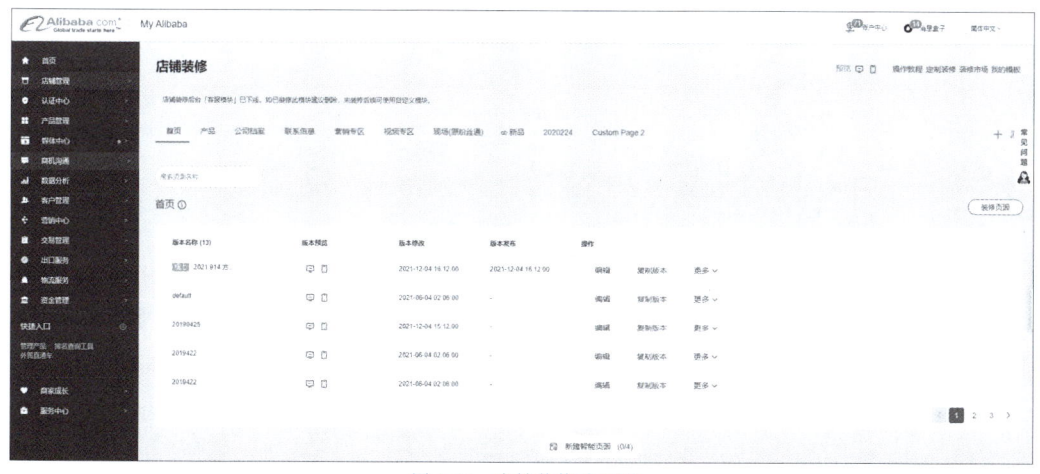

图 1-20　店铺装修首页图

【Step2】创建版本

点击底部"新建智能页面",创建新的版本,如图1-21所示。这里的版本创建好后,可进行编辑、设置、复制、删除、预览等操作;选定某个版本,点击"编辑",即进入该版本的编辑器。

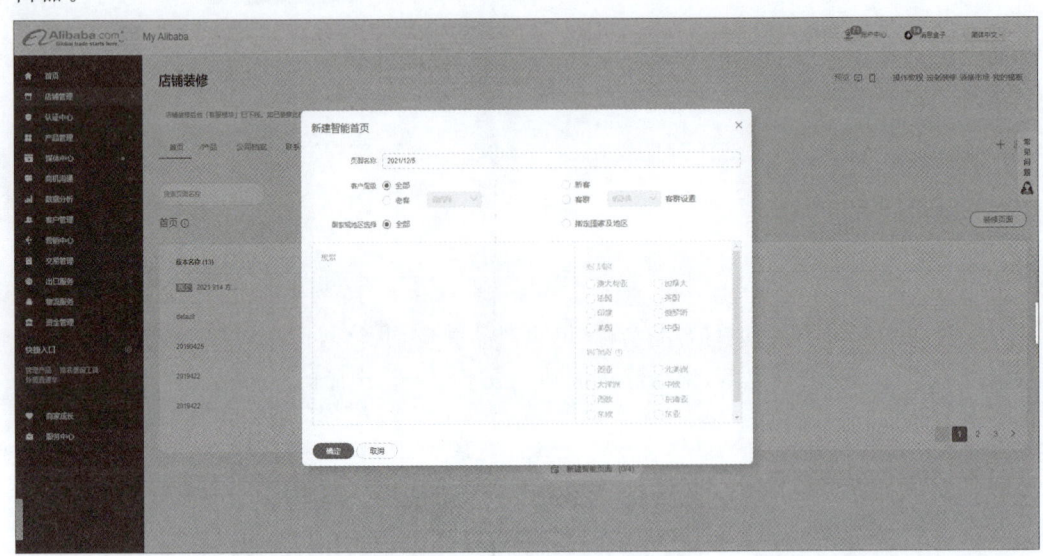

图1-21　店铺装修创建版本图

【Step3】进入编辑器页面,拖动各个模块

左侧为模块区,含页面背景、产品、图文、视频、营销、公司等模块。每个模块下面又有若干个子模块。中间为展示区,点开模块区,拖动即可添加模块到中间的展示区,如图1-22所示。

图1-22　店铺装修模块图

【Step4】编辑各个模块

在中间的展示区点击需要编辑的模块,就可以看到右侧该模块的编辑区,如图1-23所示,在这里可以进行模块编辑。

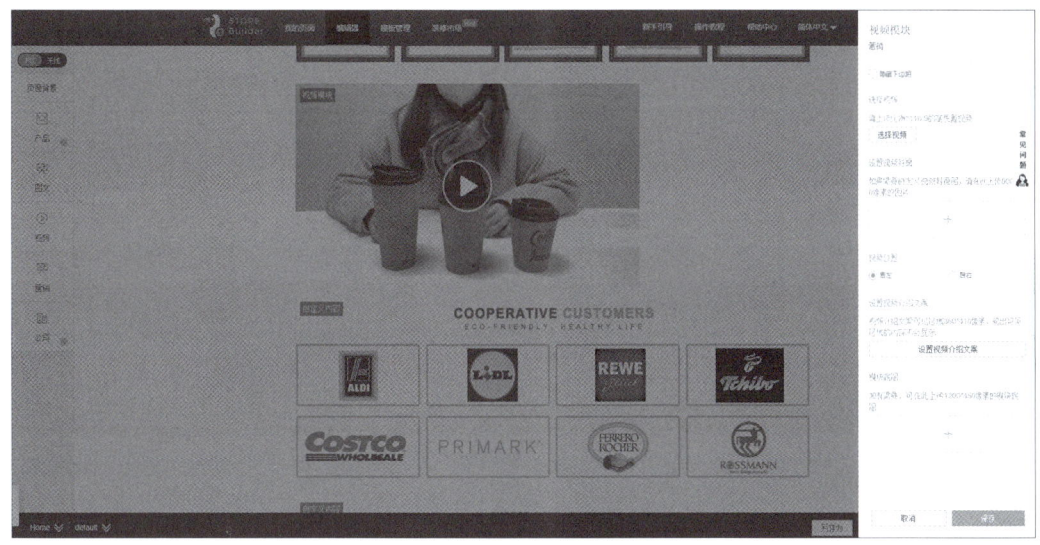

图 1-23　店铺装修模块编辑图

【Step5】预览效果

拖动好各个模块,并完成各个模块的编辑后,可预览效果并发布页面,如图 1-24 所示。

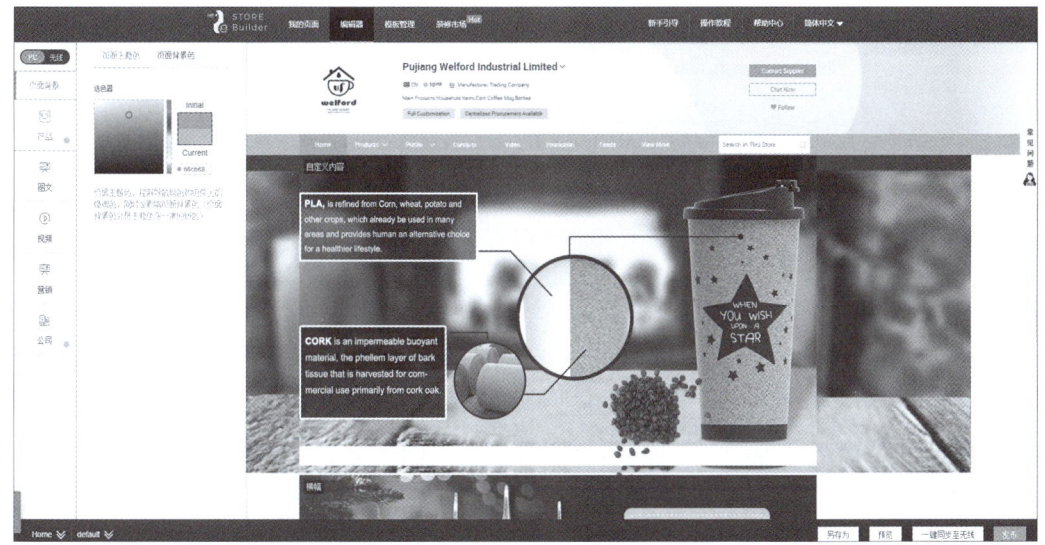

图 1-24　店铺装修预览效果图

【Step6】确认店铺首页

退出旺铺编辑器,登录本店铺首页,查看确认,如图 1-25 所示。

图 1-25 店铺首页图

知识链接

一、常规产品发布

（一）产品发布规则

在国际站上发布产品之前，首先要了解发布产品的规则，具体如下：

（1）需发布真实、准确、合法、有效的产品信息。

①真实、准确。用户发布的信息应与实际情况一致，禁止发布虚假或夸大的信息。

②合法。用户发布的信息不得违反国家法律法规及阿里巴巴国际站禁限售规则。

③有效。用户发布的信息应符合电子商务英文网站的定位。

（2）若要发布含有他人享有知识产权的信息，应取得权利人的许可，并确保属于法律法规允许发布的情形。

（3）禁止发布假货、仿货等侵犯他人知识产权的信息。

（4）未经权利人许可，不得发布含有奥林匹克运动会、世界博览会、亚洲运动会等标志的信息。

产品发布的意义与规则

（二）产品发布准备

在发布产品之前，我们需要做好相关的准备。一般在产品发布前，需要做好以下的准备：

(1)熟悉产品及行业情况以便筛选精准的产品关键词,更贴切地描述产品。

(2)筛选出合适的产品关键词,按照产品类别或关键词关注度等分类制作全面且专业的产品关键词表。搜索热度和与产品的契合度是筛选的两大考量因素。

(3)准备对应不同类目或型号的产品视频和图片(包含产品的主图、细节展示图、场景应用图等,主图数量最好为 6 张,图片尺寸为 640 像素×640 像素以上,图片形状为正方形,白底且不带边框,如果需要加 Logo,则统一加在左上角),并对图片进行分类备注。主图视频时长不超过 45 秒,以展示商品的优点为主,细节不必面面俱到。详情页视频时长不超过 10 分钟,主要介绍产品的详细信息,完整地展示产品的卖点和优势。

产品发布前的准备工作

(4)准备对应不同类目或型号的产品参数信息(如产品属性、功能、卖点、型号、材质工艺、尺寸、重量)、交易信息以及物流信息。

(5)准备产品内页的设计模板(如导航栏)、通用模板(公司介绍、生产流程、展会、证书、物流包装、联系方式等)。

(三)关键词的整理

1.关键词的含义

关键词(Keyword)即产品名称的中心词,是用户在使用搜索引擎时,输入的能够最大程度概括他所要查找的信息内容的词。

产品关键词(Product Keyword)由若干个词根组成,是用户搜索的关键。词根是指能独立表达产品属性或定义的词。

例如:2021 Hot Selling Fashion Stainless Steel Band Wrist Watch With Different Colors For Men。

关键词包括 Hot Selling Watch、Fashion Watch、Stainless Steel Band Wrist Watch、Different Colors Watch、Men Watch。

词根包括 2021、Fashion、Hot Selling、Stainless Steel Band Wrist、Different Colors、Men、Watch。

2.关键词的分类

关键词可以分为以下六类:

(1)类目词:产品所对应的类目关键词,如 Timepieces、Jewelry 等。

(2)营销词:具有营销属性的通用修饰词,如 Hot Selling、Fashion、New 等。

(3)属性词:描述产品材质、尺寸、属性、颜色、参数、型号等的关键词,如 Different Colors、Men 等。

(4)长尾词:可以精准描述产品的,由 2 个或 2 个以上关键词组成,如 Stainless Steel Band Wrist Watch With Different Colors 等。

(5)蓝海词:有一定的搜索热度,但是竞争度不高的词,这种词的热度一般是有一定时间段的,主要包括不同区域称呼、多语言词、创造词、新增热度词等。

(6)红海词:竞争异常激烈的用词。相对于蓝海是指未知的市场空间,红海则是指已知的市场空间,如 Dress、Jewelry 等。

3.关键词的搜集

关键词搜集的渠道和方法很多,大致包括以下几种:

(1)从客户的询盘中分析关键词,看客户用什么词来描述他想要的产品。

(2)Google等搜索引擎的相关搜索,往往都是搜索量比较大的词。

(3)同行(包括国内的同行及国外的同行)使用的产品关键词。可以到国外的同类产品的网站上,看产品所用的关键词。

(4)阿里巴巴国际站的产品关键词,包括数据分析中的关键词指数、产品360分析中的关键词分析、访客详情中的常用搜索词、首页搜索栏下拉框中的推荐、发布产品填写关键词下拉框中的推荐词等。

(5)搜索Google图片,通过搜索图片可以看到其他人对产品的描述。

关键词的获取渠道

(四)制作标题

1.产品标题的重要作用

产品标题是买家搜索的第一匹配要素,标题的设置决定了买家是否能精准地搜索定位到你的产品。在同等产品信息质量的前提下,产品标题书写是否专业,决定了产品排名是否靠前。

2.产品标题的组成

产品标题一般由核心词、属性词、流量词、小词(小语种词)构成。一般产品标题的格式是:

产品标题=营销词+属性词+核心关键词+其他(如型号、使用场景、证书等)

其中,"营销词"主要负责吸引买家,让其看到后有点击的冲动;"属性词+核心关键词"的作用是更清楚地描述产品的特性,增加该产品能获得曝光和点击的来源词数量。

例如:2021 Hot Selling Fashion Stainless Steel Band Wrist Watch With Different Colors For Men.

营销词:2021、Hot Selling、Fashion

属性词:Stainless Steel Band Wrist、With Different Colors

核心关键词:Watch

适用范围:Men

3.产品标题的注意事项

(1)注意产品标题和买家搜索词的相关性

以Snake sandal举例,以下三种标题的描述方式,从文本相关性上讲都是一样的,所以不要盲目地为了买家搜索词而不断新发产品、重复铺货。

——New model fashion woman shoes summer Snake print sandals 2021

——2021 Ladies nice snake skin hemp sole wedge sandals

——Thong sandal snake cross

产品标题的设置

(2)可以在标题中使用with/ for,请注意核心词应放在with/for前面

例如:可以写成 steel pipe with ASTM DIN JIS Standard

或 15 mm film faced plywood for construction

(3)产品标题长度要适当

产品标题能恰当地突出产品优势特性就是最好的,不宜过短,也不宜过长。买家搜索词有 50 个字符的限制,阿里巴巴国际站后台规定标题不能超出 128 个字符,最好控制在 80 个字符左右。

(4)不要把多个关键词在标题中重复累加

产品标题的罗列和堆砌不但不会提升产品的曝光率,反而会降低产品与买家搜索词匹配的精度,从而影响搜索结果,进而影响排序。

(5)慎用特殊符号

产品标题中慎用特殊符号,如"/""——""()"等,否则可能被系统默认成无法识别的字符,影响排序。如需使用,请在符号前后加空格。

(6)产品标题中请勿发布其他品牌相关信息

如果已获得商标所有人的授权,请提供授权证明且注明公司名称和 Member ID。

(五)填写产品属性

1.产品属性的作用

产品属性是对产品特征及参数的标准化提炼,便于买家在属性筛选时快速找到产品。

2.填写要求

填全系统给出属性。一个属性就是一个展示机会,所以请填全系统给出的属性,必要的时候可以添加自定义属性,更全面地描述产品信息。

属性字段分为标准属性和自定义属性。标准属性只能选择属性值。自定义属性的属性名和属性值都需要手动添加,比如前面填写 Color,后面填写属性值 Red 即可。

需要注意的是,自定义属性最多可以添加 10 个;产品属性信息不建议包含特殊符号。

(1)属性展示页面:填写的属性会在每条信息的详细页面进行展示,如图 1-26 所示。

图 1-26 产品属性展示页面图

(2)属性筛选页面:买家通过属性筛选进行搜索的界面,如图1-27所示。

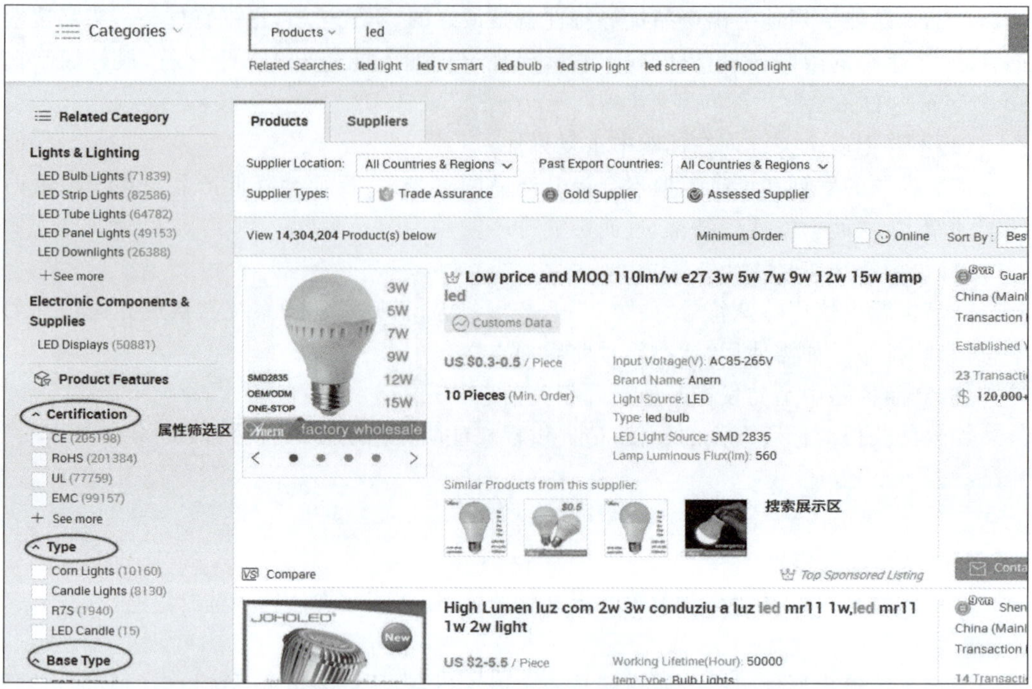

图1-27 属性筛选搜索页面图

3.常见误解

(1)属性是否填全,对搜索结果无影响,若买家需要了解更多产品特征,可以在详细描述中查看或线下了解。

实际:属性不填会影响产品信息的完整度,从而影响搜索结果以及后续的点击转化等;属性没有填全会导致买家通过属性筛选时无法找到该产品。

(2)属性中出现关键词可以增加信息相关性,使信息的搜索结果靠前。

实际:属性中是否出现关键词并不影响产品的搜索结果,无意义地在属性中罗列关键词会降低产品的专业度。

(3)自定义属性填得越多,搜索结果越靠前。

实际:自定义属性是在系统属性不能满足产品特征介绍的情况下,供卖家自行设定产品信息而用的,其填得多少并不影响搜索结果。

补充:自定义属性最多可以添加10个,并可自主决定展示顺序,如图1-28所示。

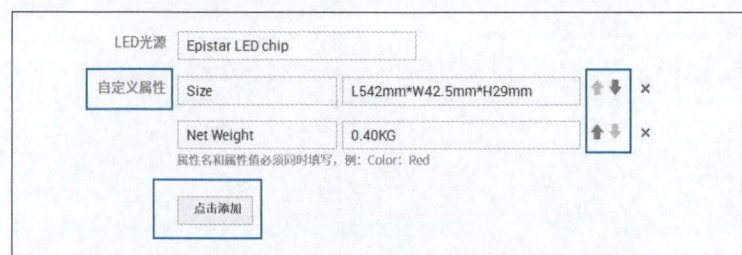

图1-28 添加自定义属性图

（六）制作详情页

产品发布的详情描述

1.详情页的重要作用

产品详情页是提高转化率的入口，它能激发买家的采购欲望，树立信任感，打消买家的采购疑虑，促使买家下单。同时，它可以传达企业品牌信息，完成从流量到有效流量再到忠实流量的转化。

正常的产品转化率大约为10∶1，即浏览了详情页的10个客户中，大约会有1个客户发来询盘。如果没有在正常值范围内，那就需要重点优化详情页了，即

产品询盘转化率＝询盘个数/访问人数

打开后台，选择“数据分析”→“产品分析”，进入图1-29所示页面，如果产品询盘转化率大于10%，则为合格。

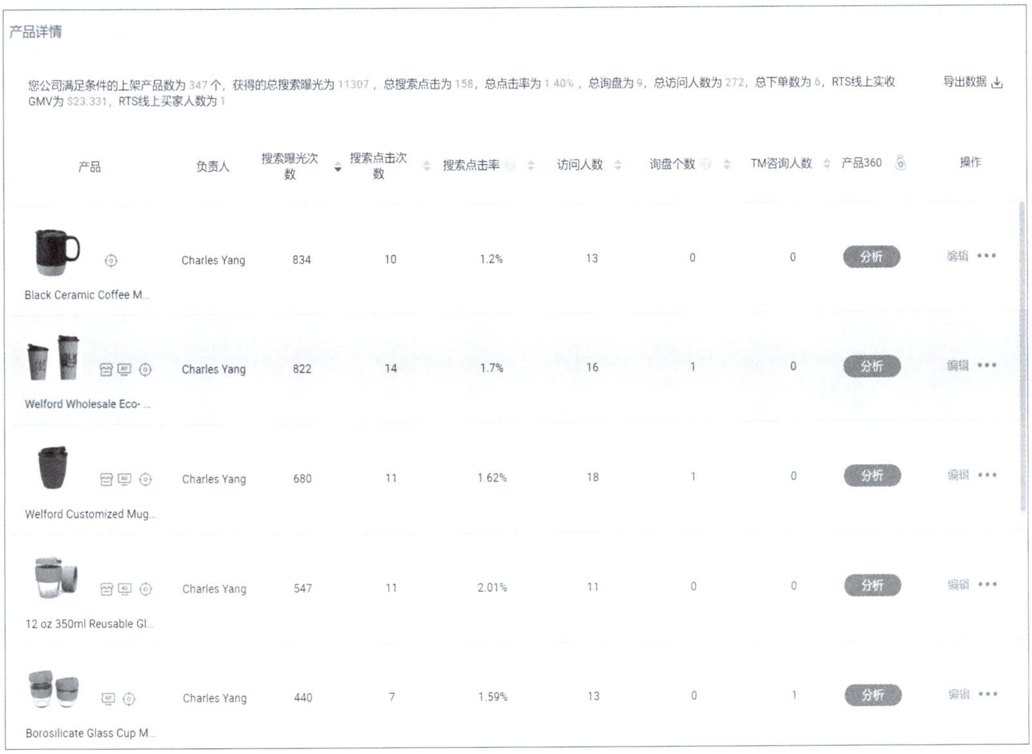
产品详情

您公司满足条件的上架产品数为 347 个，获得的总搜索曝光为 11307，总搜索点击为 158，总点击率为 1.40%，总询盘为 9，总访问人数为 272，总下单数为 6，RTS线上实收GMV为 $23,331，RTS线上买家人数为 1　　导出数据

产品	负责人	搜索曝光次数	搜索点击次数	搜索点击率	访问人数	询盘个数	TM咨询人数	产品360	操作
Black Ceramic Coffee M...	Charles Yang	834	10	1.2%	13	0	0	分析	编辑 •••
Welford Wholesale Eco- ...	Charles Yang	822	14	1.7%	16	1	0	分析	编辑 •••
Welford Customized Mug...	Charles Yang	680	11	1.62%	18	1	0	分析	编辑 •••
12 oz 350ml Reusable Gl...	Charles Yang	547	11	2.01%	11	0	0	分析	编辑 •••
Borosilicate Glass Cup M...	Charles Yang	440	7	1.59%	13	0	1	分析	编辑 •••

图1-29　产品分析页面图

2.详情页的主要内容

产品详情页要对产品进行多维度描述，具体内容有：

（1）产品图片：展示产品主体的图片。

（2）细节图：主要通过局部细节展现产品的专业性。

（3）参数表格：精简、全面地展现产品的重要属性。

（4）产品描述：用文字描述产品，包括产品的优势、特点等。

（5）产品用途：通过图文形式阐述产品的应用领域、使用范围。

（6）其他产品推荐：推荐本类目下的其他产品，或推荐平台其他类目下的产品。

(7)公司优势展示:Why Choose Us、参展情况、团队文化及办公环境展示图;如果是定制产品,则还强调 OEM 或 ODM、各种认证证书;如果是工厂,则展示核心生产设备及产品加工生产流程图;如果是贸易公司,则展示服务能力或合作工厂生产设备图。

(8)FAQ:整理客户在了解产品中可能会提出的问题,并给出相应的答案。

(9)物流、支付展示图等。

3.设置产品详情页的思路

设置产品详情页时要注意以下几个要点:

(1)访客通常点击标题进入产品详情页,所以要想方设法降低跳失率,提高访客愿意浏览产品详情页的意向概率。有多种方法可以提高访客的浏览意愿,正常情况下可以通过文案或图片等来吸引访客的注意力。但就实际应用来说,提高整个页面的设计感可以最快地吸引访客关注,因为视觉因素是最直接的刺激因素。我们要在详情页前半部分诉说产品价值,后半部分培养访客的采购信任感。详情页每一块组成都有它的价值,都要经过仔细推敲和设计,合理规划详情页框架,包括配色、字体、文案、构图、排版、氛围等。

(2)阿里巴巴国际站平台目前仍是 B2B 平台的定位,即使有"全球批发"等现货频道,B2B 属性、定制属性仍然是主流,所以产品详情页除了凸显产品特点,也应该凸显卖方的供应实力。如果是工厂就突出私人定制 OEM 或 ODM;如果是贸易公司,就突出服务优势。

(3)产品信息包括产品参数信息及文案描述等。要让客户对产品感兴趣,愿意购买产品,最基本的就是让客户了解产品的详情用途和功能,包括产品规格、产品信息和特性等,通过属性参数、文案说明等,让客户在心中对产品有一个基本的认知和把握,这样有利于企业快速筛选出精准客户。

(4)提高客户的回头率,一方面要依靠过硬的产品质量,另一方面要依靠过硬的产品质量关联营销和良好的客户服务体验,很好地引导客户下单,并增加客户的好感度。

每款产品的优势都不相同,要学会从买家关注的角度进行分析,打消买家顾虑,不同的行业在页面展示时的侧重点也不同,若店铺的反馈率不断上升,就证明详情页优化思路是有效果的。

二、RTS 产品发布

(一)RTS 的概念

RTS 的全称是"Ready to Ship",指阿里巴巴国际站现货批发,可直接下单、计算运费,且交货期设置为小于或等于 15 天。

(二)RTS 产品的优势

作为商家,选择发布 RTS 产品有如下好处:

1.独享额外流量

从平台的角度来看,RTS 频道独享额外流量,包括主站搜索 Ready to Ship 打标筛选,平台也在站外通过联盟方式进行额外引流,商家有机会获得更多流量;RTS 频道有自己的特色场景,包括 Weekly Deals 热门榜单、运费 5 折/包邮、猜你喜欢、主题活动等;另外,在 RTS 频道内独立搜索,指的是在全球批发频道内只搜索 RTS 商品。

2.产品更容易成交

从店铺运营的角度来看,RTS 产品更容易获得成交,从而为产品积累历史销量、提升产品排名,以获得更多的曝光机会。

3.产品更具确定性

从买家的角度来看,RTS 商品更具确定性。买家可在前台直接下单,计算运费和交期,节省买卖双方的沟通成本。

(三)RTS 产品发布的特殊点

1.开通信用保障服务

发布 RTS 产品,首先在产品类型上要选择"Ready to Ship"项,如图 1-30 所示。发布 RTS 产品前要先开通信用保障服务,否则该项将无法被选中。选择"信用保障交易管理"→"信用保障服务介绍"→"申请开通",即可开通信用保障服务。

图 1-30　RTS 产品类型选择页面图

2.填写物流信息

发布 RTS 产品的整个流程和发布定制产品的流程基本是一样的,区别在于物流信息的填写不同,如图 1-31 所示。

图 1-31　RTS 物流信息页面图

RTS产品发布需要：
(1)设置支持在线直接下单且价格合理。
(2)设置最小起订量交货期小于或等于15天。
(3)设置产品准确的包装尺寸和重量，以及明确、合理的运费金额。

如果不具备第(2)(3)条，就不是RTS产品，只能算支持买家直接下单的产品。

运费的设置需要使用运费模板，如图1-32所示。

物流公司	设置	价格/USD	运达时间
FedEx IP	阿里物流价	274.47 USD	9-12
UPS Saver	阿里物流价	323.31 USD	9-12
全球普货专线	阿里物流价	328.34 USD	6-10
欧美普货专线	阿里物流价	333.58 USD	6-10
全球重货专线	阿里物流价	348.39 USD	9-15

图1-32　RTS运费模板页面图

运费模板用于设置产品的运输详情，包括快递承运商、运输时长、运费及目的国/地区。当然，卖家在发布产品时也可关联运费模板，这样买家在下单时就可看到不同的快递服务对应的不同运输时长和运费。

RTS产品运费模板可以选择阿里物流，也可以选择自有物流。其中，阿里物流是指阿里官方物流或者入驻后台的第三方物流；自有物流是指商家线下的发货方式。阿里无忧物流是阿里巴巴国际站和菜鸟网络联合推出的官方物流服务，为国际站卖家提供上门取货、入库发货、快递通关的国际物流服务。

阿里物流的优点包括：(1)费用透明，具有价格优势，单票结算；(2)全球承运，具有时效保障，欧洲、美国平均在3～4个工作日可送到；(3)有专属的客服，出库赠送保险，一键发货。

选择自有物流需要自己联系货运代理，发货可以有更多的灵活性，快递、空派、海派自由选择。卖家可以根据自己的情况，选择合适的物流来完成RTS订单。

三、产品管理

(一)产品运营实操

1.产品管理基础操作

产品管理基础操作主要包括产品分配、产品分组、修改产品状态、产品编辑等。

(1)通过产品分配可将产品分配给不同的子账号，当有客户对产品发送询盘时，询盘会自动分配给该产品的负责人。

（2）通过产品分组，可以将不同类型的产品归为一类，便于管理和维护，客户也可以通过分组快速找到自己想要的产品。

（3）通过修改产品状态可将产品上下架，既可以批量生成直接下单品，还可以对产品进行修改或删除。

（4）产品编辑包括样品服务设置、发布类似产品、修改规格信息、修改产品视频、修改产品库存、设置私密权限、删除等具体操作。

选择"产品管理"→"产品分组与排序"，打开分组管理与排序页面，如图1-33所示。在该页面可以进行分组管理与排序、产品管理与排序的设置。产品分组的形式有很多，可以根据产品种类、使用场景或者产品功效进行划分。分组模式有利于导购营销，帮助客户快速查询到需要的产品类型。

图1-33 产品分组管理与排序页面图

产品管理与排序页面既可以对未分组产品进行分组操作，也可以对已经分组的产品进行分组调整或产品排序修改操作。值得注意的是，只有管理员账号和制作员账号才有权限进行产品管理与排序，其他子账号没有此权限。

2.产品诊断及优化

选择"产品管理"→"搜索诊断首页"，进入搜索诊断中心，如图1-34所示。可以在该页面对店铺产品进行诊断，系统会详细显示产品优化建议、产品效果、待优化问题产品等信息。

选择"产品管理"→"产品诊断优化"，进入如图1-35所示页面。通过该页面可以对问题产品进行优化。

零效果产品，是指持续15天或者15天以上，曝光、点击、反馈、访客均为零的产品。零效果产品需要删除或者优化，否则会影响店铺整体的信息质量，进而对整体的曝光不利。零效果产品持续180天以上将被直接删除。需要说明的是，如果针对零效果产品仅做下架处理，日后该产品重新上架后，零效果的天数仍然会累计在内。

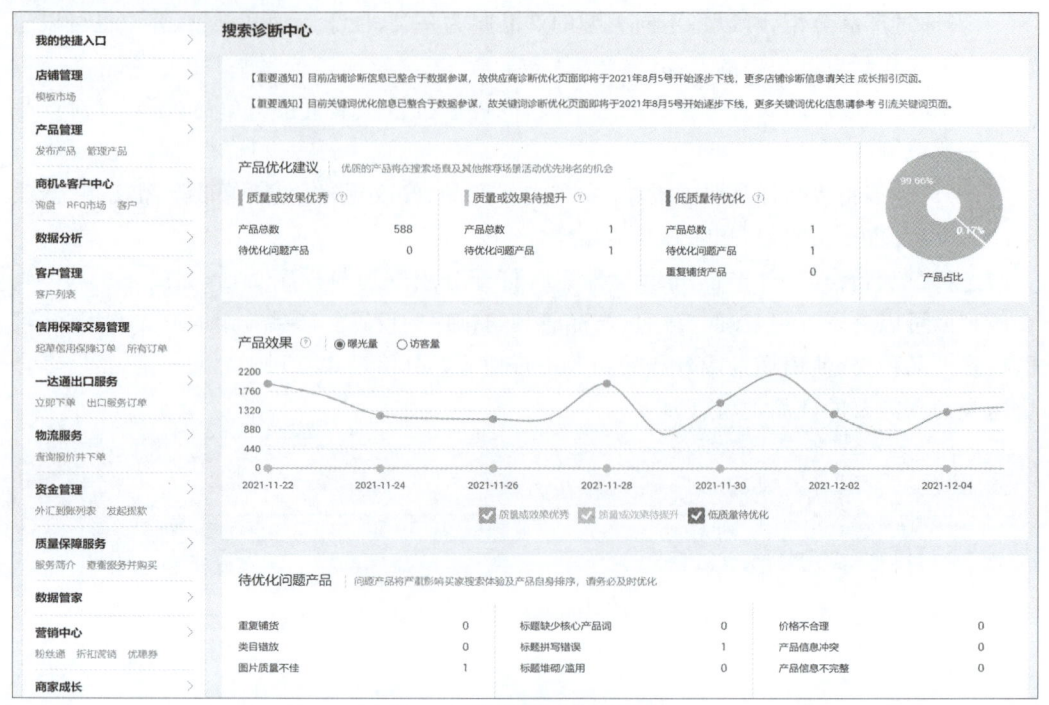

图 1-34 搜索诊断中心页面图

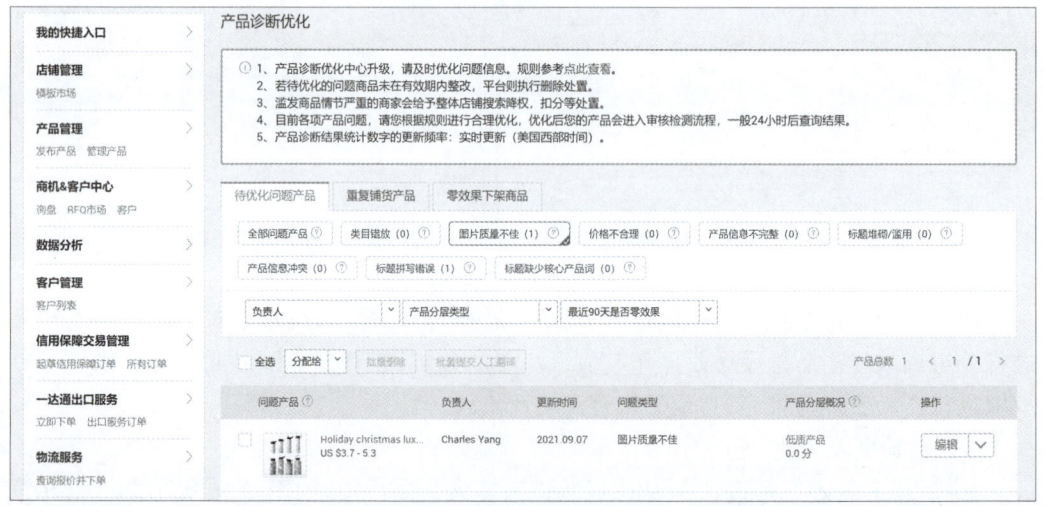

图 1-35 搜索诊断优化页面图

处理零效果产品时,建议检查产品的标题、关键词是否包含热门搜索关键词等。零效果产品的处理要看店铺的产品数量,如果产品数量较多则建议删除,或者先观察一段时间,如果依旧是零效果产品再进行删除。

3.产品运营

(1)产品成长分

阿里巴巴国际站通过行业特征、内容表达、效果转化、产品服务四个方面对产品进行评分,即产品成长分,如图 1-36 所示。

图 1-36　产品成长分页面图

其中行业特征是指该行业类目下的核心属性。在发布产品时，尽量将各个属性填写完整。在行业特征旁边会有三类显示：

① 已达标：说明行业类目已设置核心属性，且已填写。

② 待优化：说明行业类目已设置核心属性，但还未填写。

③ 无：说明行业类目还未设置核心属性，行业特征不作为衡量指标。

（2）产品分层

选择"产品管理"→"产品运营工作台"，进入"产品运营工作台"页面，如图 1-37 所示。

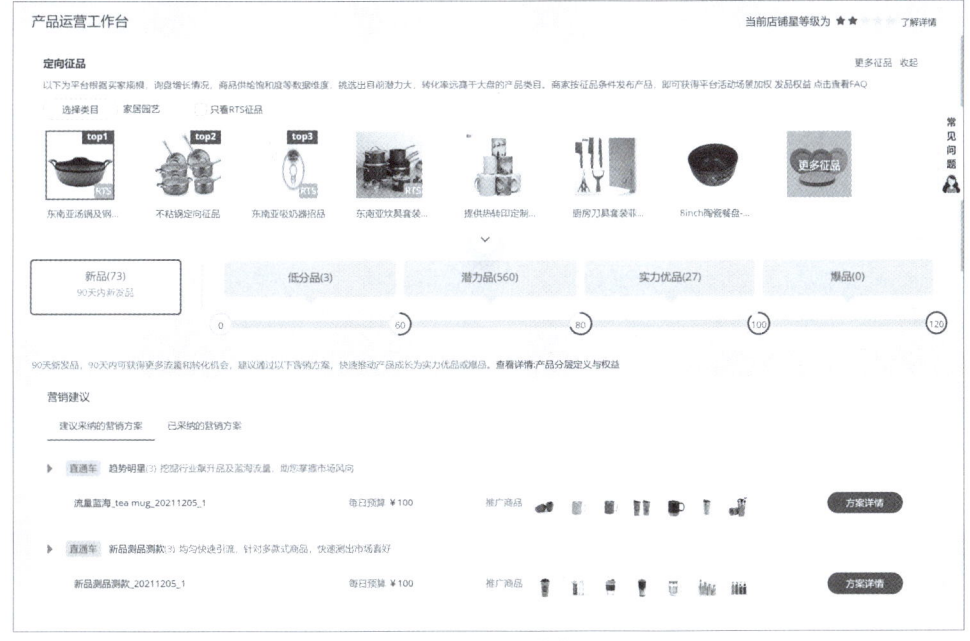

图 1-37　产品运营工作台页面图

阿里巴巴国际站对产品进行"1+4"分层管理,即"新品+低分品、潜力品、实力优品和爆品",具体如表1-1所示。

表1-1　　　　　　　　　　　　产品分层表

产品分层	新品	低分品	潜力品	实力优品	爆品
定义	近90天新发品	产品成长分<60	60≤产品成长分<80	80≤产品成长分≤100	产品成长分>100
较之前的变化	新增产品层级	之前用质量分衡量,现在统一更新为产品成长分(重铺货的产品成长分为0分)	之前用质量分衡量,现在统一更新为产品成长分	指标微调,针对近90天订单≥10单的产品增加近90天订单信用保障退款申请率;订单按照发货率指标设置底线门槛,在额外分中体现为未达到要求扣30分	新增产品层级,指标包括RTS产品近90天支付买家数、非RTS产品近90天询盘数等,具体标准见产品运营工作台,在额外分中体现为加20分
权益	前台场景透传等	无	无	绑定橱窗获得更多流量扶持	除绑定橱窗获得更多流量扶持外,同时更多机会获得站外投放推广、榜单露出、平台流量扶持、专属榜单等更多权益

注意:产品成长分是T+2更新的,即卖家对产品更新48小时后,可以查看该产品新的成长分及产品层级,48小时之内展示的依然是之前的产品成长分及产品层级。

(3)实力优品提升攻略

第一步:提升产品信息质量

①RTS产品信息质量提升要点:信息质量分提升至4.5分及以上;优化RTS产品;完善各国/地区运费;确保近90天信用保障退款申请率及近90天按时发货率达到系统给出的门槛指标(任意一项未达到会扣30分);完善"行业特征"(部分叶子类目)。

②定制产品信息质量提升要点:信息质量分提升至4.5分及以上;支持样品服务;有规格的类目,规格完整+价格确定;支持定制服务;完善"行业特征"(部分叶子类目)。

第二步:提升产品效果(目标值)

①RTS产品提升效果要点:通过各种方式营销产品,让该产品至少有一个支付买家,且买家转化率达到实力优品标准。

②定制产品提升效果要点:通过各种方式营销产品,让该产品至少有一个询盘,且询盘转化率达到实力优品标准。

效果提升方法主要有:①营销产品,可通过直通车、橱窗、网站活动,提升产品曝光率;②提升产品流量承接及转化,做好产品详情页,用好智能编辑营销模块,完成爆款分流。

需要注意的是,实力优品需在最近90天内无差评(定制产品为近180天内无差评);实力优品在最近180天内能够准时发货。

（二）橱窗产品管理

1.橱窗的概念

橱窗，即橱窗展示位，是一种营销推广工具。添加到橱窗的产品，在同等条件下，享有搜索优先排名权益（无额外标志），同时可在全球旺铺首页中做专题展示。卖家可根据店铺的推广需求，自行选择需推广的产品，如推广效果好的产品、新品或主打产品等。

阿里巴巴国际站橱窗数量为：出口通会员橱窗数量为 10 个，金品诚企会员橱窗数量为 40 个。企业卖家如果觉得橱窗数量不够，还可以另外购买。

2.橱窗产品的优势

橱窗产品的优势在于：

（1）享有搜索优先排名，在同等条件下橱窗产品排名在非橱窗产品前面；

（2）拥有公司网站首页推广专区，提升主打产品推广力度；

（3）自主更换橱窗展示产品，掌握主打产品推广的主动权。

3.橱窗产品管理

选择"产品管理"→"管理橱窗产品"，可进入"橱窗产品管理"页面，如图 1-38 所示。通过该页面可对橱窗产品进行管理，可以选择不同子账号上传的产品，并将其设置为橱窗产品。在橱窗管理页面可以直接看到产品成长分、曝光量、点击量、询盘、订单数以及查看效果趋势，还可以直接设置橱窗卖点，并进行优化、排序、替换和移除操作。

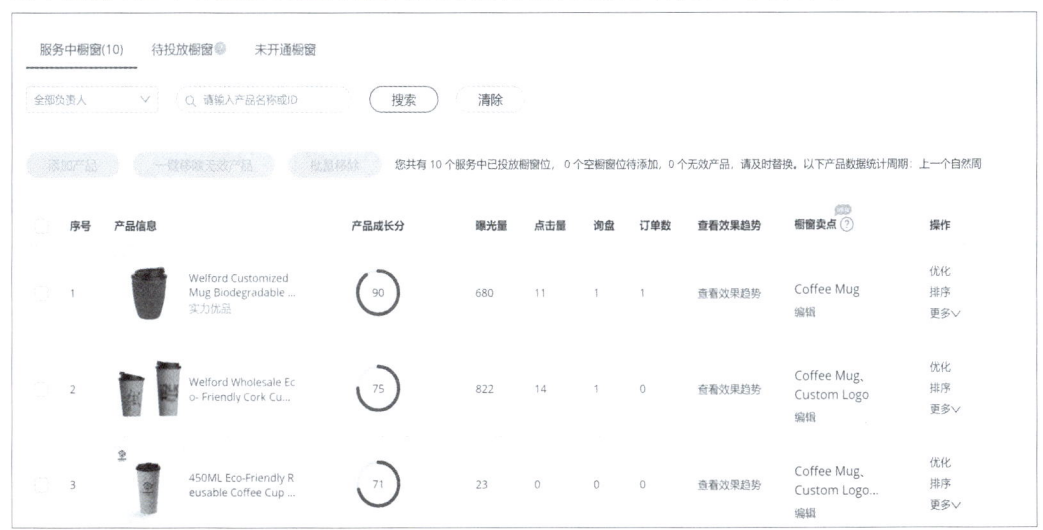

图 1-38　橱窗产品管理页面图

四、店铺装修

店铺装修是对企业的重新包装和崭新塑造，需要建立在对企业科学分析、决策的基础上，并进行精准的方案策划。

（一）店铺装修的作用

全球旺铺是阿里巴巴平台提供给供应商的全球企业展示和营销网站。店铺装修是店

铺竞争优势的重要影响因素,良好的店铺视觉体验可以让卖家增加专业度和可信度。店铺装修有如下作用:

(1)差异化店铺装修风格凸显企业形象。与店铺定位适配的店铺装修风格可以提高品牌调性,加深买家对店铺的印象。

(2)增加店铺转化率。视觉上的优质体验,可以减少页面跳出率,提升买家的购物欲望,增加买家下单概率,增加店铺转化率。

什么是全球旺铺

(3)精准导购,优化购物体验。精准的店铺分类可以给买家提供方便,让买家简单迅速地找到符合自身要求的商品,给买家带来优质的购物体验。

(二)店铺装修使用规则

为了更好地展示产品信息和突显企业特色,全球旺铺提供灵活的页面结构和自定义的内容供企业店铺使用。

【提示】仅管理员和制作员账号可以装修旺铺。

用户可自行发布/编辑全球旺铺中的自定义模块内容,并可选择在互联网内以合理、正向的方式自行推广全球旺铺,但须遵守以下规则:

(1)用户发布的内容须是真实、准确、合法、有效的,应遵守《阿里巴巴国际站信息发布规则》,不得发布涉及他人知识产权的信息(经权利人许可的除外)、法律法规等禁止发布的信息及阿里巴巴国际站禁止发布的信息。

(2)用户不得发布侵犯他人肖像权、名誉权的信息。

(3)用户不得发布仿冒阿里巴巴会员标识、年限标识、认证标识或其他官方标识的图案,误导买家。用户不得发布虚假信息,误导买家,如发布与认证信息不一致的信息等。

(4)为保障全球旺铺内容的专业和统一,避免给买家造成混淆,自定义模块中发布的内容应与网站其他位置的信息保持一致。如英文公司名称应与认证信息(如 Verified Supplier 模块)中的英文公司名称一致。

(5)为提升用户后台数据效果分析的准确性,便于用户追踪效果,用户在全球旺铺的自定义模块内容中不得出现同类电子商务网站名称的相关图文信息,如 Made in China、Global Sources、Ebay、Dhgate、Amazon、hc360.com、china.cn 等。

(6)用户不得从事以提高全球旺铺访问量为目的的搜索引擎作弊行为,包括但不限于通过以下方式提高全球旺铺的访问量:

①购买链接,即购买在其他网站中展示全球旺铺域名及该域名下的网址链接的行为,包括付费、用商品交换、提供服务交换、提供"免费"产品等方式购买链接、包含链接的帖子或包含链接的评论。

②链接交换过多,即跟其他网站交换展示对方网址链接的行为过度,如旺铺中大量堆砌其他旺铺的链接地址。

③在低质量网站发布全球旺铺域名及该域名下的网址链接。低质量网站是指无实际价值,仅是链接堆砌的网站或者其他违反社会公德的网站。

④使用自动程序或服务批量地、非人为地创建全球旺铺域名及该域名下的网址链接在其他网站展示。

⑤其他人为地控制任何指向用户自己全球旺铺的链接的作弊行为。

(7)用户委托第三方从事的搜索引擎作弊行为视为用户自己的行为。

(三)店铺装修的主要板块与功能

1. 店铺分类

通过主营类目与产品分组两大板块,既可以展示公司目前主打产品的类目,方便客户了解公司的产品优势,便于买家匹配自己的需求;也可以向买家展示产品的分组情况,便于买家第一时间找到自己想要的产品。

2. 公司介绍

通过以公司图片、公司信息描述、主营市场、公司优势等图文结合形式向买家直观介绍企业,向买家展示公司的实力。该板块的"公司名片"栏目通过公司名、信用保障等级、及时回复率、平台年限等简要信息向客户展示公司概况。

3. 产品推荐

该板块包括橱窗产品、带类目产品、单品、产品平铺、重点产品推荐、主营产品认证、智能产品推荐等多个模块。根据平台的产品分层情况与推广目的来选取不同的模块,进行产品的推广。每个模块都有各自的效果,依据平台产品而定,不需要将每个产品模块都添加进来。

4. 营销

通栏 banner 和轮播 banner 板块均通过主题图片滚播的形式来宣传企业的形象,并进行产品推广和活动推广等。多语言快速链接方便了小语种区域的买家进行更好的网上浏览。询盘直通车可以让客户在旺铺中直接发送询盘,节约了中间环节。客服模块最多可添加 5 个账号,并细分客服类型,以让买家更快地找到合适的服务人员,便于和买家直接沟通。企业可以根据行业的不同打造专属的行业海报,再配合产品推荐板块搭配使用,可以让客户一目了然地找到对应行业下的专属产品。

5. 视频

旺铺可上传 10 分钟以内的视频,视频内容主要以公司介绍为主,侧重通过视频媒体形式展示公司实力,包括公司的规模、工厂设备、产品研发、人员配置等,以便让客户更直观地了解公司的软硬实力。

(四)店铺装修的思路

店铺装修思路主要包括:明确店铺运营理念,确定店铺核心产品,确定店铺装修风格,确定店铺排版四个部分。

旺铺装修的思路

1. 明确店铺运营理念

店铺装修前需要明确店铺运营理念,充分地思考企业自身的卖点,如公司定位、目标客户群体、客户足迹、企业优势、客户疑虑等。其中,确定目标客户群体一般采用人群画像分析的方法,从消费者的性别、年龄、收入、城市、教育、家庭情况、生活态度、价值观等角度,对目标客户群体进行精确洞察。

2. 确定店铺核心产品

明确了店铺的运营理念后,需要参照目标客户群体确定店铺的核心产品。店铺核心产品的筛选应符合如下条件:产品具有独特优势或卖点、对比同行具有竞争力、符合目标客户群体需求。

3. 确定店铺装修风格

店铺装修风格要根据店铺定位进行规划设计,不同的店铺定位对应的装修风格会有所差异。店铺定位一般分为高端客户定位、中端客户定位和低端客户定位。面向高端客户群体的店铺,注重公司实力、品牌,页面风格相对干净简洁,侧重于品牌实力的表现;面向中端客户群体的店铺,注重性价比,页面风格更贴近生活,并根据产品风格来规划;面向低端客户群体的店铺,侧重于价格折扣,页面风格更接近于促销风格。

确定店铺装修风格前,建议广泛浏览亚马逊、EBAY、速卖通等 B2C 网站,参考阿里巴巴国际站标杆旺铺,购买旺铺市场模板等。

4. 确定店铺排版

店铺排版包括网站内容盘点、买家浏览习惯探究、网站排兵布阵、店铺首页排版四个步骤。

(1)网站内容盘点

通过对买家的旺铺点击行为进行统计,研究者发现不同行业的买家关注点不同。比如,服装、围巾等产品的买家更关注产品细节;化工、地板等产品的买家对产品品质要求较高;电子消费品买家更关注产品性能及参数指标。所以,网站内容应该因行业和目标市场不同而有所差别。网站内容的重要程度也因供应商本身的资质、优势等而异。卖家需结合自身以及对买家的了解来选择具体内容。

(2)买家浏览习惯探究

长期研究网站可用性的美国著名网站设计师杰柯柏·尼尔森曾发表的一份《眼球轨迹的研究》报告中提出,大多数情况下,浏览者都不由自主地以"F"形状的模式浏览网页,这种基本恒定的阅读习惯决定了网页呈现 F 形的关注热度。

第一步:水平移动。浏览者首先在网页最上部形成一个水平浏览轨迹。

第二步:目光下移,短范围水平移动。浏览者会将目光向下移,浏览比上一步短的区域。

第三步:垂直浏览。浏览者完成上两步后,会将目光沿网页左侧垂直浏览。这一步的浏览速度较慢,也较有系统性、条理性。如图 1-39 所示。

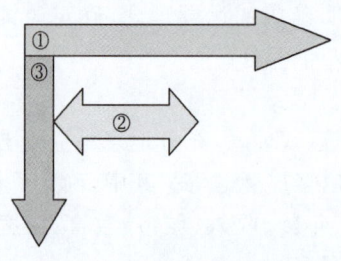

图 1-39 "F"形浏览的轨迹图

（3）网站排兵布阵

盘点网站内容后，卖家需结合买家浏览网站的方式，进行网站排兵布阵。

①眼球往往从网页的左上角横向扫描，即这条眼球线路上的内容最先进入买家视线，因此，沿着线路来放置诸如 banner、头条、促销等内容容易让买家接受。

②用户看完左上角后，眼球将向右和向下。考虑在前一条已经向买家传递了最重要的内容，这里可以让买家稍稍放松，进入更加有序的浏览。因此，这里的内容要清晰有条理，重点产品要有序摆放，生产流程要清晰呈现。

（4）店铺首页排版

店铺首页一般包括店招、海报、客服、多语言工具栏、主推产品、认证报告、公司介绍、视频、客户案例等内容。

在确定内容之后，需对要展现的内容进行排版规划，可以采用以产品为主或以公司资质为主的排版思路。以产品为主的首页布局参考案例见表1-2。

表1-2　　　　　　　　　　以产品为主的首页布局参考案例

屏数	模块	内容
1	店招＋导航	公司名/电话/邮箱/官网
2	全屏海报	产品海报
3	多语言工具栏	自定义设计
4	产品优势	每周上新，产品认证
5	核心产品分类	KA、KB、LA、LB、LC
6	热销产品	产品模块
7	公司优势	10年经验，生产员工100多人，成熟的研发团队，流水线自动生产车间
8	公司视频	需提供视频
9	单品模块	行业其他引流
10	主营类目	产品导购
11	轮播海报	公司优势
12	橱窗产品	主推产品
13	轮播海报	产品海报
14	公司信息	公司介绍/主营市场/证书/核心优势
15	旺旺客服	职业装客服头像
16	参展图片/工厂流程图	客户案例
17	智能推荐模块	千人千面大数据推荐
18	询盘直通车	—

值得注意的是，在旺铺装修的过程中，要注意结合自身的产品优势与公司优势，同时也要符合阿里旺铺质量分的评判标准。

习题测验

(一)单项选择题

1. 关于发布新产品,以下描述正确的是( )。
   A. 产品图片越大越好
   B. 产品属性要填写完整、专业
   C. 产品的类目可以在推荐的3个类目中随机选一个
   D. 只要关键词设置了,标题中没有也没关系

2. 关于设置产品标题,下列说法错误的是( )。
   A. 标题应符合买家搜索习惯及偏好
   B. 可任意使用特殊符号
   C. 不要把多个关键词在名称中重复累加
   D. 标题中可使用介词with/for,核心关键词置于with/for前面

(二)多项选择题

1. 阿里巴巴国际站的站内长尾词可以通过哪些途径获得?( )
   A. 热搜词　　　　　　　　　　B. 行业视角
   C. 外贸直通车　　　　　　　　D. YouTube

2. ( )拥有装修旺铺的权限。
   A. 主账号　　　　　　　　　　B. 销售经理
   C. 制作员　　　　　　　　　　D. 销售专员

3. 旺铺的模块有( )。
   A. 页面背景　　　　　　　　　B. 店铺分类
   C. 公司介绍　　　　　　　　　D. 产品推荐
   E. 营销

(三)判断题

1. 全球旺铺2.0目前仅对阿里巴巴国际站付费供应商会员开放。( )
2. PC端旺铺装修不符,将会直接被下架。( )

能力实训

实训1:关键词梳理

假如你在阿里巴巴国际站开了一个店铺,售卖产品是一款背包(图1-40),现在查找该产品的关键词。

要求:通过学习到的关键词查找办法,针对产品信息和特征进行关键词的查找,搜集至少30个关键词,制作关键词表,并写出词来源和词热度,同时选出最合适的5个关键词。

图 1-40 背包产品图

实训 2:标题组合

产品名称是买家搜索的第一匹配要素,名称的设置决定了买家是否能精准地搜索定位到你的产品。产品名称书写是否专业,决定了你的产品排名是否靠前。请参考下列关键词为一款手提包(图 1-41)组合一个优质标题。

图 1-41 手提包产品图

提供的关键词如下:

1. 营销词:2021 new arrival,top selling,for sale;
2. 属性词:leather,lady,brown,designer;
3. 核心关键词:hangbag,tote bag。

要求:标题精准、有吸引力,有营销词、属性词和核心关键词,字数不超过 60 个英文字母。标题符合英语语法,并且没有拼写错误。

项目二

跨境电商 B2B 店铺营销与社媒营销

学习目标

能力目标
- 能制订店铺基础营销方案并执行；
- 能熟悉并解读 P4P 常规营销；
- 能熟悉主流的海外社媒营销。

知识目标
- 掌握店铺基础营销方式；
- 掌握 P4P 的基本原理；
- 掌握主流海外社媒营销的特点。

素养目标
- 具备积极进取的市场开拓精神；
- 具备精益求精的客户服务意识。

项目二 跨境电商B2B店铺营销与社媒营销

思维导图

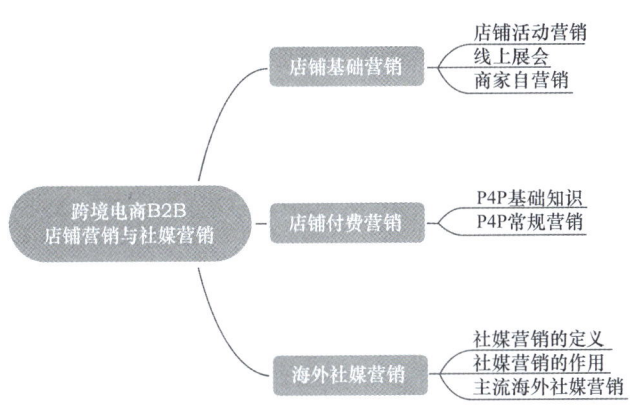

项目背景

在完成店铺建设与产品上传之后,南希每周能够收到3~5个客户询盘。在店铺建设初期,客户流量还不大。南希咨询了经理后觉得自己应该主动去寻找客户,比如参加一些站内活动,运用P4P等付费推广。同时她在工作过程中发现很多客户的LinkedIn、Facebook活跃度很高,于是还想到了社交媒体的获客途径。希望通过这些多元化的方式,能让客户流量有一个较大的增长。

任务分解

接下来,跨境电商B2B运营专员南希的主要工作任务是:

任务1　店铺基础营销
任务2　店铺付费营销
任务3　海外社媒营销

任务完成

任务1　店铺基础营销

参加阿里巴巴国际站营销活动,有助于店铺快速引流,提升转化率。

【Step1】了解平台活动

南希通过调研,了解并整理了阿里巴巴国际站的主要活动,见表2-1。

表 2-1　　　　　　　　　　阿里巴巴国际站活动表

时间	活动类型	活动名称	建议参与指数	备注
1月	行业活动	机械品牌站（2020）	3颗星	
2月	特殊商家活动	超级卖家（2020）	4颗星	
3月	大促活动	3月新贸节	5颗星	
6月	主题活动	6月跨境贸易服务节（2020）	5颗星	
	区域活动	浙江大区专享——优品超车计划（2020）	5颗星	除3月新贸节、9月采购节，其余活动均不定期
7月	主题活动	直播、短视频活动	5颗星	
8月	区域活动	宁波消博会（2020）	3颗星	
9月	大促活动	9月采购节	5颗星	
10月	特殊产品活动	RTS产品活动	3颗星	
11月	主题活动	双十一大促活动（2020）	4颗星	
12月	主题活动	圣诞活动	3颗星	
全年	特色活动	Weekly Deals	5颗星	

【Step2】报名合适的平台活动

南希根据当前国际站推出的行业活动（图2-1），结合自身店铺的实际情况，决定报名参加一个RTS小单快定活动，如图2-2、图2-3所示。报名方式："My Alibaba"→"营销中心"→"官方活动报名"。

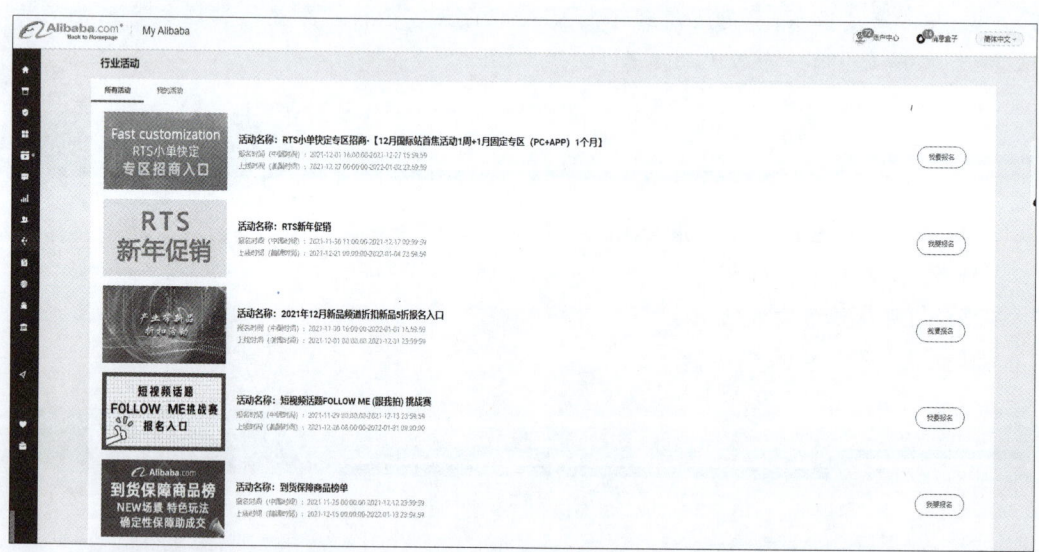

图 2-1　行业活动图

【Step3】活动设置与参与

在活动执行期，南希需根据数据及时调整活动方案，并做好活动结束后的复盘。

项目二 跨境电商B2B店铺营销与社媒营销

图 2-2　RTS 小单快定活动报名图

图 2-3　RTS 小单快定活动报名状态图

任务 2　店铺付费营销

除了国际站活动,阿里巴巴国际站还上线了顶展、外贸直通车(P4P)、橱窗等多个营销推广方式,帮助商家提高商品的曝光量,吸引更多的买家,最终转化为订单。南希决定试一试 P4P 这种目前商家最常用的营销方式。

【Step1】P4P 账户设置

1.预算设置

南希将每日的最高预算设置成了 150 元,如图 2-4 所示。

图 2-4　P4P 预算设置图

43

2.参与拓展匹配设置

操作路径:选择"营销中心"→"外贸直通车"→"我的营销账户"→"账户设置"→"拓展匹配",进行拓展匹配的设置,如图 2-5 所示。

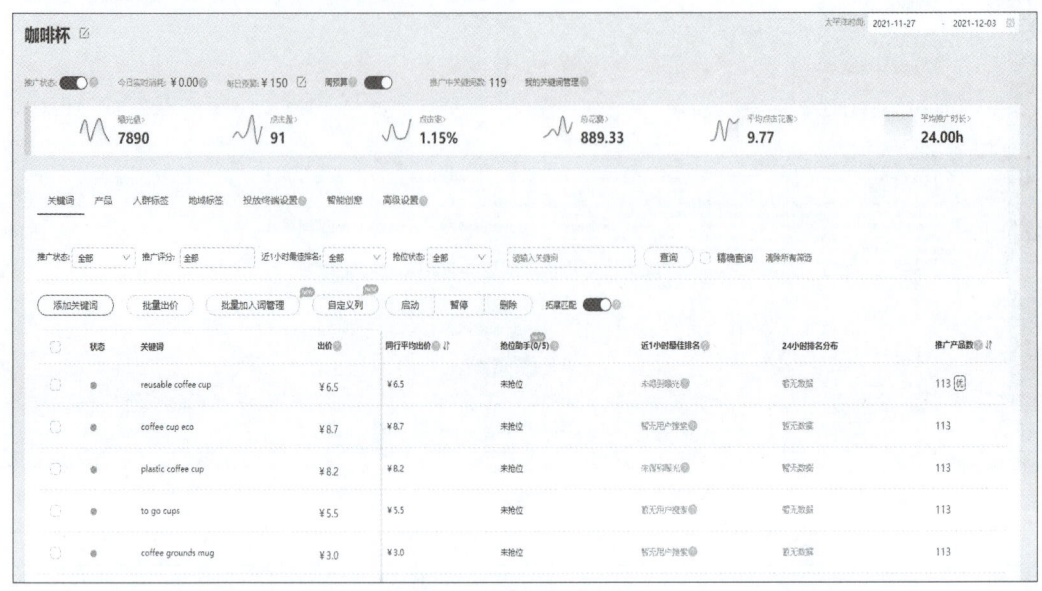

图 2-5　拓展匹配设置图

3.多语言站点投放设置

操作路径:选择"营销中心"→"外贸直通车"→"我的营销账户"→"账户设置"→"多语言站点",勾选相应的多语言站点,如图 2-6 所示。

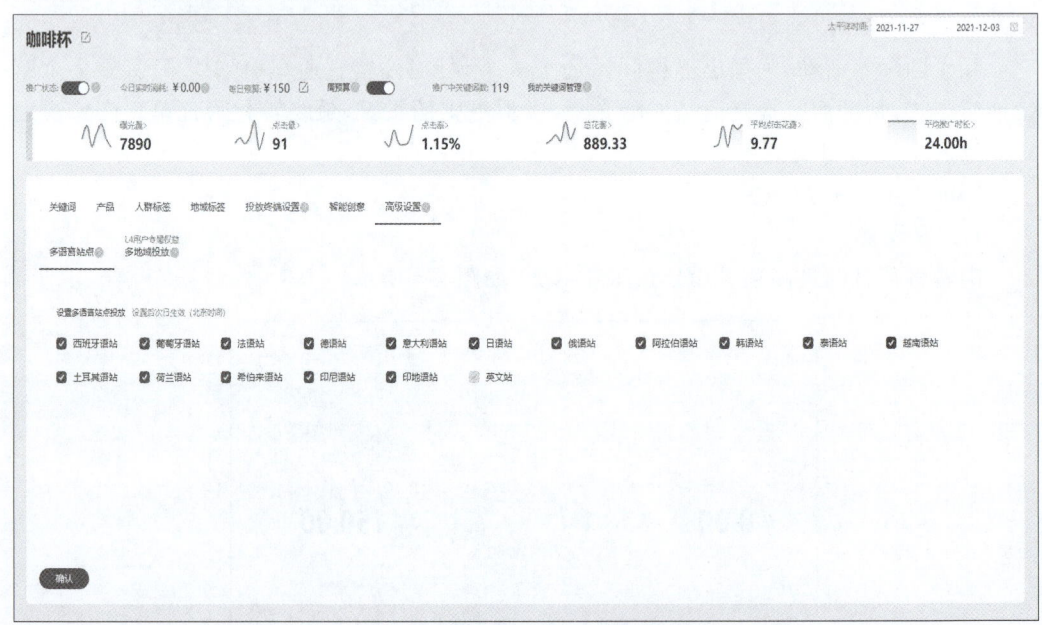

图 2-6　多语言站点投放设置图

项目二 跨境电商B2B店铺营销与社媒营销

【Step2】P4P 推广操作
1.新建 P4P 推广

操作路径：选择"营销中心"→"新建推广"→选择营销推广位置为"搜索结果优质展示位"→选择营销目标为"货品营销"，如图 2-7 所示。

图 2-7　P4P 推广设置图

2.P4P 推广产品设置

新建推广完成之后，即可进入"选择您想要推广的产品"界面进行设置，选择需要推广的产品——咖啡杯，如图 2-8 所示。

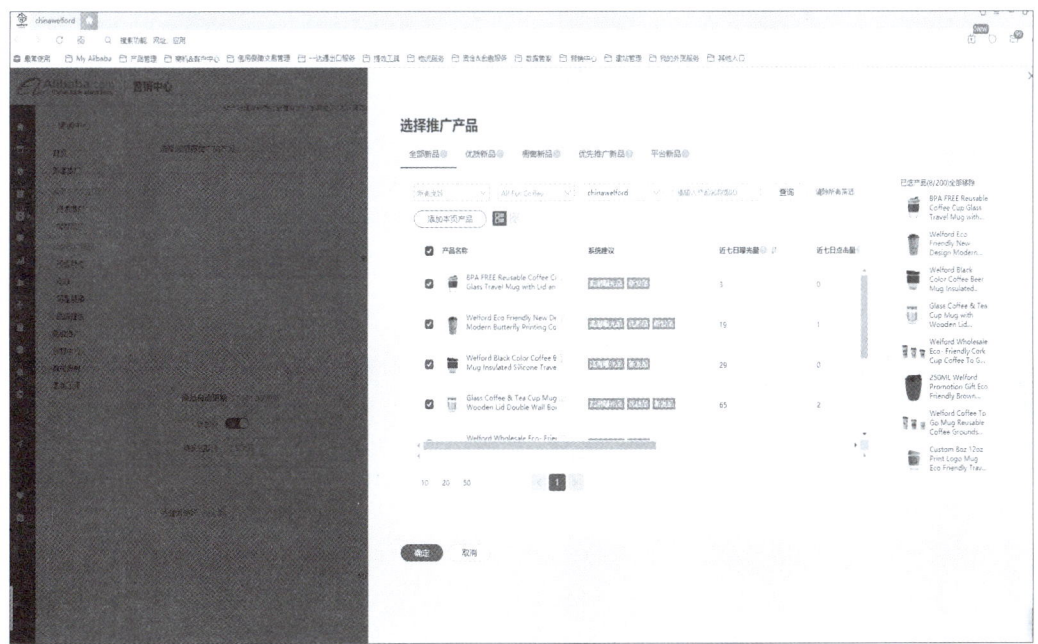

图 2-8　P4P 推广产品设置图

3. 选择关键词

选择好推广的咖啡杯之后，进入关键词工具，选择关键词进行添加，如图 2-9 所示。

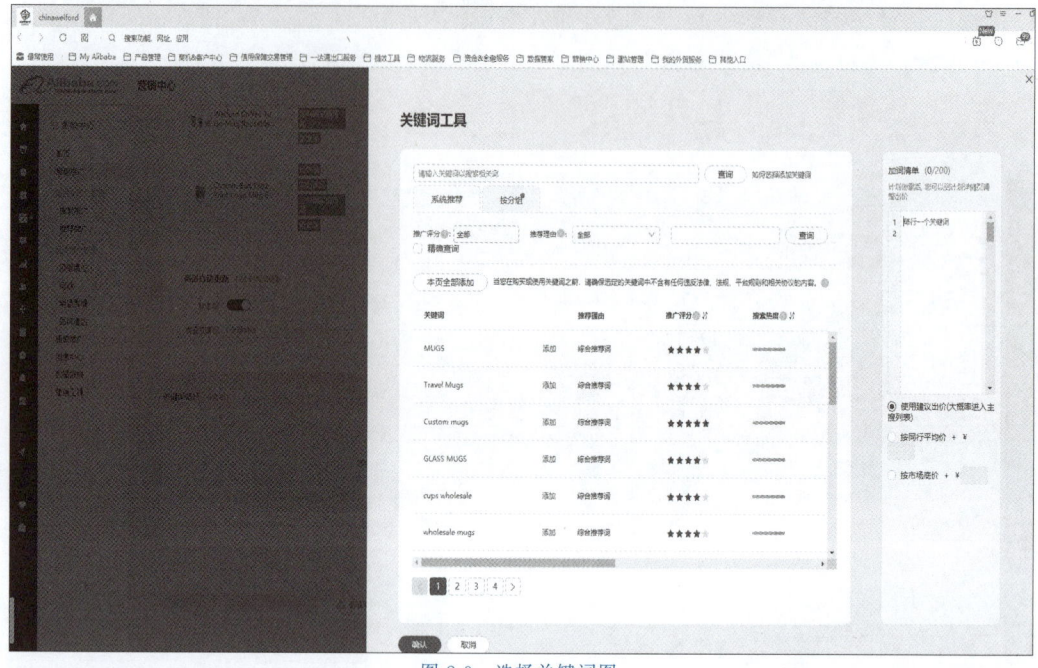

图 2-9　选择关键词图

4. P4P 出价

南希对添加的几款咖啡杯产品进行了行业智能出价的投放选择，如图 2-10 所示。

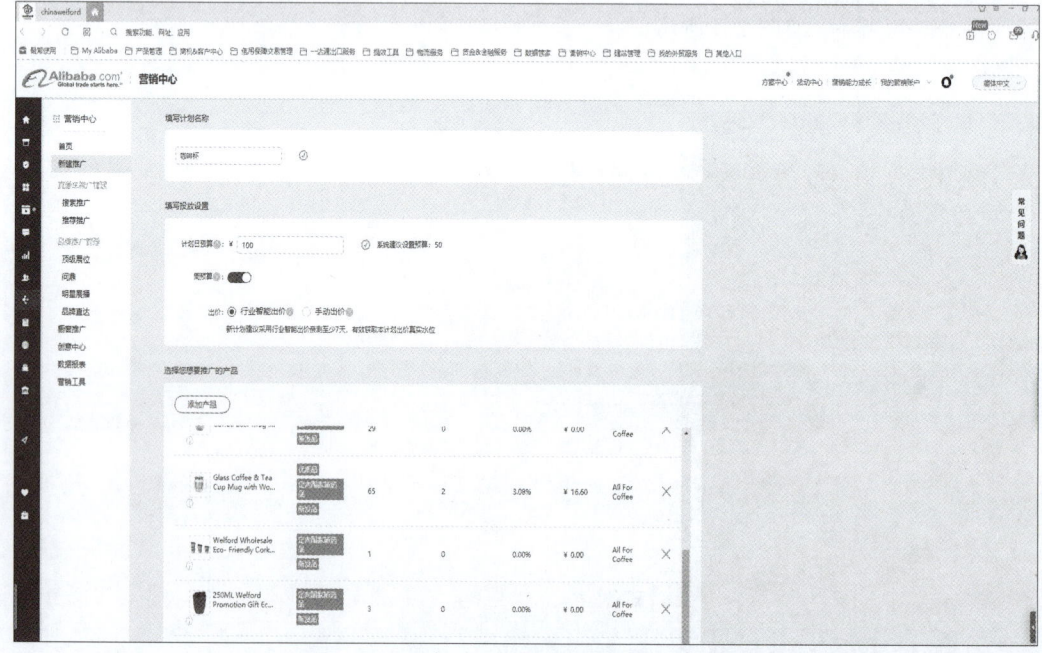

图 2-10　行业智能出价图

投放设置好后,可以看到自己的出价和同行平均出价,如图2-11所示。

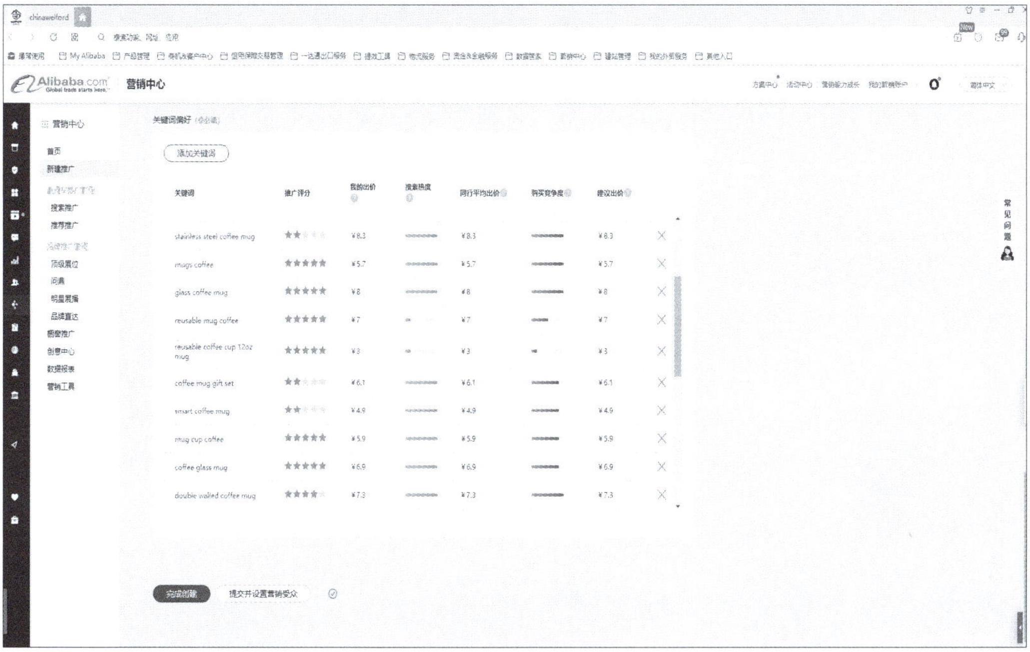

图 2-11 P4P 比价图

5.完成推广方案

南希 P4P 出价后,完成推广方案,如图 2-12 所示。

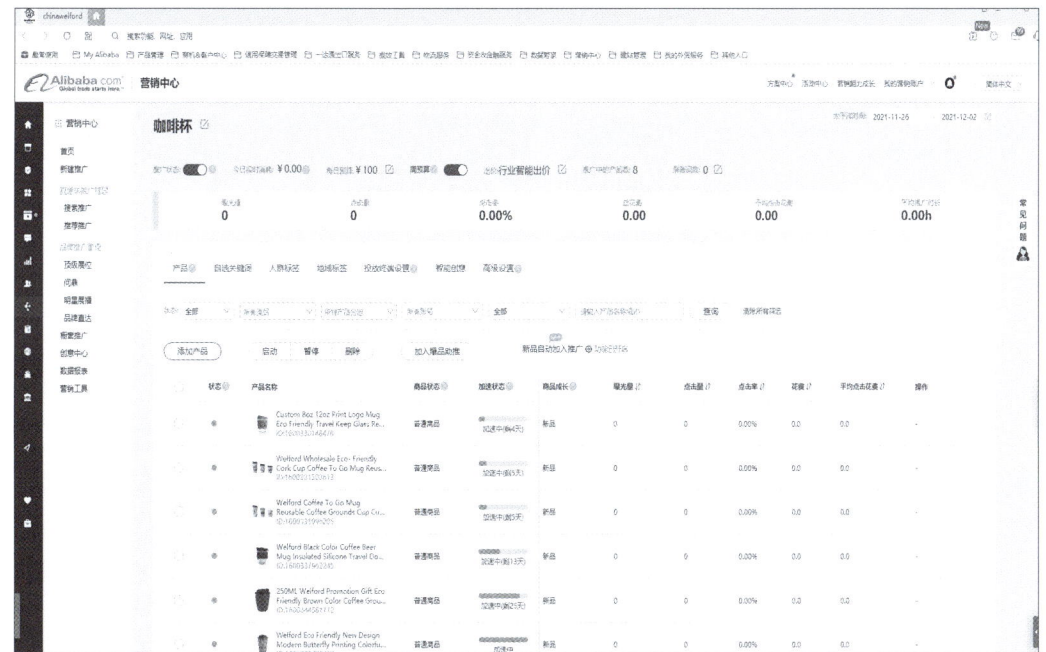

图 2-12 P4P 推广方案完成图

任务 3　　海外社媒营销

在 2020 年年底,阿里巴巴国际站 SNS 智能分享功能上线。该功能可帮助商家一键同步阿里巴巴国际站内容到 LinkedIn、Facebook、Twitter 等社交平台,实现站外引流、站内成交。南希按照分享要求进行了 LinkedIn 站内的分享以及站外的推广。

【Step1】SNS 智能分享

1. 选择要分享推广的产品

南希选择要分享推广的玻璃储物罐(Glass Jar),点开详情页,选择 LinkedIn 分享,如图 2-13 所示。

图 2-13　SNS 智能分享图

2. 绑定账号

南希登录自己的 LinkedIn 账号进行绑定,如图 2-14 所示。

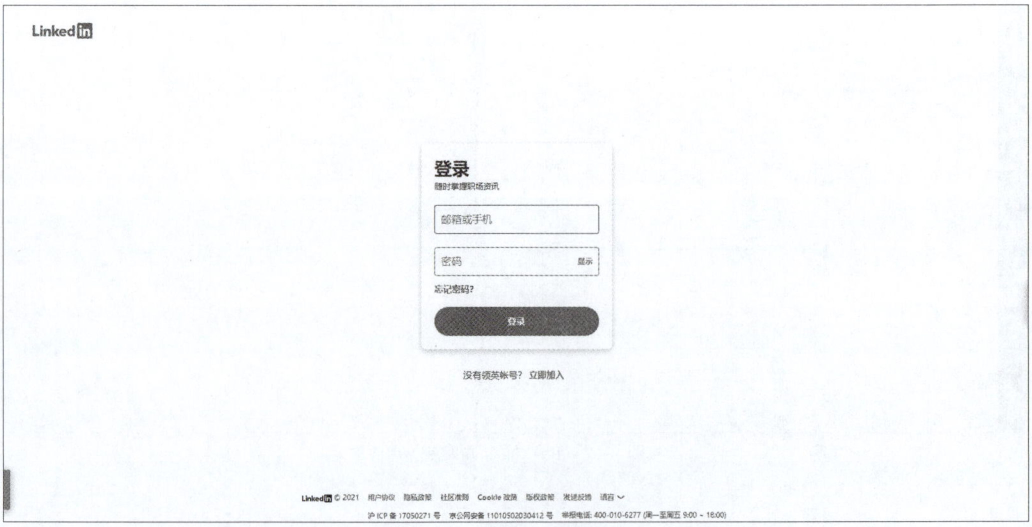

图 2-14　LinkedIn 登录图

3.点击"分享"

南希登录之后,设置话题讨论,并点击分享,如图 2-15 所示。

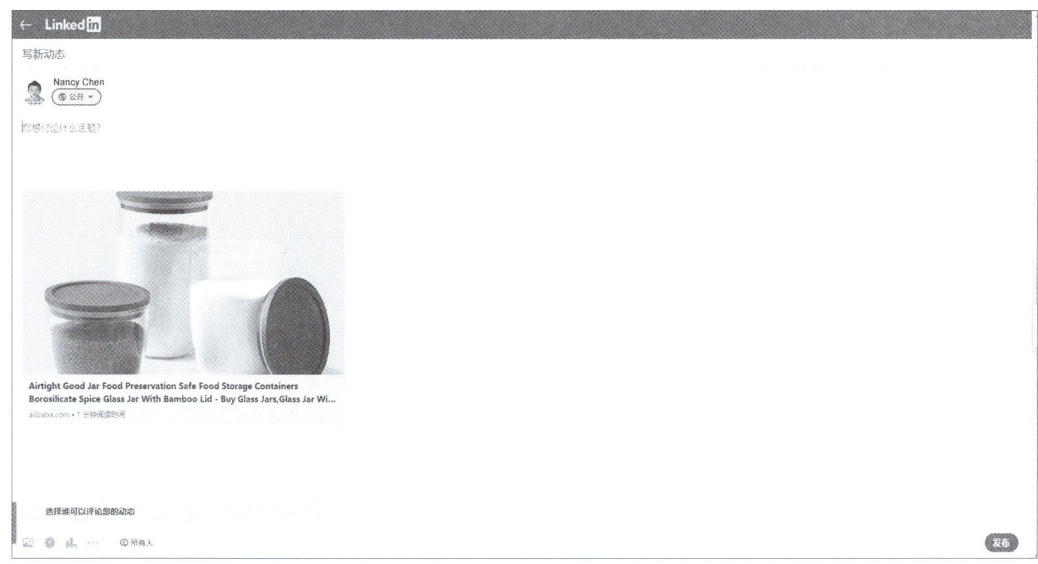

图 2-15　LinkedIn 分享图

【Step2】SNS 站外引流

南希动态发布 LinkedIn 话题分享和话题分享展示,如图 2-16、图 2-17 所示。

图 2-16　LinkedIn 话题分享图

图 2-17　LinkedIn 话题分享展示图

知识链接

一、店铺基础营销

阿里巴巴国际站的流量来源渠道包括自然流量、付费流量和活动场景流量等,其中活动场景流量是能够较快获得流量的渠道,也是打造爆款效果较好的渠道。参与阿里巴巴国际站活动的商家一般在短时间内就可以通过活动流量快速地聚集客户,带动店铺销量,然后再反馈到自然排名的获取,达到以活动促营销的良性循环。

(一)店铺活动营销

在阿里巴巴国际站运营场景下,活动营销主要由商家围绕国际站活动而展开,一般包含行业活动、主题活动、区域活动、特殊产品活动、特色活动等。其中常规活动包括 Weekly Deals、3 月新贸节和 9 月采购节等。Weekly Deals 是面向全球 B(Business,企业)类客户推出的高性价比限时采购现货场景,以最大限度地实现海外买家流量和不同品类商品、供应商之间的精准匹配、快速成单,是高效实现海外买家在线交易转化、留存、复购的场景。阿里巴巴国际站每年都有两次大型官方活动:3 月新贸节和 9 月采购节。活动时间分别在 3 月和 9 月,持续时间为整个月。3 月新贸节一般在 1 月初开始报名;9 月采购节一般在 7 月底开始报名。商家星等级一般为 2 星及以上或者金品诚企会员 1 星及以上,如果需要参加活动,需要提前确保星级达标。活动内容一般包括对买家包邮、折扣等,很多活动是针对 RTS 产品进行的。另外商家报名专场活动时,只能在自己平台所在一级类目下报名,报名的商品会展示在对应的会场中。参加阿里巴巴国际站营销活动,有助于商家快速引流,提升转化率,其主要获益如下:

1.产品排序获得加权

活动一般分为蓄水预热期和爆发期。活动前,蓄水商品买家数和交易金额越多,商品排名权重越大。活动后,会积累买家数和交易金额等数据,搜索排名随之抬高。

2.打造爆款

爆款对于一个店铺来说意义重大,爆款的打造一般要有大量的买家基础。阿里巴巴国际站很多活动场景可以为打造爆品带来有效路径,因为此时买家数量很多,容易产生规模效应。

3.提升知名度

店铺和产品的知名度是客户来源的有效保障。阿里巴巴国际站营销活动面向更大流量峰口,可以快速提升店铺和产品的知名度。

4.吸引新客户,召回老客户

店铺离开客户就像鱼离开水,维护客户也是店铺的重要工作之一。营销活动可以通过营销场景、优惠利益点等方法召回老客户囤货。而活动期间的活动场景、产品优惠、品牌站等则可以吸引新客户成交。

(二)线上展会

受全球疫情影响,阿里巴巴国际站作为引领全球跨境贸易行业的在线平台,秉承"数字化重构跨境贸易"的理念,变革性推出B2B领域线上展会。

阿里巴巴国际站线上展会分为三大类:(1)综合展,以阿里巴巴网交会和9月采购节为代表;(2)行业展,如线上家居健康展、线上工业展;(3)政府联合展,包括广东、江苏、福建和浙江等省的云展会,涵盖了中国绝大多数出口大省。线上展会主要涉及行业主题场景和特色主题场景。

> **线上展会案例**
>
> **2D 在线定制 2021 新年新品展**
>
> **1.会场介绍**
>
> 自 2020 年 9 月下旬国际站 2D 在线定制功能上线以来,数千户商家已开始使用 2D 在线定制功能,提升商品点击转化率,获取优质买家流量。为更广泛地推广 2D 在线定制的优商优品,促进买家和卖家精准匹配,自 11 月开始,以月为单位,持续开展 2D 在线定制优品大赏活动,重点推广 2D 在线定制的高使用率商家和高分商品。
>
> **2.报名方式**
>
> 商家选择"My Alibaba"→"营销中心"→"官方活动报名"→"国际站 2D 在线定制 2021 新年新品展",进行报名。
>
> **3.商家报名资质要求**
>
> (1)商家认可并遵守阿里巴巴制定和发布的活动相关要求和细则。
>
> (2)本次活动仅覆盖"一级主营类目",包括礼品工艺品、家居园艺、家具、灯具、家纺、服装、鞋靴、时尚配饰、美妆个护、珠宝首饰手表、箱包、运动娱乐、消费电子、食品饮料的商家。

(3)本次活动不设商家星等级门槛,但要求商家店铺具备2D在线定制功能,2D在线定制使用率高的商家,有机会获得优先展示。

(4)商家为信用保障亮灯用户且信用保障服务未中止或终止。

(5)商家报名账号的违规分值<24分且知识产权严重违规被处罚次数<1次。

(6)商家若有所列任一违法违规行为,则不允许参加本次活动:虚假交易被平台处罚、阿里平台金融产品逾期、工商或税务状态异常、存在税务稽查等方面的违法违规案件、法院失信、海关失信、法人有刑事涉案记录。

(7)阿里巴巴国际站会根据本活动的整体策略,优先选择与可以更好地为买家服务的商家(优选条件包括但不限于活动契合度、买家需求、诚信经营情况、履约及服务保障情况等)进行合作;国际站与商家之间的选择是双向的,未形成一致意见之前,任何一方均有权自主决定是否与对方开展合作。国际站与商家就本活动达成的合作是免费的。

4.商品提报规则

(1)必备条件A:所提报商品必须绑定2D在线定制模型(真正具备2D在线定制功能),且商品成长分≥60。

(2)必备条件B:因活动主题为2021新年新品展,要求商品最新更新时间为2020-11-01 00:00:00至2020-12-31 23:59:59(美国当地时间)。

(3)加分项:请积极提报商品成长分较高的商品,此类商品将获得优先展示和推荐。

(4)每个商家可提报最多50款商品,所提报商品必须绑定2D在线定制模型。

(5)知识产权:商家填报的活动产品及相关信息资料等均系商家合法使用、销售,无图片盗用、知识产权侵权等情形。

(6)发货期:必须按照买卖双方约定的时间进行发货,如平台收到买家反馈未按约定时间发货,平台核实后将按照《国际站交易违规处罚规则》处罚。

(三)商家自营销

为帮助阿里巴巴国际站的商家更好地实现自营销,不断吸引新客户并推动二次回访,阿里巴巴国际站目前已上线折扣营销、优惠券、SNS智能分享、视频营销和直播营销等工具。

1.折扣营销

电子商务极大地扩张了传统折扣外延,而阿里巴巴是较大程度运用折扣营销理念的平台之一。在阿里巴巴的生态系统里,折扣营销被广泛应用到新品试销、旺季促销、尾货清仓等各个方面,在销货之余还承担了越来越多的营销功能。

(1)折扣营销的概念

折扣营销是指卖方在销售货物时给予买方的价格优惠,是仅限于货物价格的商业折扣,这种方式往往是相对短期的、有特殊条件和临时性的,如批量折扣、一次性清仓折扣等。在阿里巴巴国际站,折扣营销是商家常态化的自营销工具,通过设置限时的折扣优惠,提升订单转化率,使商家短期内收获大量订单。

(2)折扣营销的规则

阿里巴巴国际站折扣营销的主要规则包括:①活动商品的折扣信息将在产品的详情页展示;②目前,只有 RTS 产品才能设置折扣营销;③"直接限时折扣"只能应用在买家直接下单的订单上,前提是必须满足非样品单、在限时折扣有效期内、折扣优惠库存大于零的条件;④限时折扣减免的是订单金额中的商品货款部分,不包括物流费用;⑤同一个商品参与了多个限时折扣活动时,根据折扣力度优先展示最优惠的折扣活动;⑥订单中同一商品上的优惠叠加抵扣的计算逻辑是:先扣限时折扣,再扣优惠券。

(3)折扣营销的设置

①进入折扣营销的路径。

选择"My Alibaba"→"营销中心"→"商家自营销中心"→"折扣营销",如图 2-18 所示。

图 2-18 营销中心页面图

②新建活动。

活动内容分为基本信息、选择商品和优惠折扣两部分,如图 2-19 所示。

基本信息中,主要设置活动名称、活动时间、活动人群、优惠条件等。其中,活动时间选择的是美国当地时间,标注有对应的中国时间;活动人群暂时只可选择所有人;优惠条件为折扣。选品部分需要手动添加,且只可选择 RTS 产品作为活动商品,单次活动最多支持添加 50 个商品,选品结束后点击"确定"按钮。

③设置活动商品库存和折扣。

手动选品完成后,可设置每个活动商品的库存及优惠方式。优惠方式的设置范围为 1~9.9,可保留小数点后一位。

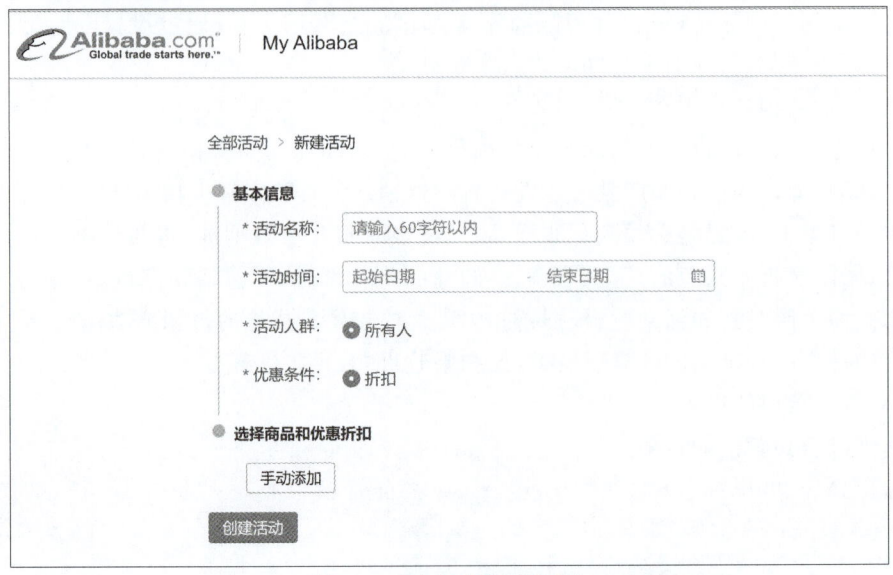

图 2-19　折扣活动编辑页面图

④完成创建。

⑤管理活动。

到活动时间后,活动商品的产品详情页将展示折扣信息,PC 端网页上的详情页还显示活动结束时间倒计时。

2.优惠券

(1)优惠券的概念

优惠券是商家给予潜在客户的优惠凭证。在阿里巴巴国际站,优惠券是商家常态化自营销的工具,商家通过优惠券的设置、发布和推广,打造更丰富的营销场景以吸引客户,根据营销数据沉淀了解客户信息,更精准、更有效地推广营销。

(2)优惠券的规则

在阿里巴巴国际站中,优惠券规则主要包括优惠券使用规则、优惠券核销规则和优惠券设置规则三个方面。

①优惠券使用规则

——优惠券抵扣的是订单金额中的商品货款部分,不含物流费用。

——优惠券有特定使用条件,即 1 张优惠券仅限于单笔订单消费抵用,不可拆分,过期作废。

——订单货款金额必须大于优惠券面额,且当订单货款金额(不含运费)满足优惠券抵扣标准时,买家才能使用优惠券进行抵扣。

——买家无法在样品订单中使用优惠券。

——如果订单中没有包含优惠券适用范围的商品,则买家无法使用优惠券。

②优惠券核销规则

——每个订单只适用于 1 张优惠券,优惠券有特定使用条件,仅限于单笔订单消费抵用,不可拆分,过期作废。

——买家领取优惠券后,在对应商品中下单时,系统会自动判断出符合使用条件的优惠券供买家选择,但直接限时折扣和优惠券能在同一订单上叠加抵扣。因此,最终订单金额为:

$$\text{最终订单金额} = \text{订单金额(不含运费)} \times \text{直接限时折扣百分比} - \text{优惠券的券面金额(满减券)}$$

或

$$\text{最终订单金额} = \text{订单金额(不含运费)} \times \text{直接限时折扣百分比} \times \text{折扣百分比(满折券)}$$

——当订单货款金额(不含运费)满足优惠券抵扣标准时,买家才能使用优惠券进行抵扣。

——下单后,订单价格会锁定为优惠券减扣后价格,买家需要在优惠券有效期内进行使用。

——如果订单被取消,优惠券还在有效期内,被冻结的优惠券会被释放,供买家继续使用;如果优惠券已过期,则优惠券失效。

——当买家使用优惠券时,优惠券会优先抵扣尾款,如尾款金额不足以抵扣优惠券金额,会优先抵扣首付款。

——含优惠券订单支付成功后视为优惠券已使用,发生退款行为时,退款金额不包括优惠券金额。

③优惠券设置规则

——优惠券类型:目前有满减券和满折券两种。

——券标题设置:60个字符以内。

——优惠券有效期:不得超过62天。

——优惠券发布数量:商家同时可发10种优惠券,1种优惠券最多可以发售10000张。

——商品数量:可以设置为全店铺商品和特定商品,特定商品上限为50款。

——当优惠券设置适用范围为全店铺商品时,RTS产品和非RTS产品均适用。

——当优惠券设置适用范围为特定商品时,只适用于RTS产品。

——优惠面额:最低设置5美元,可设置5美元的倍数。

——优惠券变更:发放过程中,可以增加优惠券数量;如要减少优惠券数量,需要停止使用优惠券后再进行设置。

——当设置多种优惠券时,商品详情页会按照以下展示顺序展示多种优惠券:平台券优先于店铺券,即优先展示平台券,再展示店铺券;如果优惠券的类型一致,则优惠力度越大的券排序越靠前。

(3)优惠券的设置

①选择"My Alibaba"→"营销中心"→"商家自营销中心"→"优惠券",进入"优惠券"页面,在页面右上方点击"创建优惠券"按钮,如图2-20所示。

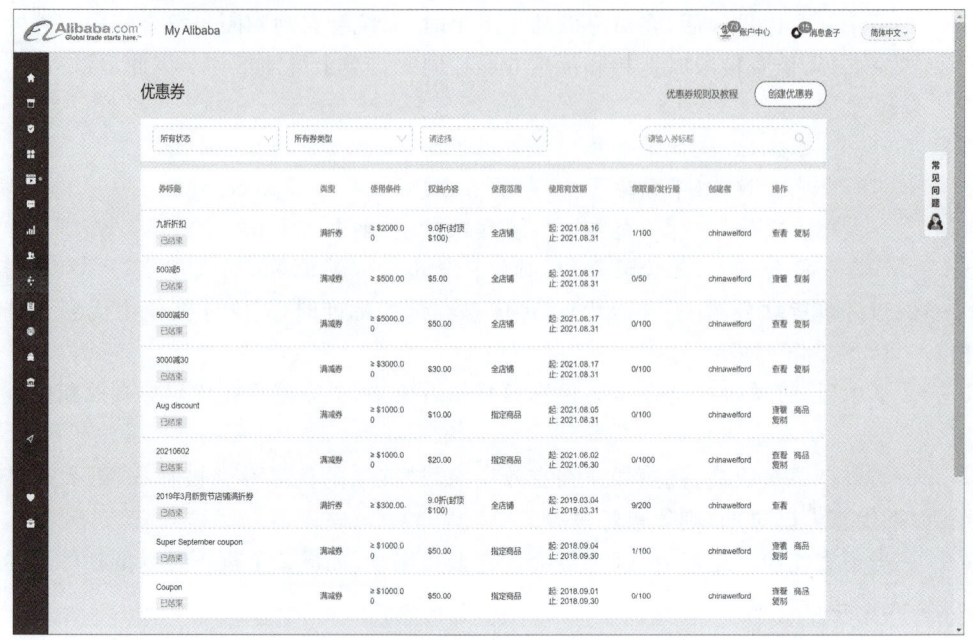

图 2-20　创建优惠券页面图

②编辑优惠券信息

优惠券信息分为基本信息、面额信息和产品信息三个部分，如图 2-21 所示。当优惠券的使用场景设置为直播（仅在直播间使用）时，直播优惠券为直播间专属优惠券，买家仅可在直播过程中领取该优惠券，该优惠券可选择全店通用或部分商品通用。直播优惠券设置后，商家可自主控制直播优惠券的弹出时间及优惠力度。当优惠券设置使用范围为"全店铺"商品时，RTS 产品和非 RTS 产品均适用。当优惠券设置使用范围是"特定商品"时，则优惠券只适用于 RTS 产品，且最多可以选择 50 个商品。

图 2-21　编辑优惠券信息页面图

3.SNS 智能分享

（1）SNS 简介

SNS 全称为 Social Network Service(社交网络服务)，是为一群拥有相同兴趣与进行相同活动的人创建的在线社区，国际知名的 SNS 包括 Facebook（脸书）、Twitter（推特）、LinkedIn（领英）、Instagram（照片墙）、Pinterest（拼趣）等。在中国，以 SNS 为主的流行网站有人人网、QQ 空间、百度贴吧、微博等。SNS 为信息的交流与分享提供了新的途径。社交网络的网站一般会拥有数以百万的注册用户，使用该服务已成为用户们生活的一部分。社交网络亦成为用户们获取信息、展现自我、营销推广的重要窗口。

（2）SNS 智能分享操作步骤

①进入路径

选择 My Alibaba 导航栏的"营销中心"或"媒体中心"，打开"SNS 智能分享"页面，系统会自动推荐新品的智能合成图片，选择后点击"分享"按钮分享页面。若首次进入，则会弹出站外分享的法务协议窗口，仔细阅读后，若接受，则点击"确认"按钮。

②绑定账号

点击"确认"按钮后，若之前未绑定社交账号，则会提示需要绑定社交账号；若之前已绑定社交账号，则会自动跳转，无须额外操作即可进入"SNS 智能分享"页面，如图 2-22 所示。

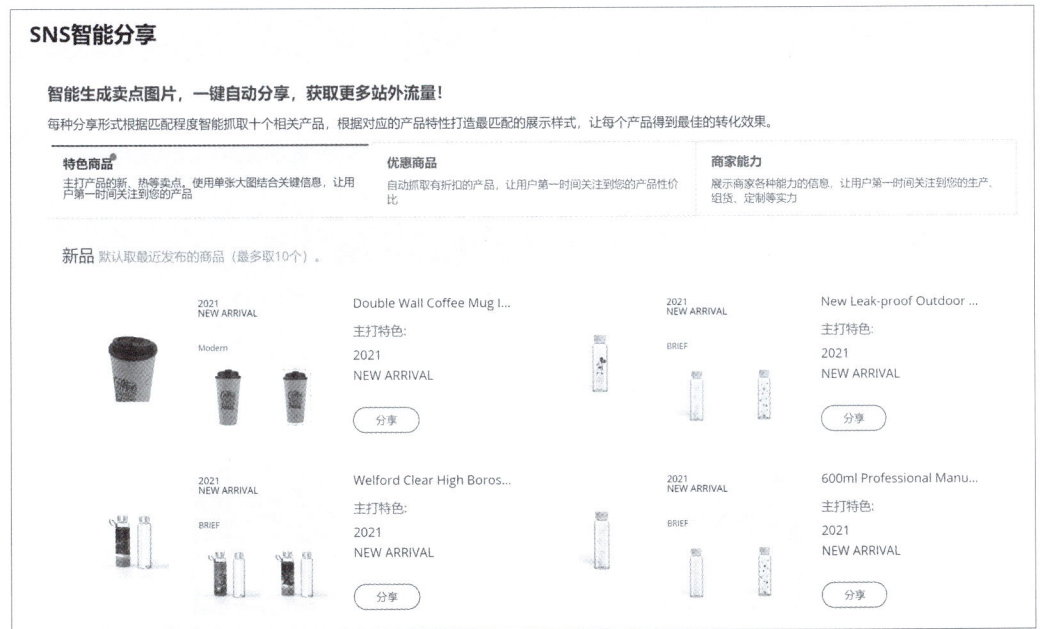

图 2-22　SNS 智能分享页面图

③点击"分享"按钮

"SNS 智能分享"页面可以分享的内容包括特色商品、优惠商品和商家能力。其中特色商品主打产品的新、热等卖点。新品自动选择近 30 天内发布、产品质量分在 4 分以上的新发商品，并将其默认为最近发布的 10 个商品。每种分享形式根据匹配程度智能抓取 10 个相关产品，根据对应的产品特性打造最匹配的展示样式，让每个产品都得到最佳的转化效果。目前,系统每天自动推荐 10 个新品智能合图,可以选择想要分享的图片,点击"分享"按钮,进入"分享商品内容"页面,如图 2-23 所示,然后勾选自动分享的社交账号。

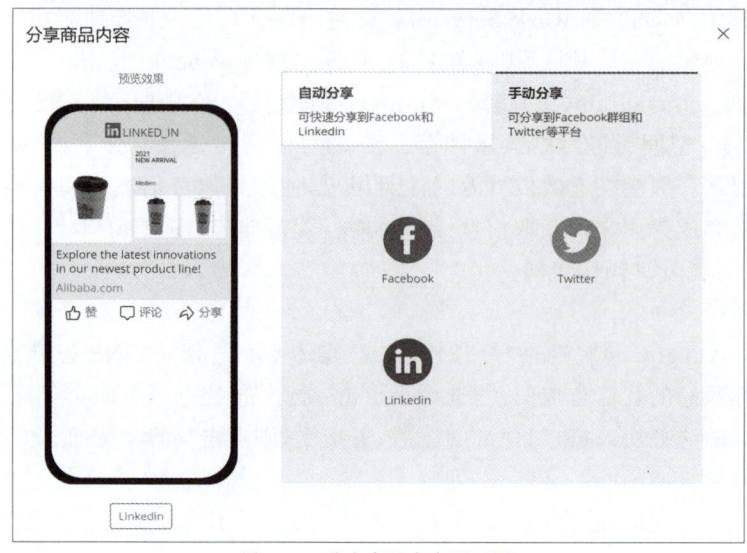

图 2-23　分享商品内容页面图

分享方式分为自动分享和手动分享。自动分享靠技术接口自动同步,操作简单,但渠道有限,目前仅支持 LinkedIn。手动分享需要手动发布,但渠道更多元,目前支持 LinkedIn、Twitter、Facebook、News Feeds 及 Your Story。点击对应的社交平台图标,进入对应的页面,会自动填入图片和默认文案,只需勾选渠道即可,如图 2-24 所示。

图 2-24　勾选分享渠道页面图

4.视频营销

视频营销是基于视频网络平台,以内容为核心,以创意为导向,利用视频内容实现产品销售和品牌传播的一种营销方式。视频营销已成为 B2B 行业常用且有效的营销手段之一。用户每年花在观看视频上的时间在逐年增长,视频内容已成 B2B 营销里的重要部分。阿里巴巴国际站短视频内容消费意愿较高,有望迎来爆发式增长。

(1)短视频频道简介

2020 年年底,阿里巴巴国际站 True View(短视频频道)诞生。短视频成为商家自主展示商品、企业实力等业务动态的重要形式,通过旺铺、短视频频道等内容渠道精准触达买家,获得买家的关注和信任。短视频频道给买家提供了更加真实、直观的视频购物体验,作为买家二次访问的重要入口,有助于促进商机的高效转化。对于卖家而言,此频道提供了更多展示产品的机会,增加了商品的曝光率,优质视频能高效提升订单转化率。

(2)视频分类

在阿里巴巴国际站运用场景下,根据展示位置,视频主要分为主图视频、True View 视频、旺铺视频、详情视频。

(3)视频内容选择

通常,视频内容包括商品信息、商家动态、优惠折扣和其他信息四个方面。①商品信息,激发联想和兴趣:多尝试场景化的产品表达、产品评测(可以是性能小测试,如防水、防爆、强度测试等,也可以是和竞品的对比试验)、产品操作/使用指南、产品目录等,不要简单堆砌商品,不要总发 360°产品展示的视频或 PPT 式的翻页视频;②商家动态,激发信任:多尝试企业产品流程(产品生产过程、产品交付过程)的图文/视频、企业认证信息(ISO9000、CE 认证等)、企业故事;③优惠折扣,激发买家购买欲:写明价格变动、MOQ(最小订单量)调整、促销打折等;④其他信息:分享行业趋势、行业见解、参加的行业活动及线下展会、其他买家的评论、感言、案例等。视频内容的选择在一定程度上决定了视频的最终效果。

(4)视频制作规范和要求

视频要符合基础规范,视频内容不能违反影视行业相关法律法规条例,视频中不得出现违反广告法的信息,整体短视频内容符合社会主义价值观。此外,阿里巴巴国际站对于视频制作的基本要求如下:

①画面稳定,无抖动、无黑边。可使用云台、三脚架等辅助设备保证画面稳定,以提升买家的观看体验。

②无片头、无水印、无商家 LOGO(标识)。直接展示产品本身,使用无片头、无水印、无商家 LOGO 的剪辑软件进行后期处理,同时要避免商家自制片头。

③无外域网址及私人联系方式。不在视频内任何位置添加个人联系方式(包括个人邮箱、电话、微信等),同时也要避免外域网址链接的宣传,通过阿里巴巴官方平台与买家沟通,才能更好地保护双方的权益。

④画面清晰,光源充足,无屏闪问题。视频画面最低要求为 720P、4∶3/16∶9 画幅、一般不超过 100MB,建议 20MB~30MB;拍摄环境光线充足、对焦准确,产品需要在画面中完整展现,使用优质光源或拍摄器材,快门速度在 1/50s 以内(0.02s)。

⑤避免单纯图片切换形式的视频。单纯图片切换形式的视频无法通过阿里巴巴优质视频的审核,要充分利用短视频的特性,多维度地展现商品卖点。

⑥卖点阐释使用英文字幕。通过文字能够将产品不易展现的卖点表达出来,引导买家购买产品,因为面对的是外国客户,因此使用英文字幕是较好的选择。

5.直播营销

随着互联网的发展,直播行业快速兴起,越来越多的企业利用直播开展营销,从而实现客户实时互动,满足客户多元化需求。

(1)直播营销的概念

直播营销是指在现场随着事件的发生、发展进程同时制作和播出节目的营销方式,该营销方式以直播平台为载体,达到企业提升品牌价值或增加销量的目的。

跨境电商B2B直播概况

(2)直播营销的核心元素

无论是想要更好地营销产品的商家,还是普通的运营新手,想要做好直播营销,关键要抓住直播营销的人、货、场、牌、剧、阵这六大核心元素。

①人:主播、商家、客户

直播主播的选择首先要考虑主播的个人形象、气质是否符合直播要求。性格、口头禅、生活方式等都是需要认真打磨的元素;其次是主播的卖货能力,一名合格的主播除了要掌握相关产品的专业知识,还要有较好的语言表达能力和与观众互动的能力,能够很好地调动直播间的氛围,同时可以巧妙地引导客户去购买产品。

除了主播以外,商家和客户也是需要考虑的因素,商家要保证产品的质量和供应,这样才能满足客户的需求,为直播营销做好后盾。客户,也就是进入直播间的观众。只有清楚客户的需求,做到有的放矢,才能给客户带来价值。

主播、商家、客户三者要统筹规划。

②货:商品选择与售卖策略

直播营销中的货,主要涉及商品的选择和售卖策略。推荐一个简易的公式,即

选品=强需求×价格好(性价比高或高折扣)×高知名度

从上式中可以看到,影响客户决策的因素主要体现在三个方面:需求程度,是否为消费者需要的好货;直播价格,是价格中等、折扣高的产品,还是直播间专享价或商家最低价;品牌知名度,知名度越高,品牌影响消费者的势能就越大,转化门槛就越低。

据统计,商家直播第一单提供优惠力度大、性价比高的商品,容易打造"爆品",可逐渐强化客户需求强度,提升品牌价值,增强客户黏度。

③场:直播场景设置和互动

场就是直播场地,其实直播并不仅仅束缚于一间小小的房间,也可以带着观众去户外工厂,做实地探访,这样能增加客户对产品的信任度,直播也具有真实性。直播场地最接近客户对产品和品牌生活方式幻想的承载,过于简单的直播间会让观众觉得商家对直播不够重视,进而质疑产品的质量。直播间的设置不需要太奢华隆重,背景尽量干净整洁,只放一些与直播内容相关的产品,要保证美观舒适,让观众有继续观看的欲望。

跨境电商B2B直播互动

除了场地以外,直播间的互动也属于一种"场"。如果整场直播中主播都在不停地向观众推销产品,那么必然会引起大多数观众的反感,甚至导致直播失败。直播互动除了要尽量回答观众的一些问题以外,还可以准备一些优惠福利,以激发他们的积极性。例如,抽奖、发红包等活动,都会起到留住观众的作用。

④牌:品牌的承载功能

由于产品太具体,叙述时无法表达很抽象的生活方式,这时候品牌的作用就显现出来了。只要品牌真实存在,就别把它当作一个简单的标志,而要赋予它一个美好的意义。

⑤剧:直播内容的合理设计

直播前要有一个设计好的直播方案,直播的内容要在主播的掌控范围之内。

跨境电商B2B
直播内容设计

⑥阵:直播团队

直播的成功通常离不开团队的共同努力,组建团队首先要考虑的是岗位设置,其次是工作职责,最后是工作流程和制度规则等。一般而言,一个直播团队主要包括主播团队、策划团队和运营团队,各团队的主要岗位及职责见表2-2。

表2-2　　　　　　　　　　　　　直播团队岗位及职责

团队	岗位	职责
主播团队	主播	进行正常直播、熟悉产品信息、介绍展示产品、粉丝互动、活动介绍、复盘直播内容等
	副播	协助主播直播,说明直播间规则等
	助理	负责配合直播间所有现场工作人员,如灯光设备测试、产品摆放等
策划团队	编导	编写直播脚本,根据主播特点、粉丝属性、商品特点等编写直播方案
	场控	操作直播中控台,如商品临时上下架、发优惠信息、红包公告、抽奖送礼、促销、实时改库存改价格、弹关注卡片;控制直播间节奏等
运营团队	商品运营	提供商品、挖掘商品卖点、培训产品知识、优化商品等
	活动运营	搜集活动信息、活动执行等

(3)直播营销的流程

无论企业大小,在利用直播进行营销时往往离不开以下几个流程:

①充分且精准的市场调研

充分且精准的市场调研是直播营销最基础的一个步骤,有了这个步骤才能保证后面的流程准确、有序地进行。因为直播是向大众推销产品或服务,所以推销的前提是商家清楚地了解客户需要什么,自己能够提供什么,如何避免同质化竞争。俗话说:好的开头是成功的一半。商家只有精准地做好市场调研,才能制订出让客户喜欢的营销方案。

②清晰的项目认知

在做直播营销前,需要对营销活动有非常准确的认识,需要仔细分析营销活动本身,取长补短。当直播营销经费充足、人脉资源丰富时,发挥的空间比较大。但是,大多数企业没有这么充足的资金和人脉储备,这就需要充分地发挥优点、弥补不足。一个好的营销活动并不是仅靠人脉、财力的堆积,只有充分发挥商家自身优点,才能取得意想不到的效果。

③准确的市场受众定位

直播营销的预期是产生有价值的结果,然后让其成为一个有价值的营销链,商家的受众是其中非常关键的一环。受众是谁,他们能够接受什么,都需要商家进行准确定位,找到合适的受众是商家做好整个直播营销的关键。

④合理选择直播平台

目前直播平台数量繁多、鱼龙混杂。商家在选择平台时,需要考虑自己与平台的适配性,要选择匹配度高的平台进行直播营销。

⑤良好的直播方案设计

做完前期的准备工作之后,就要开始设计直播方案。销售策划人员及广告策划人员需要共同参与直播方案设计,只有这样,才能让产品在营销方式和视觉效果上做到恰到好处。在直播过程中,过度营销往往会引起观众的反感,所以在设计直播方案时,需要不断地调整视觉效果和营销方案。

⑥有效的后期反馈

直播营销最终是要落实在转化率上的,所以后期反馈非常重要。有效的后期反馈主要体现在数据上,通过数据的反馈可以不断地修正直播营销方案,提高直播营销方案的可实施性和转化性。

二、店铺付费营销

(一)P4P 基础知识

为了帮助商家提高商品的曝光量,吸引更多的买家,并最终转化为订单,阿里巴巴国际站目前上线了顶展、外贸直通车(P4P)、橱窗等多个营销推广方式。其中,P4P 是目前商家最常用的一种营销方式。

1.了解 P4P

P4P(全称是 Pay for Performance),又称外贸直通车,是阿里巴巴国际站进行产品推广引流的核心营销方式之一,是商家通过设置多维度关键词,免费展示产品信息,通过产品的大量曝光来吸引潜在买家,并按照点击量进行付费的一种网络推广方式。这种广告模式已经成为互联网上广泛应用的推广营销工具。

P4P概念及优势

P4P 按效果付费,即商家在购买 P4P 服务之后,并不是按照投放时间来付费的,而是按点击量付费。阿里巴巴国际站为了防止同行之间的恶意竞争,特规定中国大陆和尼日利亚境内进行的点击不收费。

外贸直通车需要商家单独付费购买后才可使用。只有管理员和授权的操作员账号可以查看并操作外贸直通车,如图 2-25 所示。

项目二 跨境电商B2B店铺营销与社媒营销

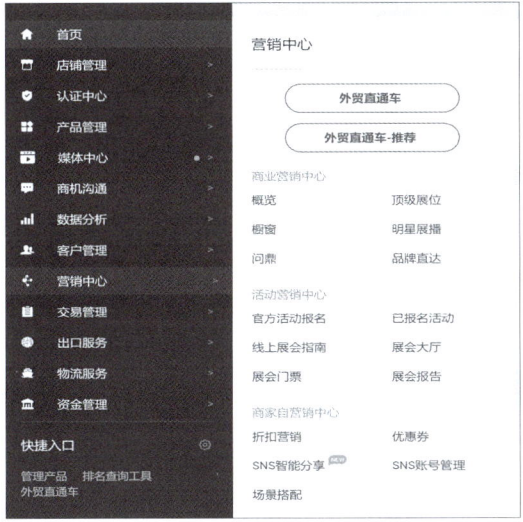

图 2-25 外贸直通车

2.P4P 的优势

P4P 是一种以推广客户的外贸营销网站为最终目标,以 B2B 平台为坚实后盾,以搜索引擎营销为核心指导思想的整合营销方案,从而保证客户网站的搜索引擎排名,以带来更多的询盘和访问量。

(1)站内优先排名

商家通过出价购买外贸直通车,获得搜索首页前 5 位(除其余资源位外,如顶级展位等)和每页底部 5 个智能推荐位。商家的产品能够获得排名的优先权,获得很高的曝光量。阿里巴巴国际站外贸直通车的流量占整个站内总流量的 60% 以上,可见外贸直通车的地位极其重要。

在阿里巴巴国际站搜索首页上,右下角标有"Ad"字样的就是 P4P 产品,如图 2-26 所示。

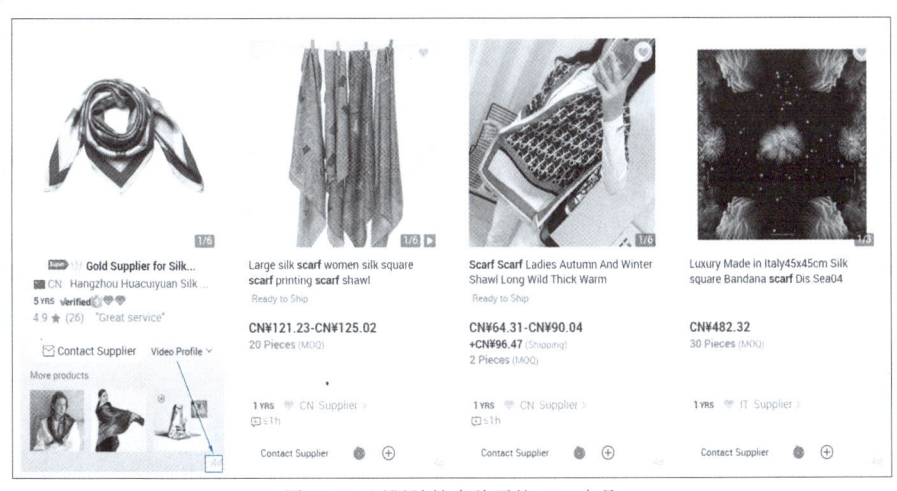

图 2-26 国际站搜索首页的 P4P 产品

(2) 增加站外流量

P4P 产品除能够在阿里巴巴国际站获得靠前的排名、提升产品的曝光率外，还能够帮助引流，增加站外的流量。例如，在 Google、Facebook 等主流网站都能够搜索到阿里巴巴国际站上的 P4P 产品。

(3) 设置优先推广产品

外贸直通车的推广形式更具有针对性。例如，商家将关键词 acoustic guitar 设置为"优先推广"，如图 2-27 所示，当买家在搜索 acoustic guitar 时，就会优先出现商家指定的产品。

图 2-27　P4P 设置优先推广产品

(4) 快速积累店铺数据

通过 P4P 推广的产品在获得大量曝光之后，点击量和反馈量也会随之增加，整个平台的权重就会提升。店铺权重越高，产品排名就越靠前。

(5) 可控性

P4P 推广产品更具有可控性。通过对店铺前期经营数据的分析，商家可以根据实际情况对整个账户或者对单个关键词进行启动或暂停。当商家需要对选定的关键词开启推广模式时，可选择启动键；当商家需要关闭推广模式时，可选择暂停键。

3. P4P 账户设置

阿里巴巴国际站后台开通外贸直通车后，需要对 P4P 账户进行预算、参与拓展匹配、多语言站点投放、多地域投放和分时段投放等的设置。多地域投放和分时段投放的设置是 LV4 用户的专属权益。

(1) 预算设置

开通外贸直通车时，应首先进行 P4P 的预算设置。选择"营销中心"→"外贸直通车"→"关键词推广"，打开"关键词推广"页面。首先，开启 P4P 关键词推广状态，并且设置"今日预算"。国际站后台规定每日预算的设置必须大于或等于 80 元。例如，根据商家的预算,我们将 P4P 的"今日预算"设置为 150 元,表明 P4P 的今日消费预算不高于 150 元,如图 2-28 所示。同时建议开启智能"周预算",即智能分配一周的预算,在一周预算不变的情况下,将获得更多流量。例如,一周内的某天出现了高流量,如果当天的预算不足,则系统会自动帮助商家增加"今日预算"的 20%,每日最多允许超额扣除每日预算的 20%,但是每周的总预算是不变的。例如,商家的"今日预算"是 150 元,如果某天出现了较高的流量,那么系统将自动帮助商家增加 30 元预算,也就是"今日预算"不超过 180 元,但是一周的总预算 1050 元是不会变的。

图 2-28　P4P 推广预算

(2)参与拓展匹配设置

选择"营销中心"→"外贸直通车"→"我的营销账户"→"账户设置"→"参与拓展匹配设置",打开"参与拓展匹配设置"页面,根据商家产品特征选择开启或关闭拓展匹配设置,如图 2-29 所示。

图 2-29　P4P 参与拓展匹配设置

设置参与拓展匹配可以使商家获取广泛流量,在使用 P4P 进行推广的前期,可以开启此设置。例如,推广关键词为 lady dress,当客户搜索 casual lady dress 或其他与 lady dress 相关的关键词时,系统会将其判定为相关词产品,产品也会被展示出来。所以商家在前期引流时,可以开启"参与拓展匹配设置"。尤其是当产品类别较窄、P4P 关键词较少且曝光量较低时,建议商家开启"参与拓展匹配设置"。"参与拓展匹配设置"开启后,将于次日生效(中国时间)。

因为参与拓展匹配存在引流不精准从而导致点击量不精准的缺点,所以当商家对关键词稳定掌控后,建议取消参与拓展匹配设置。

(3)多语言站点投放设置

选择"营销中心"→"外贸直通车"→"我的营销账户"→"账户设置"→"设置参与多语言站点投放",打开"设置参与多语言站点投放"页面。在 P4P 的设置中,勾选相应的多语言站点,系统会自动进行翻译,并为产品在多语言站点进行推广。目前,系统支持 17 个多语言站点的投放,如图2-30所示。

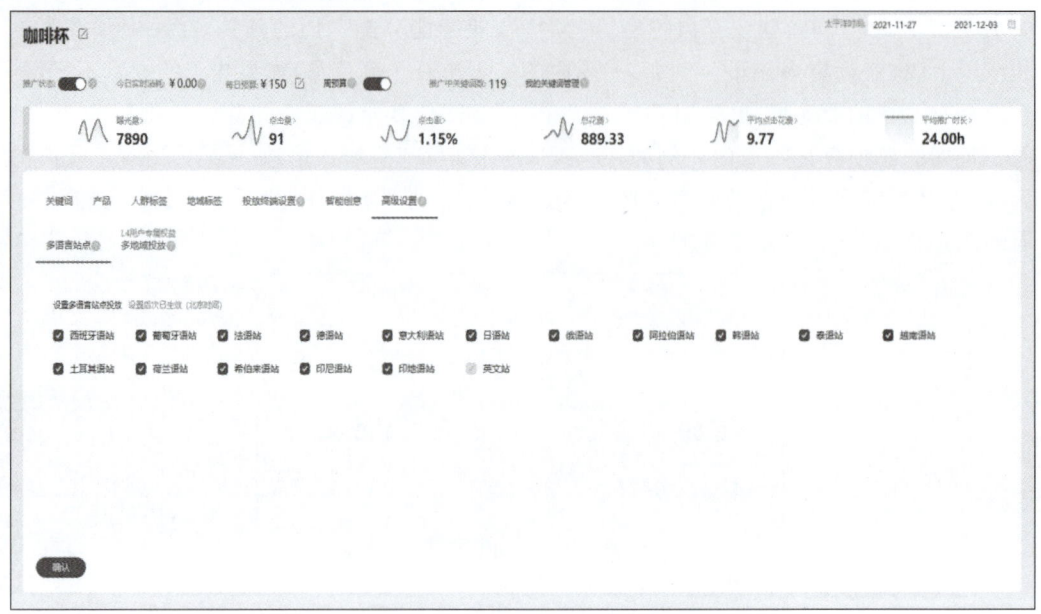

图2-30　P4P多语言站点投放设置

虽然英语为多数人使用,但是客户还是习惯用母语来搜索产品,因此,阿里巴巴国际站开设了非英语的站点。多语言站点是阿里巴巴国际站的重要组成部分,这些站点每日都能为商家带来上百万的优质买家流量,是商家的一个重要的优质推广渠道。在这些多语言站点上,买家群体使用不同的语种,具有明显的地域特征,商家可以针对目标人群加大推广力度。为了更好地拓宽商家的推广渠道、提升推广效果,可以尝试在多语言站点上投放P4P。商家可以根据自己的目标市场,有针对性地选择语言市场,设定目标人群,以更大程度地推广产品。

(4)多地域投放设置

当商家的P4P等级达到LV4后,就能够使用多地域投放功能,这是LV4用户的专属权益。选择"营销中心"→"外贸直通车"→"我的营销账户"→"账户设置"→"多地域投放设置",打开"多地域投放设置"页面,开启多地域投放功能,商家可以选择目标投放区域,如图2-31所示,通过开启多地域投放功能能够有效减少无效点击。例如,商家的目标市场是英国,P4P可以设置推广时间段从下午五点(中国时间)开始(英国的上班时间),以提高店铺的反馈率,通过这种精准的匹配可获得更加精准的流量和询盘。

前期,商家可以先做一定的市场调研,精选出目标市场的热销产品,然后通过P4P设置推广某种产品,为店铺打造爆品。阿里巴巴国际站上的地域投放为过滤逻辑,所以未选中的区域将不再投放。

(5)分时段投放设置

国际站的分时段投放也是LV4用户的专属权益,选择"营销中心"→"外贸直通车"→"我的营销账户"→"账户设置"→"分时段投放设置",打开如图2-32所示页面。

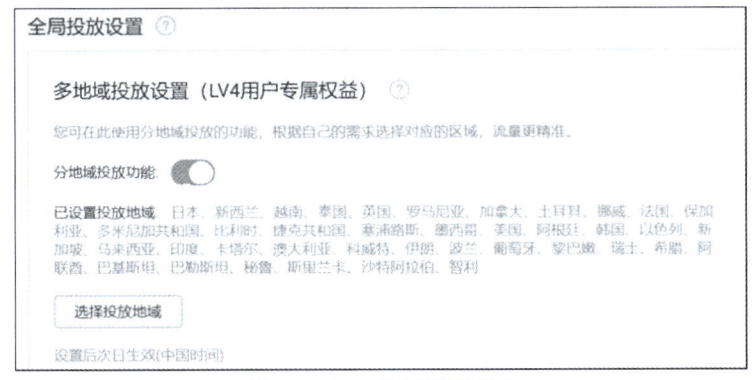

图 2-31　P4P 多地域投放设置

图 2-32　P4P 分时段投放设置

分时段投放设置在次日生效(中国时间)。商家可以根据前一个月客户询盘量及 TM(全称是 Trade Manager,即阿里旺旺的国际版,是阿里巴巴国际站商家与国外客户沟通的即时通信工具)询盘数据的时间活跃程度,或者根据选定目标市场的工作时间,来设置 P4P 推广的投放时间,这样更有利于商家吸引更多客户。

4.P4P 的出价排序规则和扣费规则

通过在阿里巴巴国际站上设置 P4P 的关键词、多语言站点投放、多地域投放及投放的时间段,商家可以有针对性地使用 P4P 推广产品,接下来介绍 P4P 的出价排序规则和扣费规则。

P4P基本
规则上

(1)P4P 的出价排序规则

外贸直通车的出价排序规则是:推广评分×出价,乘积越大则排名越靠前,而且数据会动态实时更新,计算方法见表 2-3。

表 2-3　　　　　　　　　　P4P 出价排序规则

产品	推广评分	出价(元)	总分=推广评分×出价	排名
A	50	7	50×7=350	1
B	40	6	40×6=240	3
C	60	5	60×5=300	2

在阿里巴巴国际站上,只有 3~5 星关键词有资格通过出价的方式在搜索页面的前 5 名进行展示,1~2 星关键词将展示在每一页右边或下方的智能推荐位上。

阿里巴巴国际站商品的排名实时更新,商家可以随时对产品进行优化,或者对出价做出更改。

如表 2-3 所示,推广评分中的"40、50、60"是系统根据星级给出的系统评分,星级越高则评分越高,但商家无法在阿里巴巴国际站的后台看到该评分,只能查看到星级。

如果商家的每日预算小于出价,可能会降低商家在 P4P 的排名,从而无法拿到之前预估的排名。

P4P基本规则下

(2) P4P 的扣费规则

$$P4P 点击扣费价格 = \frac{(下一名商家的出价 \times 下一名商家的推广评分)}{自身的推广评分} + 0.01(元)$$

由上述公式可知,关键词的底价≤P4P 点击扣费价格≤商家的出价。P4P 点击扣费价格的计算示例见表 2-4。

表 2-4 P4P 点击扣费价格计算示例

产品	出价(元)	产品推广评分	推广评分×出价	排名	扣费(元)
A	7	40	280	2	6.26
B	6	50	300	1	5.61
C	5	50	250	3	4.01
D	5	30	150	5	5
E	10	20	200	4	7.51

备注:最后一名扣费=出价

从 P4P 点击扣费价格的计算中可以看出,商家自身的推广评分越高则扣费越低,而且扣费会小于(或等于)出价。

(二)P4P 常规营销

P4P 常规营销包含定向推广和关键词推广两种。

1. 定向推广

定向推广是系统选词与自主选词相结合的一种推广方式。系统智能匹配流量,对特定的人群和地域有溢价的功能。由于在定向推广过程中,商家为关键词设置了区间价格,因此当系统推荐的关键词在商家设置的价格区间时,买家才有可能浏览到商品并且点击商品;但是当商家认为自主选定的关键词一定是买家的搜索词时,就可以对自主选定的关键词进行出价,从而增加买家看到产品的可能性。

P4P操作说明上

2. 关键词推广

在阿里巴巴国际站上,用户一般通过关键词搜索进入产品详情页,所以关键词发挥着至关重要的作用。

关键词推广是商家自主选品、自主买词,并根据买家的搜索行为,设定买家搜索偏好词,获取特定意向人群的推广方式。一旦买家搜索到商家的关键词,就能够浏览到商家商品,但是如果买家的搜索词不是商家的关键词,那么买家将无法浏览到商家的产品。因此关键词推广不适用于新手卖家,更适用于能够精准设定关键词的有经验商家。

P4P操作说明下

(1) 关键词推广设置

选择"营销中心"→"外贸直通车"→"关键词推广",打开"关键词推广"页面,如图2-33所示。确定"关键词状态"处于开启状态。关键词推广的核心是关键词和产品,客户搜索的也是关键词,因此商家在外贸直通车后台必须设置足够数量的精准关键词,关键词越精准,流量就越多。

图 2-33 关键词推广页面图

(2) 推广产品设置

在"关键词推广"页面的右上角有"推广产品设置"按钮,点击该按钮进入"推广产品设置"页面,可进行已发布产品的推广设置。

(3) 关键词组的设置及自定义列设置

在关键词推广页面的左侧有"关键词组"菜单,可以添加关键词组,如图 2-34 所示。商家可以根据产品的分类进行关键词组的添加。

图 2-34 关键词组添加页面图

商家可以在页面自定义列中添加关键词属性,如关键词的状态、关键词内容、关键词组、出价、推广评分、搜索热度、购买竞争度、推广产品数、曝光量、点击量等。

(4)外贸直通车后台添加关键词

在外贸直通车的后台添加关键词,选择"关键词推广"→"添加关键词",打开"关键词工具"页面,如图2-35所示。将收集好的关键词复制、粘贴至加词清单,加词成功后,可进行分组设置以进行推广,建议在添加关键词时直接进行关键词分组操作。

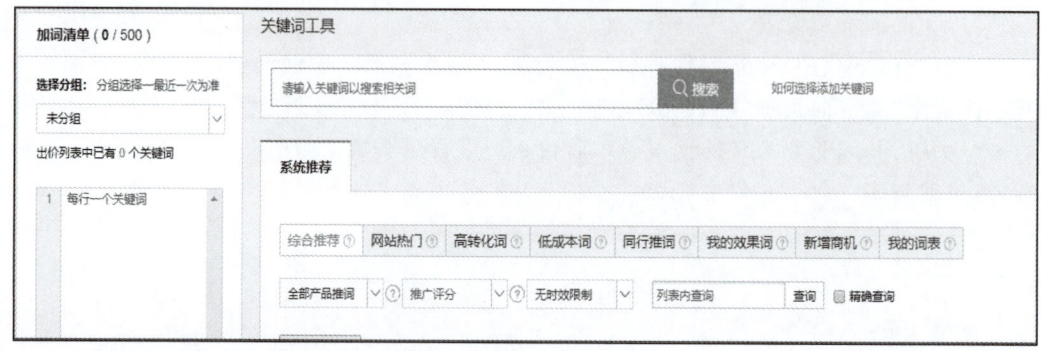

图2-35　关键词工具页面图

(5)关键词推广加词

当商家需要在关键词推广中添加一些关键词时,可以通过以下方法查找相应的关键词。

①关键词指数

打开"数据管家",可以查看关键词指数。

从阿里巴巴国际站后台"数据管家"中下载"关键词指数表",这些关键词都是符合要求的关键词,可以优先考虑添加。

②引流关键词

使用"数据管家"中的"引流关键词"。店铺经过一段时间的数据累计后,就可以查看店铺的引流关键词。

可以按月查看后台关键词的数据,在"引流关键词"中搜索"非外贸直通车推广"。搜索到的这些词都是没有加入外贸直通车的,但是在店铺的运营过程中,能够引流,是有效果的词。这种情况下,可以优先将这些关键词批量导入外贸直通车的词库中,从而给商品带来更好的转化率。

③系统推荐

在系统添加关键词页面的右侧有系统推荐词,如综合推荐、网站热门、高转化词、低成本词、同行推词、我的效果词、新增商机、我的词表。这些关键词是系统根据商品类目及商家自身的推广行为进行推荐的,商家可以根据需要选择添加。

④参考其他跨境电商平台

商家也可以参考同类的跨境电商平台,如亚马逊、速卖通等。对同类的产品进行搜索,查看客户经常使用的关键词并添加。

3.推广评分优化

推广评分即关键词星级,是指关键词和产品的相关程度,以及产品的信息质量。推广评分是影响产品推广展示区域及产品排名的重要因素之一。同时,推广评分也与外贸直通车的广告费用,即点击扣费算法有关。

(1)推广评分

推广评分以星级的形式进行展示,分为0~5星。

0星:该词与产品不相关,建议删除。

1星:相关性较差,无法进入主页。

2星:相关性较差,无法进入主页。

3星:相关性较好,需要进一步优化点击率。

4星:点击率较好,建议维持。

5星:很好,建议维持。

(2)推广评分的影响

关键词的不同推广评分对产品的影响是不同的。

①推广评分为0星的关键词无法进入主页。0星的关键词没有预估排名,也没有推广评分,推广产品数也是0。如果商家确定这个关键词与产品有关,就要对这个关键词进行产品补发。

②推广评分较低(1星、2星)的关键词也无法进入主页。1星关键词和2星关键词无法参考前5名关键词进行出价,只能随机出价。同时,在关键词匹配产品中,1星关键词和2星关键词也无法自主选择推广产品,将由系统进行随机匹配。

③3星关键词只有通过出高价,才能使产品排到前面。由P4P排序规则可知,产品排序是由关键词出价和评分的乘积决定的,乘积越大排名越靠前,排名是动态实时更新的。页面左侧3星关键词出价能够排到前5名,而页面右侧3星关键词出价则无法排到前5名。

(3)推广评分低的原因

造成关键词推广评分低的原因主要有以下两点:

①文本匹配度低

文本匹配度是指关键词与推广产品标题的匹配度。关键词要与产品图片、产品属性、详细描述进行匹配,建议产品图片上传时以关键词命名。同时,根据词语类目和文本匹配优化标题,避免关键词堆砌。在标题、关键词、自定义属性和产品图片名称中多次重复出现核心关键词,可以互相形成文本匹配的关系。

②类目匹配度低

类目匹配度是指要选择正确的类目。推广关键词对应的类目与推广产品选择的类目的一致性会影响关键词星级。查看产品的类目是不是最佳类目,可以输入关键词搜索,选择系统提示的第一类目;也可以用关键词在阿里巴巴国际站首页搜索,查看前5名产品所选择的类目,按照国际站提示的类目发布产品即可。

(4)优化推广评分

在外贸直通车推广过程中,推广评分是影响产品的推广展示区域及产品排名的重要因素之一,因此,要优化关键词的推广评分,即提高关键词的星级。

提升关键词推广评分的方法有以下两种:

①0~3星关键词的推广评分由推广产品和关键词的匹配度决定。3星以下的关键词要重新发布产品。作为主关键词发布有效产品。增加产品信息的完整度,提高关键词和

产品相关度，以及产品的信息质量。

②4~5星关键词的推广评分由产品的点击率决定，只有提高点击率和推广评分，才能更好地提升买家喜好度。

三、海外社媒营销

（一）社媒营销的定义

社会化媒体（Social Media）也称为社交媒体，指互联网上基于用户关系的内容生产与交换平台。社会化媒体是人们彼此之间用来分享意见、见解、经验和观点的工具和平台。社会化媒体允许用在线主页进行信息共享来联系彼此，已经成为人们在网络社区、人际网络中创造、分享、交换信息和意见的重要途径。

社会化媒体营销，简称社媒营销，是一种利用社会化媒体来进行市场营销、维护公共关系、销售、开拓及服务客户的方法。企业借助社会化媒体，倾听用户的声音，宣传自己的产品，在潜移默化中影响客户。

社媒营销是内容营销的一种延伸，将相关信息分享给"合适的"人群。因此海外社媒营销＝受众×内容×渠道。

（二）社媒营销的作用

目前基于移动互联网的社会化媒体成为最贴近人们生活的信息传播平台之一。在社会化媒体时代，消费者正在变得更加精明、更有主见、更具有怀疑精神。通过社会化媒体的信息创作和分享传播的行为与方式，使得消费者之间相互联系，拥有了更大的力量。随着移动支付功能的普及，社会化媒体不仅直接影响消费者的购买决策，而且还引导并促成消费者在社会化媒体平台上直接购买。社会化媒体用户在作为接收端的同时，更是内容制造、分享与传播者。消费者会发布海量的原创评论与信息，在多向互动中理解品牌价值，基于社会化媒体的品牌传播更是关系链的传播。因此，社媒营销可以通过口碑传播的形式获得免费的媒体报道，从而为品牌积累价值。对企业来说，社媒营销有以下作用：

1. 满足企业不同的营销策略

作为一个不断创新和发展的营销模式，越来越多的企业尝试在SNS网站上施展拳脚，无论是开展各种各样的线上活动进行产品植入，还是市场调研（在目标用户集中的领域开展调查，了解用户对产品和服务的意见）以及病毒营销等（植入了企业元素的视频或内容可以在用户中像病毒传播一样被迅速地分享和转发），所有这些都可以在这里实现。社会化媒体的一大特点就是可以充分展示人与人之间的互动，而这恰恰是一切营销的基础。

2. 有效降低企业的营销成本

社媒营销的"多对多"信息传递模式具有更强的互动性，受到更多人的关注。随着网民网络行为的日益成熟，用户更乐意主动获取信息和分享信息，社区用户显示出高度的参与性、分享性与互动性。社媒营销传播的主要媒介是用户，主要方式是"众口相传"。因此与广告形式相比，社媒营销无须大量的广告投入。相反，因为用户的参与性、分享性与互动性的特点，它很容易加深用户对一个品牌和产品的认知，容易形成深刻的印象，形成好的传播效果。

3.实现目标用户的精准营销

社媒营销中的用户通常都是认识的朋友,用户注册的数据相对来说都是较真实的。企业在开展网络营销的时候,可以对目标受众按照地域、收入状况等进行筛选,找出哪些是自己的用户,从而有针对性地与这些用户进行互动。

(三)主流海外社媒营销

1.Facebook

Facebook 是在线广告业主流的数字媒体公司之一。面向国外消费者营销的企业大多会在其营销传播策略中加上 Facebook。在 Facebook 上注册的企业可以进行付费内容推广和展示广告,扩大传播范围。在 Facebook 平台上,每天约有 15 亿个活跃用户,约占 20% 的全球网络用户,平均每个用户每天在平台浏览时间约 60 分钟,渗透率非常大。有一半的用户会在平台消费,这已经是一个非常成熟的市场。Facebook 在跨境电商营销中的应用主要包括三个方面:首先,企业在 Facebook 上可以创建官方品牌主页,发布营销内容;其次,品牌在 Facebook 上可以实现与消费者的互动;最后,Facebook 是企业获得社会化聆听与洞察的平台。

2.LinkedIn

LinkedIn(领英)是一个面向职场的社交平台,总部设于美国加利福尼亚州。该平台旨在让注册用户维护他们在商业交往中认识并信任的联系人,俗称"人脉"。用户可以邀请他认识的人成为"关系"(Connections)圈的人。截至 2020 年 5 月,领英用户的总量已经达到 6.9 亿以上,在中国拥有 5000 万名用户。与其他社交媒体平台相比,LinkedIn 是非常独特的,平台中 1/3 的会员担任高级管理职位,而且 92% 的财富 500 强企业员工在使用这个平台。LinkedIn 专注于职业相关的网络,对于希望提供专业服务的公司而言,LinkedIn 是更好的选择。如果想要建立来自某个行业的专业品牌,那么可以在 LinkedIn 创建业务档案,使用行业类型对其进行分类。企业可以发帖子或者发消息,还可以使用消息和评论功能与其粉丝或评论用户进行互动。因此,LinkedIn 是 B2B 市场营销人员的首选平台。LinkedIn 在跨境电商营销中的应用主要有官方主页发布内容、获得"品牌提及"、B2B 营销、本土化广告。

3.Twitter

Twitter(推特)是一家美国社交网络及微博客户服务公司,致力于服务公众对话。Twitter 作为企业与用户之间的沟通渠道仍有发掘潜力。Twitter 账户适合从娱乐到电子商务等不同行业的公司。企业可以在 Twitter 上创建一个配置文件,列出网站链接和公司信息。企业还可以使用 Twitter 发布公司信息,更新状态,在帖子中标记公司或客户,转发正面的客户推文,并通过推特或直接消息回复客户问题。与 Facebook 一样,企业也可以发布照片或视频等内容。Twitter 在跨境电商营销中的应用主要包括官方账户发布内容、监测品牌提及率、挖掘推文价值。

4.Instagram

Instagram(照片墙)是一款运行在移动端的社交应用,可将用户随时抓拍下的图片进行分享。在Instagram上,用户可以发布包含照片和短视频的帖子,并附有标题。用户还可以发布实时视频或创建一天后消失的"Ists"故事。Instagram已成为影响者营销的发源地之一,大部分的影响者活动都在该平台上进行。它还能给企业提供广告和电商的机会。与其他社交平台不同,Instagram强调视觉效果,不允许直接在帖子中进行链接共享。Instagram上的基本用户只能在他们的简介中共享链接。经过验证的用户或拥有超过10000名粉丝的账户可以在其故事中发布链接。Instagram在跨境电商营销中的应用主要包括三个方面:首先,企业可以在Instagram上开通官方品牌账户,分享图片并进行内容营销;其次,可以使用图像分析在用户生成内容中识别品牌;最后,Instagram的原生广告和付费推广都是优质的营销渠道。

5. YouTube

YouTube是一个视频网站,其用户可下载、观看及分享影片或短片。目前,视频内容营销领域内的竞争愈发激烈,其他专业社交媒体频道也在逐步改进其平台内的视频功能,但YouTube仍然是目前海外视频内容产出的重要渠道之一。YouTube是凭借视频内容为营销核心的创作者们(YouTuber)的主要选择平台之一,多数企业也选择这个平台发布视频。如果视频属于企业的重点营销策略,或者企业想要与视频领域的创作者合作,那么YouTube将是非常重要的广告渠道。YouTube在跨境电商营销中的应用主要包括三个方面:首先,企业可以创建官方频道,进行视频内容营销;其次,企业可以在YouTube通过视频评论与消费者互动;最后,YouTube的付费推广是优质的营销渠道。

习题测验

(一)单项选择题

1.关于P4P点击扣费规则,假设我出价为20元,推广评分为15,下一名客户出价为15元,推广评分为10,则本次点击需要扣取(　　)费用。

A.10.01元　　B.15.01元　　C.20元　　D.10元

2.金品诚企方案有(　　)组共(　　)个橱窗。

A.5,25　　B.5,50　　C.8,80　　D.8,40

(二)多项选择题

以下关于P4P的说法正确的是(　　)。

A.P4P点击扣费等于该词出价最高的价格

B.P4P推广关键词,有系统推荐词,也可以手动添加

C.P4P的快捷推广可以引来更多流量,但流量不够精准

D.P4P推广每日的花费设置最低为80元

(三)判断题

1.LinkedIn(领英)是全球最大的职业社交网站。　　(　　)

2.阿里巴巴国际站也有双十一活动。　　(　　)

能力实训

实训1：计算P4P排名和扣费

根据P4P的排名公式及扣费公式，完成表2-5中五位供应商的推广产品排名和扣费计算。

表2-5　　　　　　　　　　　计算P4P排名和扣费

供应商	出价(元)	产品推广评分	排名	扣费
A	7	40		
B	6	50		
C	5	45		
D	6	30		
E	10	20		

实训2：推广引流

假如你是阿里巴巴国际站店铺的运营专员，你将如何开展推广引流工作？

项目三

跨境电商 B2B 数据分析与优化

学习目标

能力目标

- 能掌握数据分析基本思路；
- 能进行店铺数据的收集与分析；
- 能汇总产品运营数据，并对客户数据进行分析；
- 能基于数据分析提出运营优化建议。

知识目标

- 掌握店铺数据分析基本方法；
- 掌握客户数据分析基本方法；
- 掌握产品数据分析基本方法；
- 熟悉数据优化途径。

素养目标

- 具备科学严谨的跨境电商数据素养；
- 具备精益求精的数据分析优化意识。

项目三 跨境电商B2B数据分析与优化

思维导图

- 跨境电商B2B数据分析与优化
  - 数据分析基础
    - 数据分析的定义
    - 数据分析的作用
    - 数据分析的思路
  - 客户数据分析
    - 流量来源
    - 访客画像与详情
  - 产品数据分析
    - 产品分析概览
    - 产品详情分析
  - 店铺数据分析
    - 商家星等级
    - 数据概览
    - 店铺分析
  - 数据优化建议
    - 优化点击率
    - 优化转化率

项目背景

阿里巴巴国际站的基础操作会带来一些流量数据,对这些数据的整理与分析,不仅可以更好地了解当前国际站运营情况,而且为将来的平台运营操作调整方向提供了更为有价值的信息。南希目前就需要对阿里巴巴国际站数据管家板块进行全面的了解与学习,包括流量来源分析、产品分析、客户分析、行业分析等,通过对各个板块内容的了解,掌握数据分析的基本步骤,能够形成从基础平台搭建到数据提升完善的思路,从而实现平台真正效益化的目标。

任务分解

接下来,跨境电商B2B运营专员南希的主要工作任务是:
任务1　阿里巴巴国际站数据分析
任务2　阿里巴巴国际站产品优化
任务3　阿里巴巴国际站选品优化

任务完成

任务1　阿里巴巴国际站数据分析

在发布一些产品后,经过适当地营销推广引流,店铺积累了一些数据。南希现在需要根据店铺的站内数据进行分析并优化产品,从而提升产品的转化率。

【Step1】查看店铺流量来源

选择"My Alibaba"→"数据分析"→"流量来源",可以分析店铺的各种流量,如图 3-1 所示。

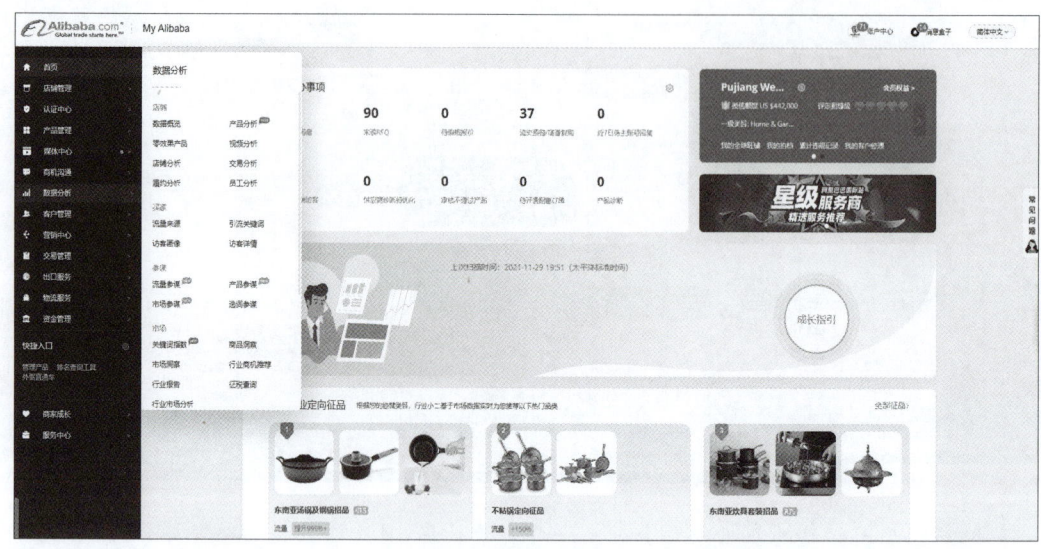

图 3-1　流量来源路径图

南希发现目前店铺流量来源 TOP1、TOP2、TOP3、TOP4 分别是搜索、直接访问、系统推荐和店内,尤其是搜索来源的店内询盘人数、店内 TM 咨询人数、商机转化率分别上涨了 50%、24% 和 47.9%,如图 3-2、图 3-3 所示。

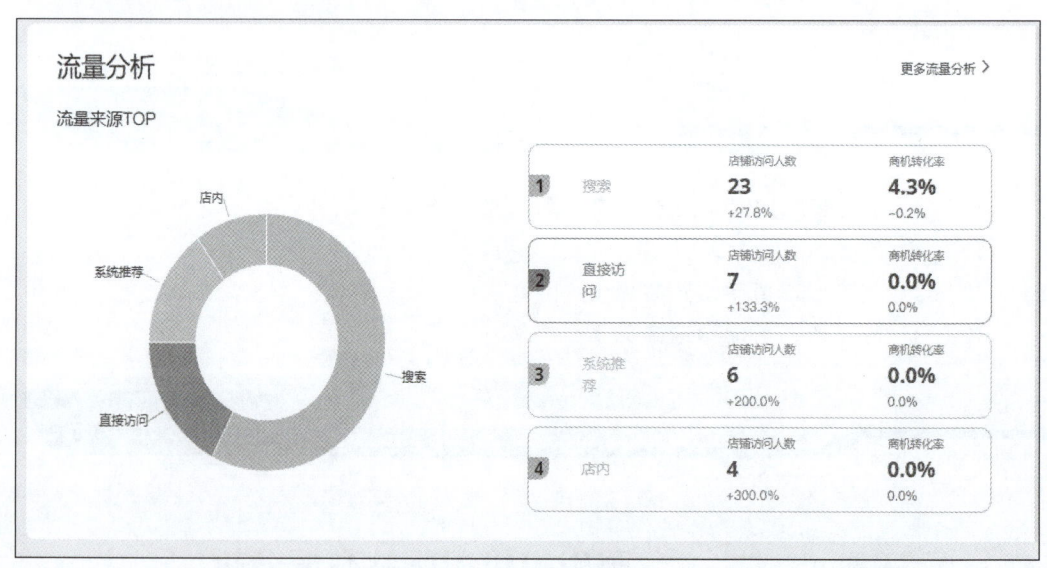

图 3-2　流量来源 TOP 图

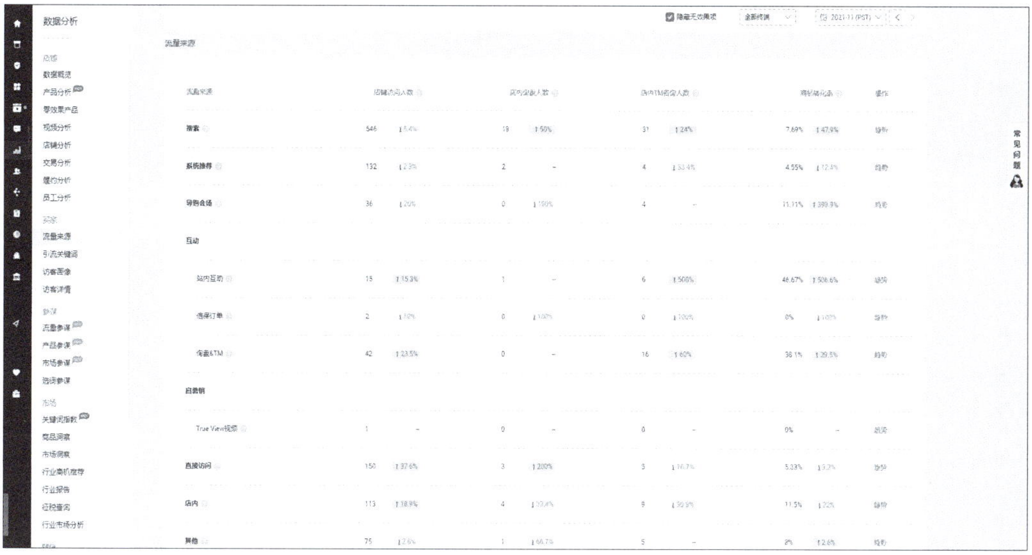

图 3-3 数据流量来源详情图

【Step2】查看流量产品

选择"My Alibaba"→"数据分析"→"流量来源"→"产品分析",可以查看店铺的主要流量来自哪些产品,如图 3-4 所示。确认流量产品后,南希可以对这几个咖啡杯进行重点推广。

图 3-4 流量产品图

【Step3】查看店铺访客数据

选择"My Alibaba"→"数据分析"→"店铺分析",可以查看整个店铺的客户访问量,包括店铺访客数、店铺浏览量、人均浏览量、人均访问时长、首页浏览人数、店铺 TM 咨询人数、店铺询盘人数。同时也可以与"同行平均"以及"同行优秀"进行比较,如图 3-5

所示。

图 3-5　店铺访客数据图

【Step4】查看店铺产品效果

选择"My Alibaba"→"数据分析"→"产品分析",可以查看整个店铺的产品效果,包括所有产品以及每个产品的搜索曝光次数、搜索点击次数、搜索点击率等,如图 3-6 所示。根据这些数据,南希可以进行有针对性的产品优化,比如高曝光低点击的产品需优化图片质量和价格。

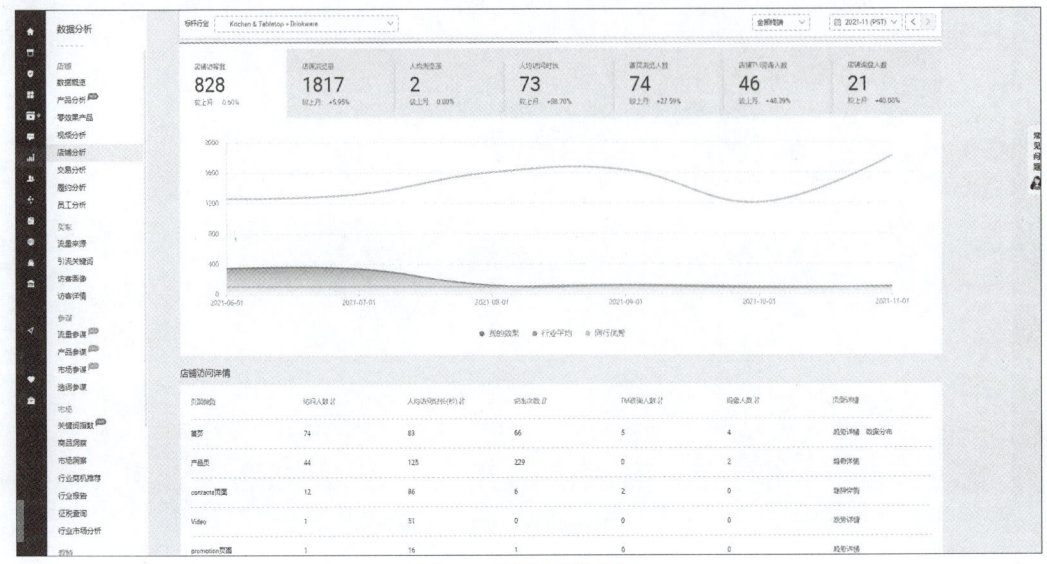

图 3-6　产品详情数据图

项目三 跨境电商B2B数据分析与优化

【Step5】调整产品关键词

通过产品详情页的数据分析,南希还查看了该产品的流量来源于哪些关键词,并针对性地调整产品关键词,使用P4P推广该产品,如图3-7所示。

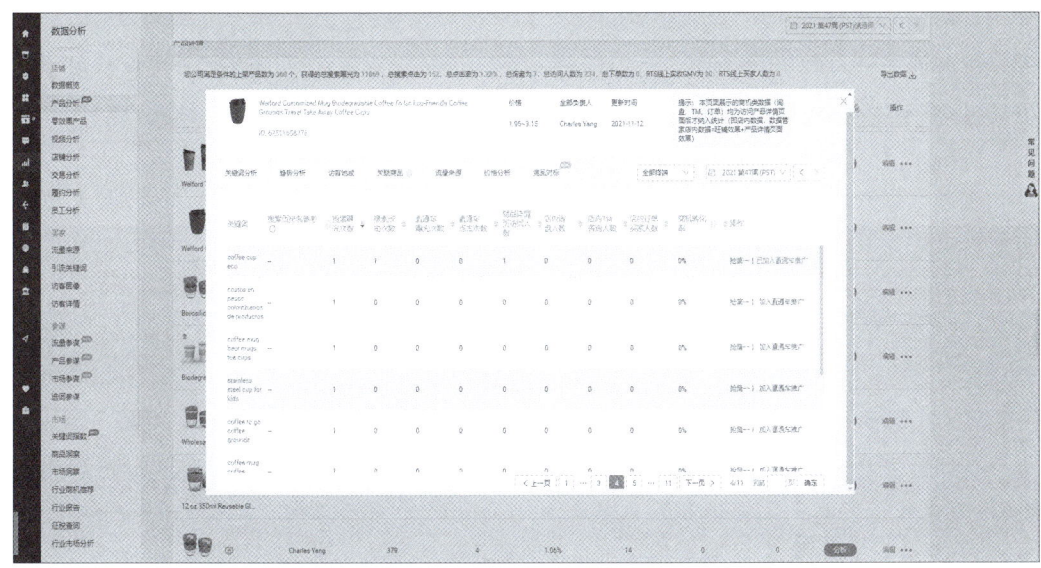

图 3-7 关键词分析图

【Step6】查看店铺市场

选择"My Alibaba"→"数据分析"→"市场分析",还可以查看店铺的主要流量来源于哪些国家及地区,是否为目标市场,从而进行调整,如图3-8所示。

市场分析 仅统计近30天数据

进店买家国家及地区TOP4

排名	国家及地区	买家数量
1	美国	110
2	英国	81
3	沙特阿拉伯	63
4	澳大利亚	49

进店搜索关键词TOP4

排名	关键词	引流买家数量
1	coffee mug	132
2	coffee cup	42
3	coffee cup reusable	11
4	coffee cup with lid	8

图 3-8 店铺流量来源国家及地区图

任务 2 阿里巴巴国际站产品优化

通过查看"数据分析",南希发现 ID 号为 62062130815 的环保咖啡杯的产品效果不是很理想,需要优化。

【Step1】发现问题产品

通过数据查看,发现该产品曝光次数不高,为 121 次,搜索点击次数为 0,访问人数为 5,询盘个数为 0,急需优化,如图 3-9 所示。

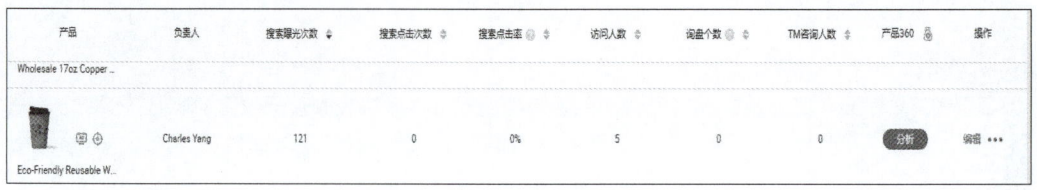

图 3-9 环保咖啡杯流量数据图

【Step2】分析原因

通过分析发现问题出在该环保咖啡杯搜索排名靠后上,所以需要优化产品排名。南希决定通过调整关键词进行 P4P 推广,如图 3-10 所示。

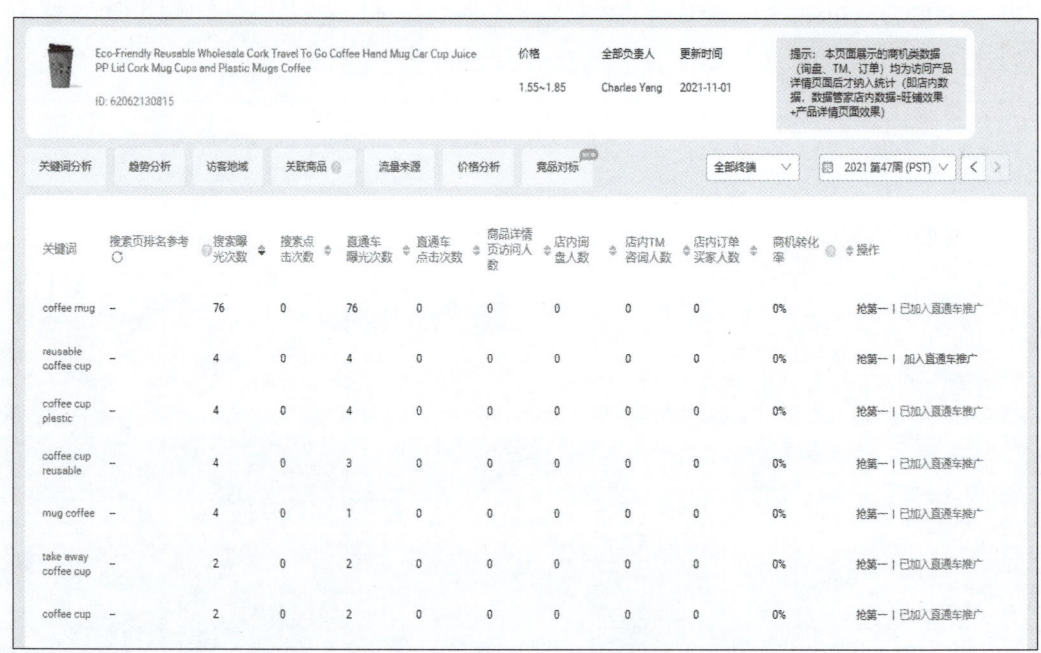

图 3-10 咖啡杯关键词分析数据图

【Step3】关键词推广优化

南希决定用关键词"reusable coffee cup"对这个产品进行优先推广,如图 3-11 所示。

项目三 跨境电商B2B数据分析与优化

图 3-11 关键词"reusable coffee cup"匹配产品图

南希调整了关键词出价,使环保咖啡杯搜索排名靠前,以期获得更多的曝光和点击,如图 3-12 所示。

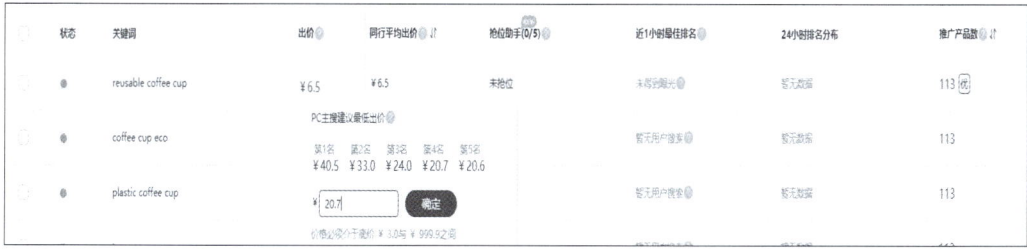

图 3-12 调整关键词出价图

【Step4】确认优化效果

在对该产品进行关键词推广优化后,产品数据明显提升,搜索曝光次数达1394,搜索点击次数达18,搜索点击率上升到1.29%,访问人数达18,如图 3-13 所示。

图 3-13 环保咖啡杯优化效果图

任务3　阿里巴巴国际站选品优化

另外,南希发现也可以通过分析一些行业数据,进行选品的优化。

【Step1】查看行业定向征品

选择"My Alibaba"→"产品管理"→"行业定向征品",如图3-14所示。

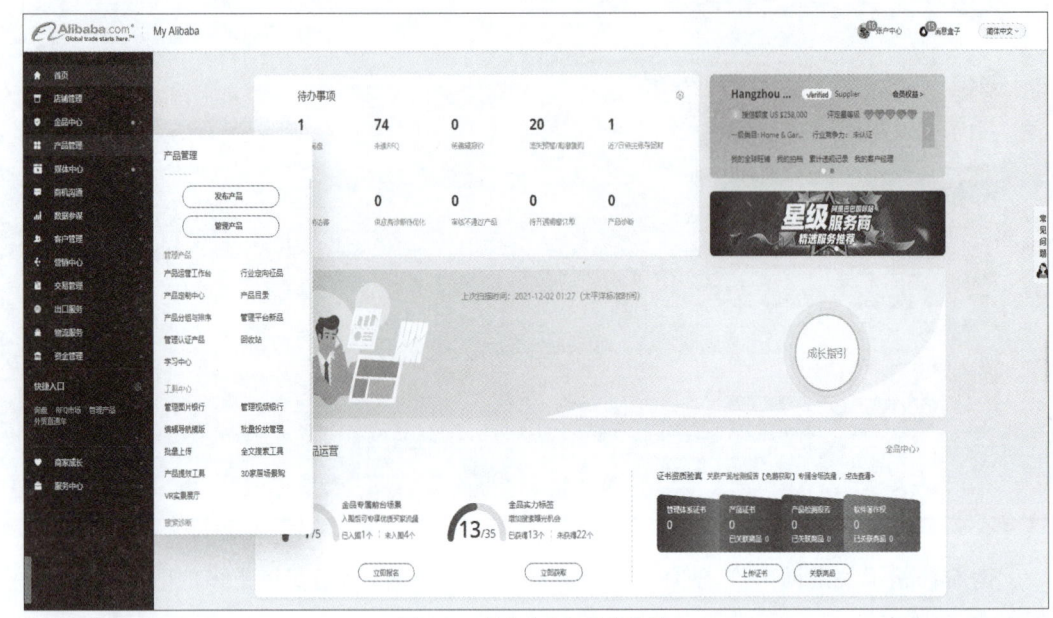

图 3-14 行业定向征品路径图

点击"与我相关推荐",南希看到最近厨房收纳类产品交易上升127%,属于热门产品,如图3-15所示。

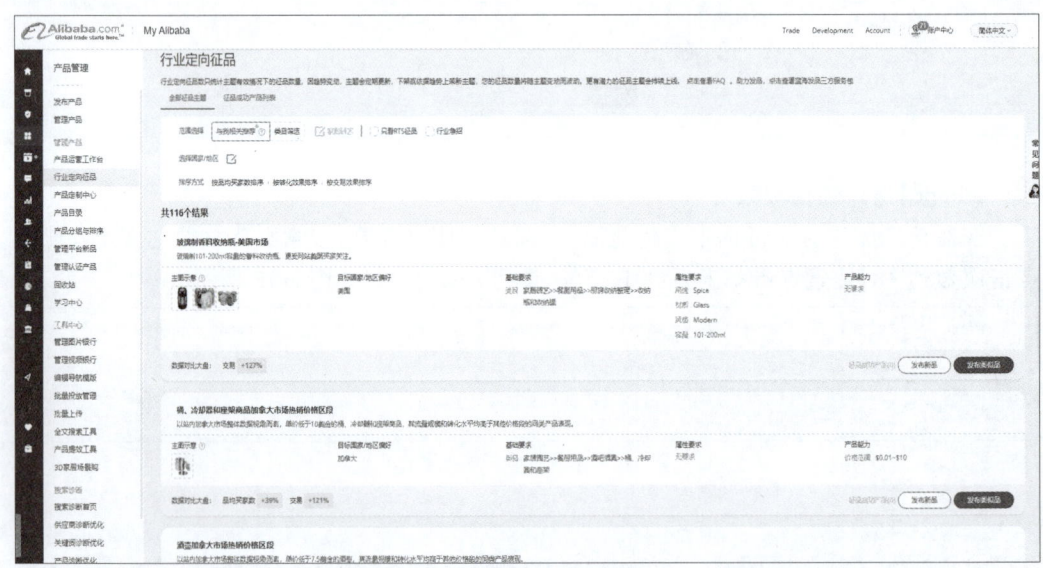

图 3-15 行业定向征品数据图

【Step2】查看关键词指数

选择"My Alibaba"→"数据分析"→"关键词指数",如图3-16所示。

南希看到玻璃收纳容器的搜索热度上升趋势明显。

项目三 跨境电商B2B数据分析与优化

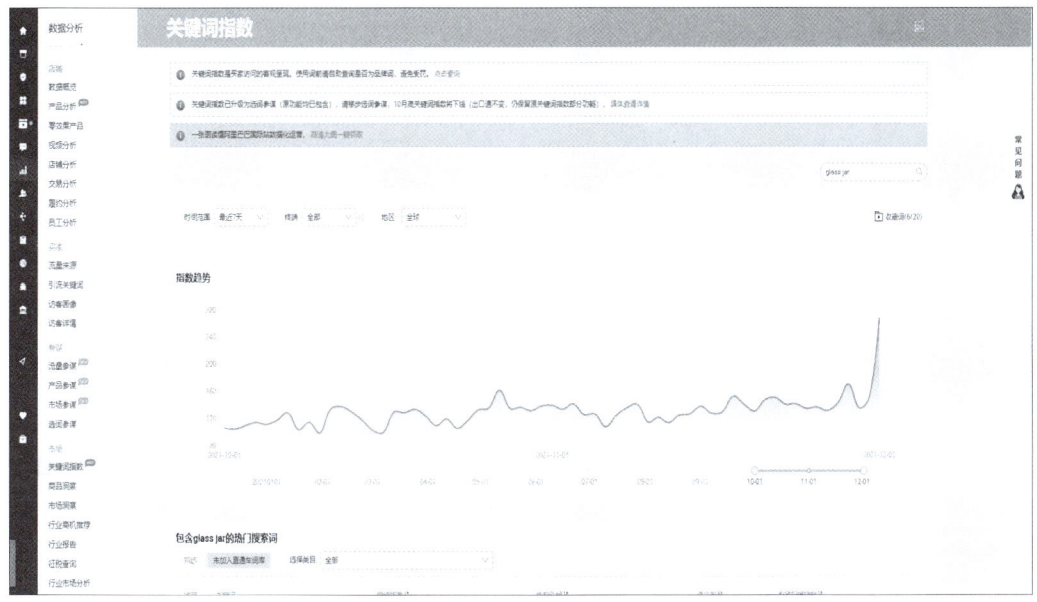

图 3-16 指数趋势图

【Step3】确认搜集关键词

选择"My Alibaba"→"数据分析"→"关键词指数"→"热门搜索词"。通过"关键词指数"查询,南希发现包含 glass jar 的关键词搜索热度很高,点击率不断上涨,如图 3-17 所示,因此可以确认该品类产品正值热卖。

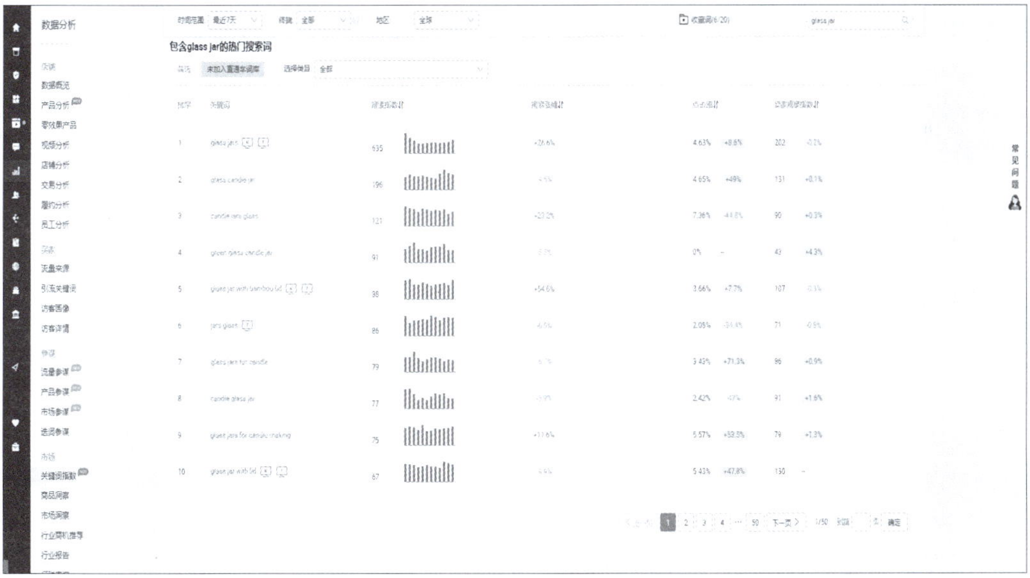

图 3-17 glass jar 热门搜索词数据图

【Step4】发布新产品

南希决定整理好关键词和产品信息,进行一款玻璃储物罐产品的发布,如图 3-18 所示。

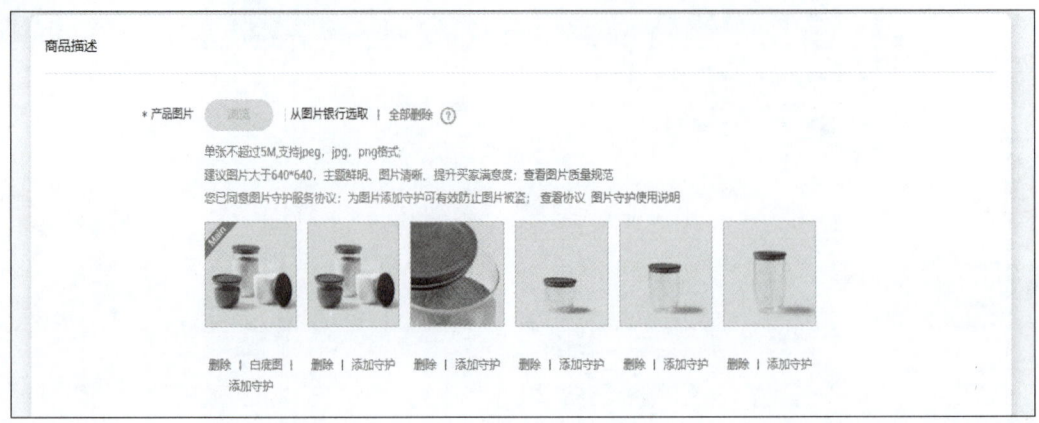

图 3-18　glass jar 产品发布图

知识链接

一、数据分析基础

（一）数据分析的定义

数据分析是指用适当的统计分析方法对收集来的大量数据进行分析，提取有用信息，对数据加以详细研究和概括总结的过程，以求最大化地开发数据的功能，发挥数据的作用。

阿里巴巴国际站平台的数据分析是指通过国际站平台各页面展示出的按天、周、月等时间段呈现出的结果，把网站各方面的情况更显性地反映出来，以便于国际站运营人员更清晰地了解当前平台的运营情况，用于调整网站运营策略。

（二）数据分析的作用

数据分析在企业的经营过程中，具有以下三个方面的作用：

1. 现状分析

帮助经营者了解企业现阶段的整体运营情况、企业各项业务的构成、各项业务的发展及变动情况以及企业运行状况，为跨境电商企业提供现阶段的整体运营情况（其中包括各项经营指标的完成情况）以及各业务构成的数据分析。现状分析一般通过日常通报来完成，如日报、周报、月报等。

2. 原因分析

根据企业运营情况，针对某一现状进行原因分析。例如，本月店铺销售额环比下降了20%，是什么原因导致的？是曝光不足，还是转化率出现了问题，或者是客单价降低了？企业应通过原因分析找到问题所在。

3. 预测分析

对企业未来的发展趋势进行预测，为制定企业运营目标及策略提供有效的参考与决策依据，以保证企业的可持续健康发展。例如，跨境电商企业经营者一般会根据近几个月销售额的变动趋势来预测下个月的销售额,并作为店铺的运营目标及对员工考核的依据。

(三)数据分析的思路

数据分析的核心目的是提升平台访问量,从而提升总体询盘数量以及产品订单数量。围绕该目的,整体数据分析可以分为引流端数据分析和转化端数据分析。

1.引流端数据分析

通过国际站流量来源分析可以将国际站的所有流量分为三大块,分别为自然流量、付费流量和活动流量。

自然流量主要包括国际站搜索页面引入流量、平台粉丝通引入流量和直接访问流量等。国际站搜索页面的流量引入主要通过两种方法:一是分析买家端口的常用热门搜索词,通过覆盖更全面的买家搜索词,提升产品被买家查看的概率,从而提升平台流量;二是提升买家核心搜索词的自然排名,使得高热度高搜索量的词排名更靠前,提升产品被看到的概率,从而提升搜索页面流量的引入。平台粉丝通的流量引入,需要通过对客户行为的数据分析,了解当前访问平台客户的需求以及特性,进行更加具有吸引力的粉丝通的发布,从而提升整体粉丝通流量的引入。直接访问流量需要做更多的站外引流,做独立官网、Facebook等营销渠道时,通过添加网站首页链接、产品爆款链接的方式,将平台以及产品更多地展示在买家面前,从而提升产品或者网站被查看以及关注的概率。

付费流量是指在国际站上通过付费推广(如顶展、P4P、橱窗等)提高产品实时排名位置而获得的流量。

活动流量是指参加国际站活动(如3月新贸节、9月采购节、平台直播活动等)而获得的流量。

2.转化端数据分析

阿里巴巴国际站转化端主要分析产品转化率和店铺转化率两项转化率。通过对产品的分析以及店铺数据的分析,重点关注当前两项转化率是否存在问题。影响产品转化率的因素主要包含产品展示信息以及产品详情页等,店铺转化率则会受产品以及旺铺装修等因素的影响。

平台数据分析可以通过以上两条思路展开,分析出是引流端出现问题还是转化端出现问题,再对应找到核心的影响因素,进行影响因子的判断以及提升方案的制作,并且落地实施,实现整体数据的提升。

二、店铺数据分析

店铺数据分析主要是分析运营过程中商家服务的及时率和有效率,以及不同类型的客户对于服务需求的差异化表现。商家需充分了解、准确分析自己店铺的经营数据,掌握店铺的运营情况,解决店铺存在的问题,找到最适合自己店铺的运营方案,从而达到销售利润最大化。

(一)商家星等级

1.商家星等级的含义

商家星等级是评价国际站商家服务海外买家的能力和意愿的分层体系,是基于商家在阿里巴巴国际站平台上进行跨境贸易全过程中的客观数据表现生成的分层体系。商家星等级分为1星、2星、3星、4星、5星五个等级，其中5星最高。商家星等级于2021年10月12日升级至5.0版。商家星等级由商家四大能力项决定，分别是：商家力（定制场景）/商品力（快速交易场景）、营销力、交易力、保障力。商家力/商品力关注优质商品的展示，营销力关注商机获取能力，交易力关注成交转化效果，保障力关注交易质量及买家体验。商家除了需要满足上述四大能力项的分数要求外，还需要同时满足平均回复时间、按时发货率、异常履约率三个服务指标的基本要求。

商家星等级又分为两种场景指标，一种是"定制星等级"，另一种是"快速交易（RTS）星等级"，如图3-19所示。最终商家星等级确定时一般取两者中的较高等级。两个场景的各能力项具体指标分别见表3-1和表3-2。

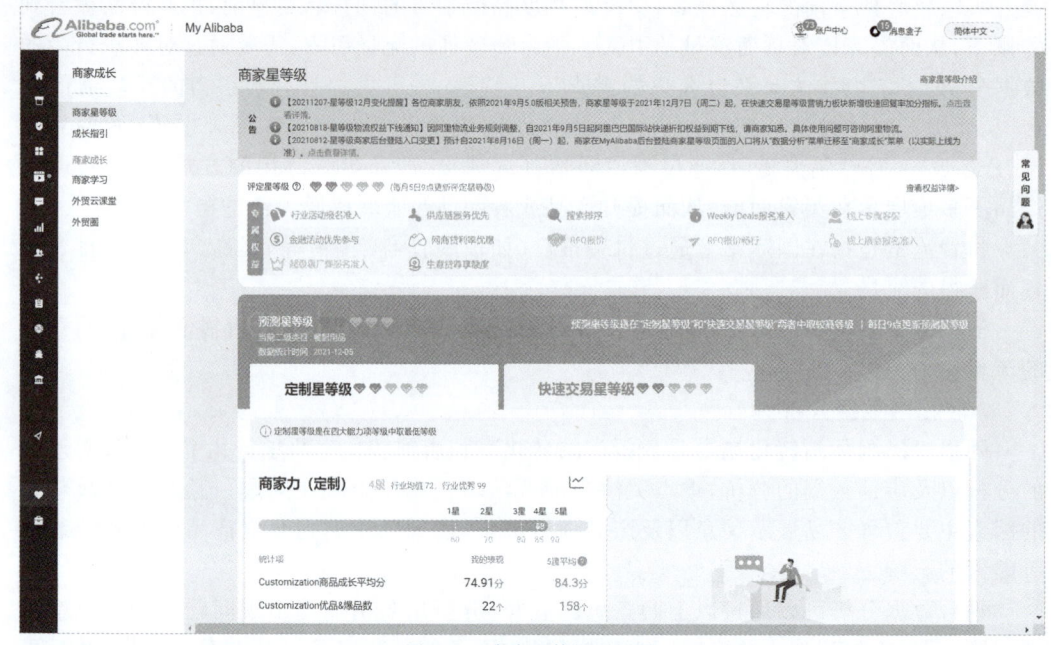

图3-19　商家星等级页面图

表 3-1　　　　　　　　　　　定制星等级指标

能力项	子项指标
商家力	非RTS优品和爆品数、非RTS家商品成长平均分、专业能力认证（加分项）、售后服务（加分项，仅机械行业）、3D家装模型商品（加分项，仅建材、家居等7个行业）
营销力	商机指数、平均回复时间（门槛指标）、商机转化率、营销流量指数、营销商品商机转化率、RFQ营销指数（加分项）
交易力	在线交易额、支付转化率、复购率
保障力	按时发货率（门槛指标）、买家评价分、风险健康分（其计分因子"异常履约率"为门槛指标）

表 3-2　　　　　　　　　　　　快速交易星等级指标

（仅在店铺 RTS 商品占比达到 30% 及以上才开启评定）

能力项	子项指标
商品力	RTS 实力优品数、RTS 商品成长平均分、3D 家装模型商品（加分项，仅建材、家居等 7 个行业）
营销力	RTS 商品总访问数、平均回复时间（门槛指数）、营销流量指数、营销商品商机转化率
交易力	在线交易额、在线交易买家、RTS 商品总转化率、复购率、RTS 商品在线交易额占比
保障力	按时发货率（门槛指标）、买家评价分、风险健康分（其计分因子"异常履约率"为门槛指标）

商家可参考商家星等级的指标表现调整服务行为，从而可以更好地在平台吸引海外买家，获取更多商机。

2.商家星等级的评级标准

（1）商家的(定制/快速交易)星等级由商家四大能力项的表现所决定，每个能力项满分为 100 分，四大能力项均需符合一定的标准且满足买家服务基础要求时才能晋级为星级商家。1~5 星的四大能力项分数要求分别是 60、70、80、85、90 分。

（2）四大能力项的分数由其项下多个指标共同影响，根据各指标项权重综合计算对应能力项的分数。各子项指标值越高，对应能力项分数越高。

若能力项内有基础服务指标，当基础服务指标未达到对应星级要求时，能力项的分数会停留在下一个星级的临界值。如平均回复时间未达到 24 小时，营销力显示 59 分。

（3）客户后台会同时展现定制和快速交易两种场景的评分指标和商家表现数据，依据图 3-20 商家星等级评分原则确定定制和快速交易星等级。系统将取两者中较高的星级作为商家最终的(预测/评定)星等级。快速交易星等级仅在商家店铺 RTS 商品占比达到 30% 及以上或"快速发货保障"商品有 100 个及以上时才开启评定，未达到此评定门槛时默认为 0 星，定制星等级不受此影响，对全部商家进行评定。

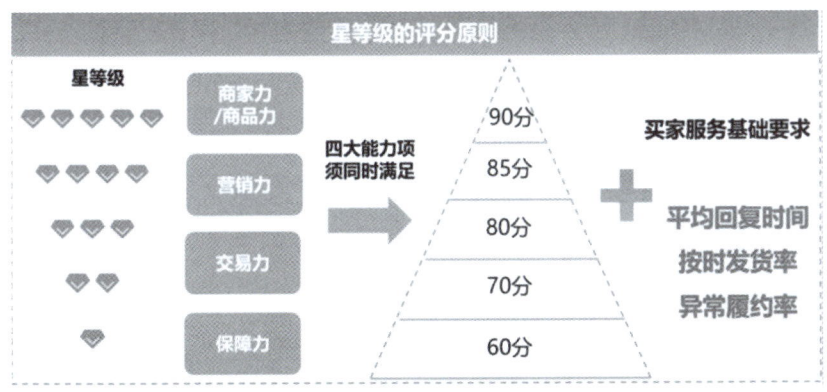

图 3-20　商家星等级评分原则

（4）商家当月评定星等级由上一个自然月月末(PST，太平洋标准时间)当天商家实际数据的表现决定(不是指月末当天商家在后台看到的数据，而是月末两天后在后台看到的数据)。

评定星等级结果决定商家当月可享受的星级权益。评定星等级在商家后台每月 5 日更新，到次月 5 日前不会变动。

3.商家星等级权益

商家星等级权益由商家的评定星等级决定,不同星级商家的权益不同。星级客户能享受从流量到服务各方面更切实的权益,具体见表 3-3。星级商家升星后将在访客、曝光、点击、反馈及订单获取的表现上呈现出 30％左右的提升,并且买家对星级商家的评价分也明显更高,通常可达到非星级商家的 4 倍。

表 3-3　　　　　　　　　商家星等级权益

星等级		1星	2星	3星	4星	5星
场景类	搜索排序	√	√	√	√	√
	行业活动报名准入	—	√	√	√	√
	Weekly Deals 报名准入	√	√	√	√	√
	线上展会报名准入	—	—	√	√	√
	超级星厂牌报名准入	—	—	√	√	√
优惠类	金融活动优先参与	√	√	√	√	√
客服类	供应链服务优先	—	√	√	√	√
	线上专属客服	—	—	—	√	√

相较于单一维度的交易等级,商家星等级能更全面、动态地反映商家的线上综合表现,参考性更强。因此阿里巴巴国际站计划以商家星等级替换交易等级在买家端进行展示。星等级在买家端展示后,将会为高星级商家带来更多的商机。

(二)数据概览

商家通过店铺数据概览页面,能够充分了解自己店铺的经营数据,并可以利用数据分析店铺运营的各方面情况,解决店铺的问题,有效提升店铺的业绩。

数据指标概念介绍

1.店铺数据概览

在数据概览页面中,可直观查看店铺运营数据的五个指标,分别是店铺访问人数、店铺访问次数、店铺转化率、询盘个数、TM 咨询人数及其对应的较前日的环比数据及无线占比,如图 3-21 所示。

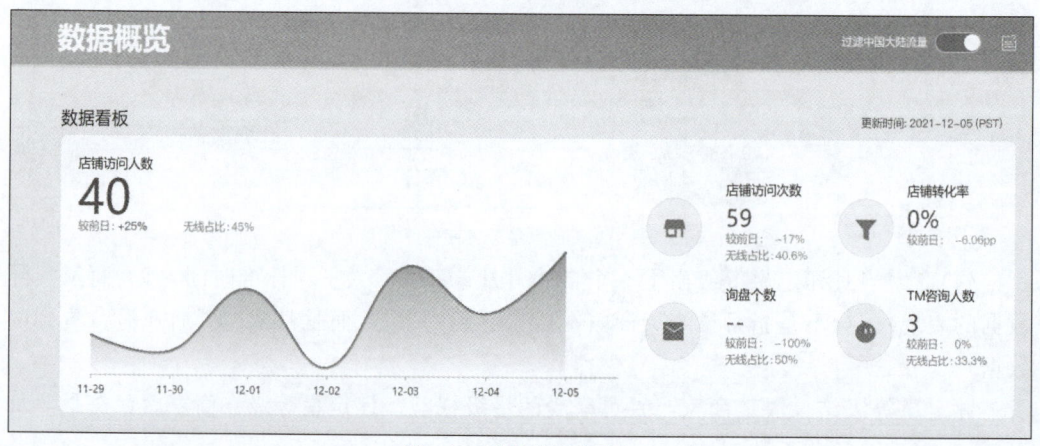

图 3-21　数据概览页面图

数据概览页面中的各数据指标含义如下：

(1)店铺访问人数。访问供应商全球旺铺页面及产品详情页面的用户均被计为访客，当日去重，隔日不去重。

(2)店铺访问次数。店铺访问次数即访问商家店铺页面及产品详情页的点击总数。

(3)店铺转化率。店铺转化率＝(店铺 TM 咨询客户数＋店铺反馈客户数)/店铺访客数。

(4)询盘个数。询盘个数即卖家在商家页面及产品详情页面中收到的询盘数，包括买家针对供应商店铺的产品信息和公司信息发送的所有有效询盘，不包含系统垃圾询盘、TM 咨询等。

(5)TM 咨询人数。TM 咨询人数即通过 Trade Manager 与供应商联系的买家数(当日去重，包括全部终端、全部国家及地区)。

2.店铺运营数据

(1)店铺运营的重要数据

①曝光量。店铺的产品信息或公司信息在搜索结果列表或类目浏览列表等页面被买家看到的次数。如当搜索结果页面一页展示 45 个商品(供应商)时，若买家停留在该页面，则此页面上的所有产品(供应商)的曝光量均计为 1 次。

②点击量。店铺的产品信息或公司信息在搜索结果列表或类目浏览列表等页面被买家点击的次数。买家进行搜索后，在搜索结果中点击了平台的产品信息或公司信息，则该产品或公司的点击数计为 1 次。

③访客数。访问了供应商的产品页面、公司页面的买家，或者通过其他页面给供应商发送询盘或通过 TM 联系的买家。

④反馈数。买家针对店铺的产品信息和公司信息发送的有效询盘数(不包含垃圾询盘、TM 询盘、退回询盘等)。如买家搜索后，对卖家产品或商铺发送的询盘；买家收藏了卖家的全球旺铺；买家通过其他外部搜索等渠道找到商铺或产品，直接发送的询盘。

(2)店铺分析的关键指标

在数据分析的店铺分析页面中可以查看店铺运营数据的七个关键指标，分别是店铺访客数、店铺浏览量、人均浏览量、人均访问时长、首页浏览人数、店铺 TM 咨询人数、店铺询盘人数，如图 3-22 所示。

①店铺访客数，是指所选时间段内访问店铺的总人数，即总 UV(全称是 Unique Visitor，即独立访客，是指通过互联网访问、浏览这个网页的人)，用来表示店铺的流量。

②店铺浏览量，是指所选时间段内所有访客访问店铺的总次数，即总 PV(全称是 Page View，即访问量，是指页面浏览量或点击量)。

③人均浏览量，是指所选时间段内一个访客平均浏览店铺的次数。其计算公式为：人均浏览量＝店铺浏览量÷店铺访客数＝总 PV÷总 UV。

④人均访问时长，是指所选时间段内一个访客平均访问店铺的总时间，以秒为单位，用来表示店铺内容对用户的吸引程度。

⑤首页浏览人数，是指所选时间段内浏览店铺首页的总人数。

⑥店铺 TM 咨询人数，是指所选时间段内经由店铺对商家发起 TM 沟通的总人数。

备注：如果选择总数据包含产品数据，则店铺 TM 咨询人数也包含经由产品发起 TM 沟通的人数。

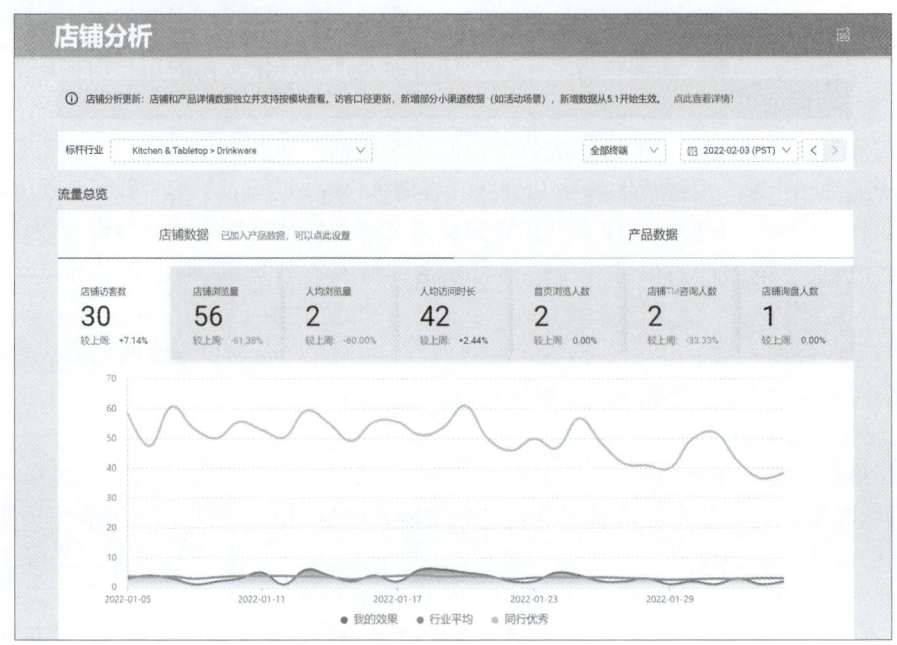

图 3-22　店铺分析页面图

⑦店铺询盘人数，是指所选时间段内经由店铺对商家发起询盘沟通的总人数。

备注：如果选择总数据包含产品数据，则店铺询盘人数也包含经由产品发起 TM 沟通的人数。

(3) 趋势分析

趋势分析页面如图 3-23 所示。

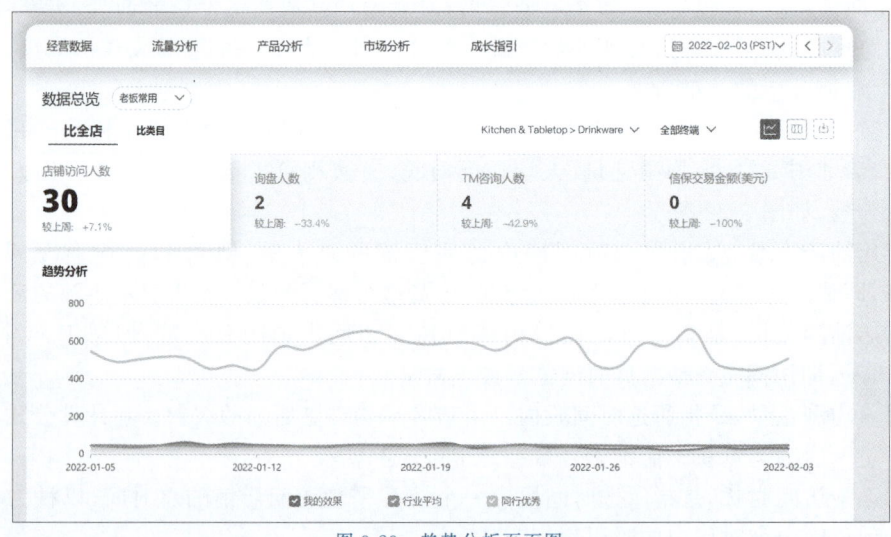

图 3-23　趋势分析页面图

趋势分析的三条线分别为店铺所呈现的数据趋势、行业平均所呈现的数据趋势、同行优秀的数据趋势。通过对比，商家可以清楚店铺在行业内的水平。

(4) 国家及地区分析

国家及地区分析页面如图 3-24 所示。国家及地区的可视化图表可以显示出店铺客户的分布。

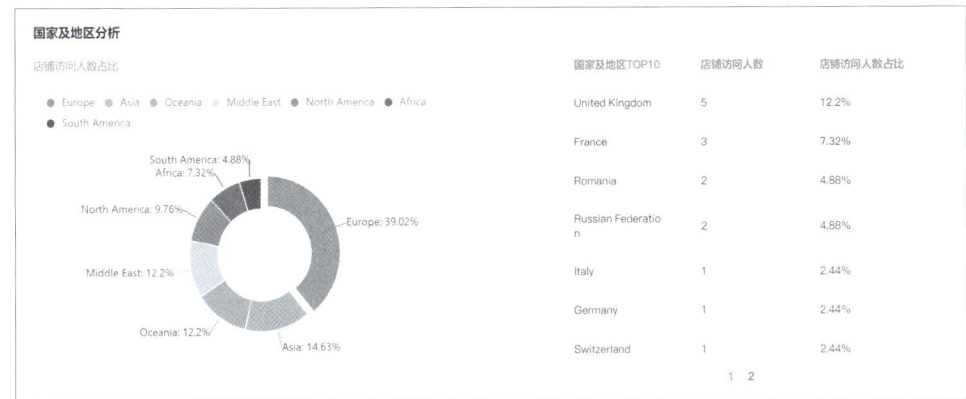

图 3-24 国家及地区分析页面图

(5)店铺人气单品与引流关键词

店铺人气单品与引流关键词页面如图 3-25、图 3-26 所示。

图 3-25 人气单品页面图

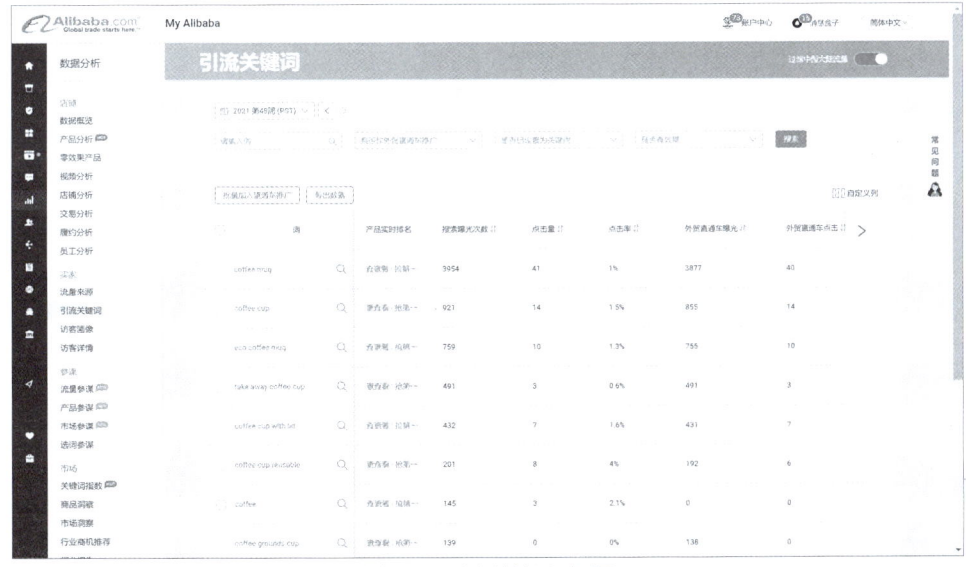

图 3-26 引流关键词页面图

通过店铺人气单品与引流关键词的可视化图表可以快速分析出店铺销量较高的商品和引流关键词,便于优化店铺的商品结构和关键词的设置。

(三)店铺分析

数据指标分析

店铺存在多样性,不同阶段、不同市场环境、不同的产品周期所存在的问题也不同,因此分析店铺时,需要符合当下店铺的特性去做针对性的分析,并不断调整和优化。

(1)曝光量不足。对应的原因分析及解决方案见表3-4。

表3-4 曝光量不足的原因分析及解决方案

原因	解决方案
关键词覆盖不够	发布产品覆盖关键词
关键词排名靠后	交易数据累积,提升排名
所用关键词热度低	分析找出高热度关键词
无付费广告	开通直通车、购买顶级展位

(2)点击量不高。对应的原因分析及解决方案见表3-5。

表3-5 点击量不高的原因分析及解决方案

原因	解决方案
用词不精准	词品匹配
图片不够吸引人	参考优秀同行主图
没有价格优势	对比调整价格
最小订购量(MOQ)太高	MOQ 小单化

(3)反馈率不高。对应的原因分析及解决方案见表3-6。

表3-6 反馈率不高的原因分析及解决方案

原因	解决方案
产品详情页不够吸引人	参考优秀同行的产品详情页,优化高点击率反馈产品详情页

(4)TM 咨询率不高。对应的原因分析及解决方案见表3-7。

表3-7 TM 咨询率不高的原因分析及解决方案

原因	解决方案
头像不专业	使用职业形象头像
回复率低	客户咨询1小时内回复
TM 不常在线	保持 TM 在线

当前,阿里巴巴国际站已全面迈入视频时代,带主图视频的产品会获得更多的流量。产品视频的主要功能就是达到视频营销的效果,希望客户能够通过视频更好地了解产品和公司,以此来获得询盘。通过研究视频数据能够确立当前短视频营销的重点,如果视频的播放量、完播率、播放人数等数据都很高,则可以加大推广和营销的力度;如果数据不是很好,工作重心应该放在提升视频质量、改进视频内容上,提升视频对于买家的吸引力。

另外,商家的信用保障交易标签及搜索流量加权,能增加曝光机会。商家展示在买家页面的信用保障交易额、交易笔数、交易金额及买家评价等,均可彰显企业实力,增加买家信任度。

三、客户数据分析

客户数据分析是通过整理各种客户相关信息和数据来了解客户特征,分析客户需求,评估客户价值,从而为企业客户管理策略的制定、资源的优化配置提供参考。进行店铺客户数据分析,能够做到精准推广,降低店铺销售的成本,提高店铺利润。

(一)流量来源

1.客户流量来源分析

客户流量来源分析是店铺开展数据运营的最基础能力。通过分析客户流量来源,掌握店铺流量现状以及流量变化的趋势,以便对比业内优秀店铺,找到提升流量及询盘转化的抓手。在阿里巴巴国际站商家中心页面左侧导航栏的"数据管家"功能中可找到"流量来源"工具,点击该工具,就可知道访客来自哪里。

2.客户来源数据分析

获取的客户来源数据可归类整理为 10 个大类。

(1)搜索引擎。来自搜索(文字搜索、图片搜索、类目导航)的访问。

(2)系统推荐。包括阿里巴巴国际站旗下各域名网站首页、消息盒子及买家 APP(Alibaba.com)消息通道的访问。

(3)导购会场。来自日常会场及大促会场的访问。

(4)频道。阿里巴巴国际站现有的频道主要有 New Arrival、Weekly Deals、Top-ranking Products、Top-ranking Suppliers。

(5)互动。主要包括四种情况:点击询盘中产品信息产生的访问;点击订单系统中产品信息产生的访问;来自"买家收藏、购物车、对比、分享"中的访问;点击附加在 RFQ 中的产品信息产生的访问。

(6)自营销。主要包括三种情况:点击附加在 True View 视频的产品信息产生的访问;单击附加在客户通老客 TM 营销中的产品信息产生的访问;点击附加在客户通 EDM 中的产品信息产生的访问。

(7)直接访问。买家直接访问或无上一级页面的访问。

(8)店内。来自自己店铺其他页面的访问。

(9)站外。上级页面来自外部网站(非 Alibaba.com)。

(10)其他。剩余未知来源的访问。

3.客户流量结构与分析

商家可通过分析店铺流量来源及各场景询盘效果,观察流量来源的变化,对比优秀店铺,找到提升流量及询盘转化的抓手。图 3-27 为阿里巴巴国际站某店铺的流量来源页面。

图 3-27　流量来源页面图

(1)渠道来源选择。支持商家选择全部终端、PC端和无线端。

(2)周期选择。分别支持日、周、月时间周期(按照自然日、周、月)。

(3)流量来源分析主界面。展现各场景来源的店铺访问人数、店内询盘人数、店内TM咨询人数及商机转化率,并提供趋势查询。

(4)支持过滤中国大陆流量。

(二)访客画像与详情

访客画像功能通过分析访问店铺客户(买家)的特征,让供应商掌握买家画像,以便更有针对性地进行商品优化及运营推广,提升店铺流量转化,挖掘潜在商机。

选择"My Alibaba"→"数据分析"→"客户"→"访客画像访问",打开"访客画像"页面,如图 3-28、图 3-29 所示。

进店关键词		偏好关键词	
关键词	搜索指数	关键词	搜索指数
1. coffee	928　+16.1%	1. coffee	928　+16.1%
2. truck trailers	548　-16.6%	2. hair claw	154　+39%
3. coffee mug	319　+10.4%	3. glass coffee mug	30　+26.6%
4. glass coffee mug	30　+26.6%	4. mug heater	22　-41.5%
5. takeaway coffee cups reusable	10　0%	5. coffee cups reusable custom	15　+36.6%

图 3-28　访客关键词页面图

商品	访问人数	最近访问日期	访问次数	停留时长
Borosilicate Eco-Friendly Reusable To Go Take Away Glass Cup Coffee Mug With Silicone Cover Lid Cork Cover Reusable	8	2021-12-05 22:47:57	11	681.0s
Black Ceramic Coffee Mug Eco-Friendly Reusable To Go Porcelain Cup Promotional Cork Ceramic Coffee Mug with Lid Wholesale	7	2021-12-04 06:10:11	16	500.0s
Custom 8oz 12oz Print Logo Mug Eco Friendly Travel Keep Glass Reusable Coffee Cup With Silicone Lid	7	2021-12-05 04:32:57	12	323.0s
Borosilicate Glass Cup Mug Silicone Cover Eco-Friendly Reusable To Go Take Away Glass Cork Coffee Mug Cup Travel Mug	6	2021-12-04 07:39:47	33	2436.0s

图 3-29 访问产品排序页面图

"访客画像"具有以下四项基本功能：

1.访客构成分析功能

访客构成分析功能可以让卖家通过数据了解到店访客的构成情况，在产品设计上支持分三端(PC、APP、WAP)、三个时段(近7天、近30天、近180天)查看店铺新老访客占比、蓝标买家占比、90天内平台交易买家占比。新老访客占比的分析可以让卖家清楚地认知店铺在引流拉新或盘活老客户方面是否有效果；以及在过去某一时间段，店铺访客运营的效果如何，客户2次访问率如何。

老访客是指所选周期内，浏览过2次及以上卖家店铺的买家；新访客是指所选周期内，浏览过1次卖家店铺的买家；蓝标买家占比是指带有蓝标标识的买家占比，通过分析该数据可了解店铺访客的质量；90天内平台交易买家占比，是指在阿里巴巴国际站90天内有在线成交的买家占比。

2.访客进店关键词和偏好关键词排序功能

访客进店关键词排序功能能让卖家清晰了解买家到店搜索词的TOP20排名及增幅环比；访客偏好关键词排序功能可以收集到店访客在平台上其他的所有偏好搜索的关键词，了解买家的其他搜索偏好，可丰富关键词库，提高关键词的覆盖度。

3.访问产品排序功能

访问产品排序功能能够显示进店访客量最高的TOP20产品排序，以及每个产品在各时间段的停留时长，让卖家了解产品在买家端的吸引度，帮助卖家有针对性地优化产品。

4.地域特征分析功能

地域特征分析功能则可以显示访客量最高的来源国或地区TOP20，帮助卖家分析市场和目标国家(或地区)广告投放，精准开展目标市场营销。

四、产品数据分析

产品数据分析是指通过产品在其生命周期中各个阶段的数据变化来判断产品所在阶

段，以此指导产品的结构调整、价格升降，决定产品的库存系数及引进和淘汰，并对后期产品的改进进行合理的规划。

（一）产品分析概览

1.产品分析的重点

进行有效的产品分析，必须确定重点产品。商家店铺的产品品类较多，以有限的人力很难兼顾，因此需要确定重点商品。

（1）爆款商品。爆款是指那些销量特别大的某一个单品或一类商品。爆款商品通常只占到店铺经营品类的20%，却为公司贡献了较大的销售额与利润。爆款运营能力决定了流量吸纳能力，对此类产品需加强其运营各阶段的综合销售及流转信息收集、分析和评估。

（2）价格敏感商品。价格敏感商品是指这种商品的价格定位对买家的价格知觉产生很大影响，会拉动或削弱店铺内其他商品销量的商品。此类商品的价格高低直接影响店铺在买家心目中的价格形象。因此需要对此类商品重点关注，定期进行价格调整。

（3）高毛利商品。此类商品进价较低，毛利润相对较高，应定期检核其销售毛利贡献情况，积极促销，使得此类商品毛利在总毛利额中保持较高的比例。

2.产品分析界面

阿里巴巴国际站数据分析的产品分析页面如图3-30所示，其中"产品概览"包含四个数据：产品总数、有访问产品数、有询盘产品数、有订单产品数。产品总数是指截止到统计日，商家发布的全品类产品数（如果统计周期为多日，则指该统计周期最后一日的到达量）；有访问产品数是指统计周期内，有过买家访问行为的产品数量；有询盘产品数是指统计周期内，有过买家针对该产品发起有效询盘的产品数量；有订单产品数是指统计周期内，有过买家针对该产品发起信用保障订单的产品数量。

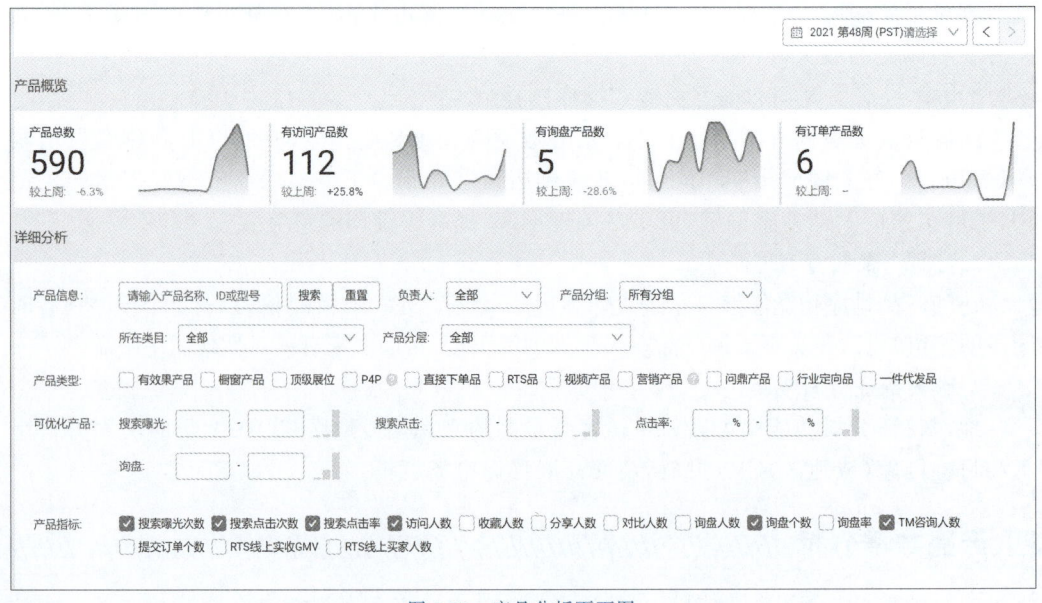

图3-30　产品分析页面图

(二)产品详情分析

1.产品详细数据

数据分析的产品详情页面如图 3-31 所示,支持多种产品类型的信息,可根据需要选择产品指标进行分析。

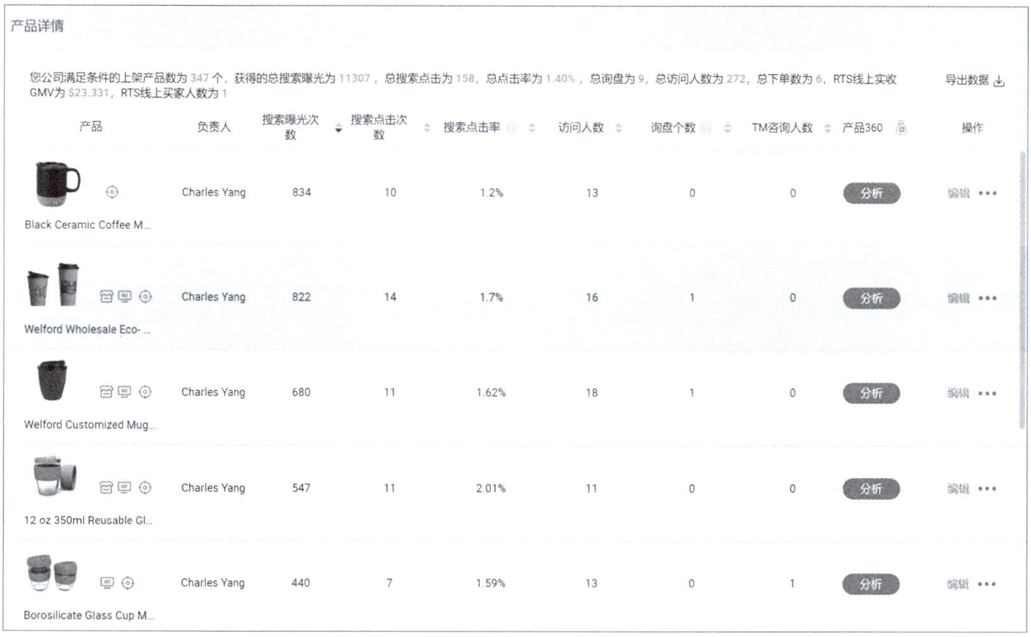

产品	负责人	搜索曝光次数	搜索点击次数	搜索点击率	访问人数	询盘个数	TM咨询人数	产品360	操作
Black Ceramic Coffee M...	Charles Yang	834	10	1.2%	13	0	0	分析	编辑 •••
Welford Wholesale Eco- ...	Charles Yang	822	14	1.7%	16	1	0	分析	编辑 •••
Welford Customized Mug...	Charles Yang	680	11	1.62%	18	1	0	分析	编辑 •••
12 oz 350ml Reusable Gl...	Charles Yang	547	11	2.01%	11	0	0	分析	编辑 •••
Borosilicate Glass Cup M...	Charles Yang	440	7	1.59%	13	0	1	分析	编辑 •••

图 3-31 产品详情页面图

产品列表中统计的是产品的综合指标,点击右侧的"产品 360"命令,可对产品详情进行分析,从关键词分析、趋势分析、访客地域、关联商品、流量来源、价格分析、竞品对标等维度进行详细分析,如图 3-32 所示。

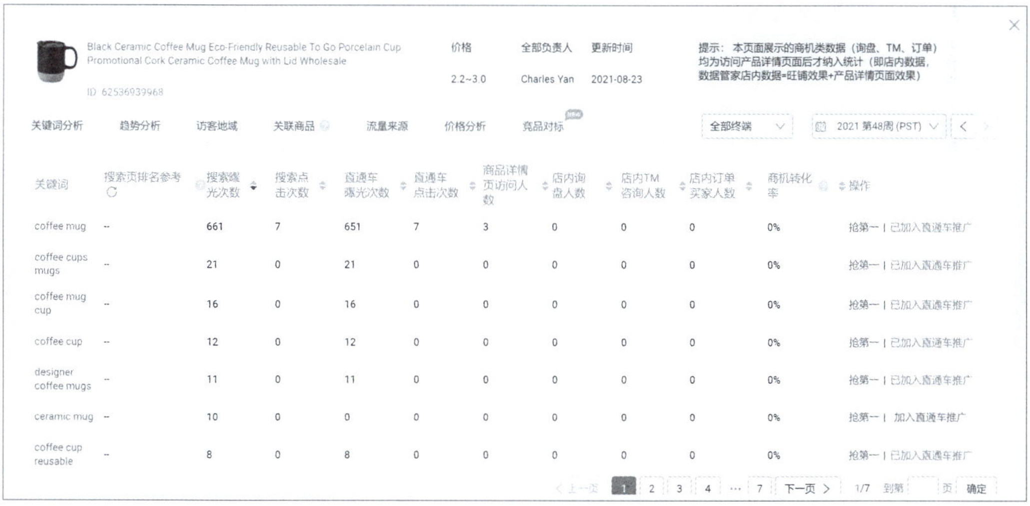

关键词	搜索页排名参考	搜索曝光次数	搜索点击次数	直通车曝光次数	直通车点击次数	商品详情页访问人数	店内询盘人数	店内TM咨询人数	店内订单买家人数	商机转化率	操作
coffee mug	--	661	7	651	7	3	0	0	0	0%	抢第一 | 已加入直通车推广
coffee cups mugs	--	21	0	21	0	0	0	0	0	0%	抢第一 | 已加入直通车推广
coffee mug cup	--	16	0	16	0	0	0	0	0	0%	抢第一 | 已加入直通车推广
coffee cup	--	12	0	12	0	0	0	0	0	0%	抢第一 | 已加入直通车推广
designer coffee mugs	--	11	0	11	0	0	0	0	0	0%	抢第一 | 已加入直通车推广
ceramic mug	--	10	0	0	0	0	0	0	0	0%	抢第一 | 加入直通车推广
coffee cup reusable	--	8	0	8	0	0	0	0	0	0%	抢第一 | 已加入直通车推广

图 3-32 产品 360 页面图

(1)关键词分析。分析单品的关键词效果,曝光、点击及直通车曝光情况等。

(2)趋势分析。分析单品的效果趋势,包含操作日志的数据变化趋势。

(3)访客地域。分析单品的访客地域分布,了解单品访客分布。

(4)关联商品。分析访问单品的访客还访问了其他哪些产品,以便及时调整关联搭配。

(5)流量来源。分析单品的访客来源和流量结构,用渠道打造爆款。

(6)价格分析。分析单品的价格区间与销量的关系,与可能的海外同款进行价量对比。

(7)竞品对标。进行单品的同类标杆对比,如搜索曝光、点击转化、商机转化三种数据的对比,找到差距,定向优化。

2.产品的运营优化

(1)选品定位。供应商根据市场分析、店铺分析、客户分析的数据结果规划各类别的产品结构占比、各款产品的定价及推广引流策略。

(2)提高实力优品的数量。实力优品指产品成长分≥80分的优质商品,且不是重复铺货商品。实力优品是店铺进行重点推广和运营的商品,形式包括但不限于各类营销活动、专区、榜单,以及专属标识、流量倾斜、橱窗加权等相关权益。因此,提升产品成长分,并且让店铺内更多商品达到实力优品的层级,有助于获取更多流量曝光和成交机会。

在阿里巴巴国际站后台的产品成长管理中,系统根据影响产品成长分的各项数据指标,为店铺内的每款商品都提供若干条与之相应的优化建议,如图 3-33 所示。点击右侧下拉箭头,可显示系统对该商品的具体优化建议项,完成相关优化将有助于产品成长分的提升。

图 3-33 产品成长管理页面图

(3)打造爆款。爆款可以降低企业的推广成本,为企业增加利润,一般对店铺中询盘量高的核心产品进行打造。企业利用数据分析结果确定核心产品用哪些关键词去推广(确认关键词、组建词表),组建词表后挑选热度高、竞争度低的关键词组合成标题,通过设置关键词优先推广这个核心产品后,产品搜索的自然排名会提升,并抢占 P4P 推广前五名。

3.零效果产品优化

零效果产品是指持续 15 天或 15 天以上,曝光量、点击量、反馈数和访客数均为零的产品,需要企业商家删除或完善。企业商家利用数据管家可以查看店铺中的零效果产品。对于零效果产品的优化一般有以下两种操作方式:

(1)基础操作。删除零效果产品。一般将超过 180 天的零效果产品直接删除。

(2)进阶操作。可以从改进零效果的主打产品、提升产品的信息质量分、改进关键词等方面进行优化。

五、数据优化建议

(一)优化点击率

阿里巴巴国际站是批发式的商业平台,需要展示供应商的实力,体现专业度,增加买家信赖度。产品有曝光,不一定有点击;无点击或点击量低,一般是产品所展示的内容并未吸引买家关注,搜索结果页面或者类目浏览页面中产品所展示的信息如图 3-34 所示。

图 3-34 搜索结果产品界面图

影响点击率的因素如下:

(1)产品图片的美观度和附加功能,如视频展示;

(2)产品名称的匹配与精准的定位;

(3)产品的参数:价格、MOQ、产品属性;

(4)是否开通信用保障服务,成单量、及时回复率、评价板块等信息也是采购商参考的因素;

(5)Trade Manager:通过信用保障服务彰显信用,提升成单量,提升及时回复率等;

(6)工作时间 Trade Manager 尽可能在线,同时 MOQ 可以设定为适合大多数买家需求的数量。

(二)优化转化率

1.影响单品转化率的因素

阿里巴巴国际站仅展示产品信息以及产品图片,不足以建立采购商与供应商的信任感。影响获得采购商信任并发送询盘的因素比较多,一般采购商在发送前都会浏览产品、公司旺铺等信息,很多买家会货比三家。所以,若要提升询盘量,可以优化产品、旺铺页等信息,同时提升服务能力及公司整体竞争力。

2.优化单品转化率的方法

(1)产品的标题匹配优化。匹配度不高很容易产生很高的询盘流失率。若要提升转化率,标题需要精细化,展示出产品的特性、优点等。

(2)产品的内页详情优化。通过对海外买家的实地调研、点击和询盘转化数据的建模分析,发现80%以上的买家寻找产品时都会查看产品页面,如果产品细节展示不够清晰就无法快速建立与买家的信任。

习题测验

(一)单项选择题

1.关于对零效果产品的优化分析,以下错误的是(　　)。

A.检查该商品的图片是否清晰

B.检查标题、关键词、属性等方面是否符合国外买家的采购需求

C.检查关键词是否有实际的搜索热度

D.检查产品信息是否填写完整

2.网站专业术语PV指(　　)。

A.每个访问者的页面浏览量　　　　B.页面浏览量

C.独立访问者数量　　　　　　　　D.重复访问者数量

3.影响产品曝光量和点击量的最主要因素是(　　)。

A.产品图片　　　　　　　　　　　B.产品交易信息

C.产品标题　　　　　　　　　　　D.公司信息

(二)多项选择题

提高产品曝光量的方式包括(　　)。

A.提升关键词覆盖率

B.优化产品排名

C.优化产品主图

D.充分利用P4P直通车、橱窗资源、顶级展位等资源

(三)判断题

1.为了提高产品的点击量,可以适当给产品主图添加边框来美化主图,吸引客户点击。(　　)

2.属性是否填全,对搜索结果无影响,若买家需要了解更多产品特征,可以在详细描述中查看或线下了解。(　　)

能力实训

优化产品信息质量

问题产品将严重影响产品自身排序及买家搜索体验,需要及时优化相关产品信息。任意检测店铺中的一款产品的信息质量分,然后根据检测结果,对相关内容进行优化,并再次检测,直至分数提升。

项目四

跨境电商 B2B 商机获取与管理

学习目标

能力目标

- 能熟练进行询盘处理和回复操作；
- 能熟练运用 RFQ 获取商机；
- 能熟练进行在线商务谈判。

知识目标

- 掌握询盘回复原则和询盘管理功能；
- 掌握 RFQ 的报价权益和获取方法；
- 掌握利用工具系统管理商机的方法；
- 掌握在线商务谈判类型与技巧。

素养目标

- 具备严谨报价和询盘回复的责任意识；
- 具备合作共赢的全球贸易共同体意识。

项目四　跨境电商B2B商机获取与管理

思维导图

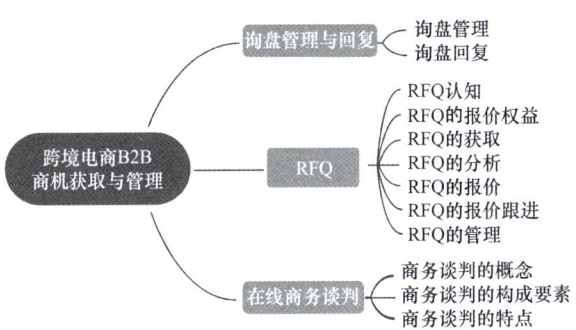

项目背景

杭州维丰实业有限公司跨境电商 B2B 运营专员南希在周经理的指导下,不断改进店铺推广引流方案,收到不少买家发来的采购需求,其中不乏量大的需求,但也存在一些无法匹配的需求。2021 年 5 月,鉴于南希的优秀表现,公司决定让南希转为跨境电商 B2B 销售专员。周经理建议南希挑选合适买家回复报价,并对收到的询盘整理归档,希望南希可以利用国际站提供的采购直达(RFQ)服务更好地完成订单转化,赢取更多高质量买家。

任务分解

跨境电商 B2B 销售专员南希的工作任务包括：
任务1　询盘管理与回复
任务2　RFQ
任务3　在线商务谈判

任务完成

任务1　询盘管理与回复

南希在周经理的指导下,通过站内推广结合站外社交网络媒体推广方式给店铺引流,收到了第一批客户的询盘。通过调研和学习,她熟悉了询盘管理方法与回复原则,并通过登录阿里巴巴国际站后台掌握询盘管理的基本操作与客户初次询盘的回复。在明确任务后,她开始着手逐步完成。

【Step1】查看收到的询盘

在阿里巴巴国际站,询盘的位置在"My Alibaba"→"商机管理中心(询盘)"→"询盘"。

在南希收到的第一批询盘中,其中一封是关于环保旅行咖啡杯(Eco-Friendly Coffee Travel Cups)的询盘,如图 4-1 所示。

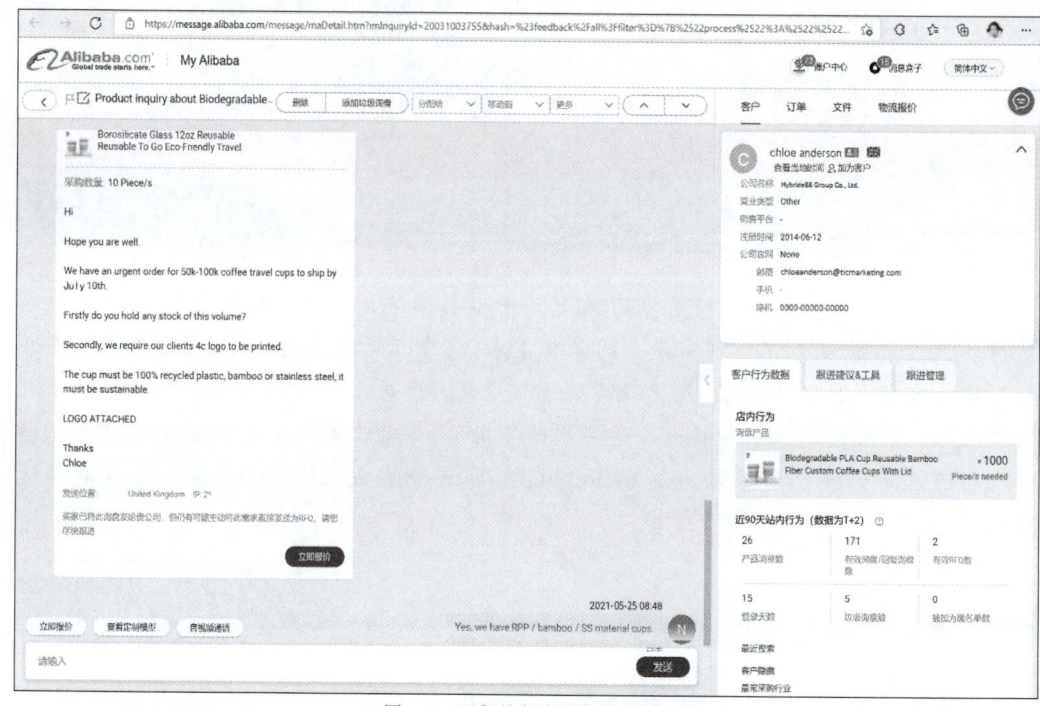

图 4-1　环保旅行咖啡杯询盘图

【Step2】询盘分配

杭州维丰实业有限公司根据买家区域不同将询盘分配给对应区域负责人。按照周经理的安排,南希主要负责来自欧洲客户的询盘,周经理用管理员账号给南希演示了如何将英国客户 Chloe Anderson 的询盘分配给她。

首先,用管理员账号分配询盘,选择"询盘"→"询盘分配",如图 4-2 所示。

其次,分配完成后点击确认,如图 4-3 所示。

项目四 跨境电商B2B商机获取与管理

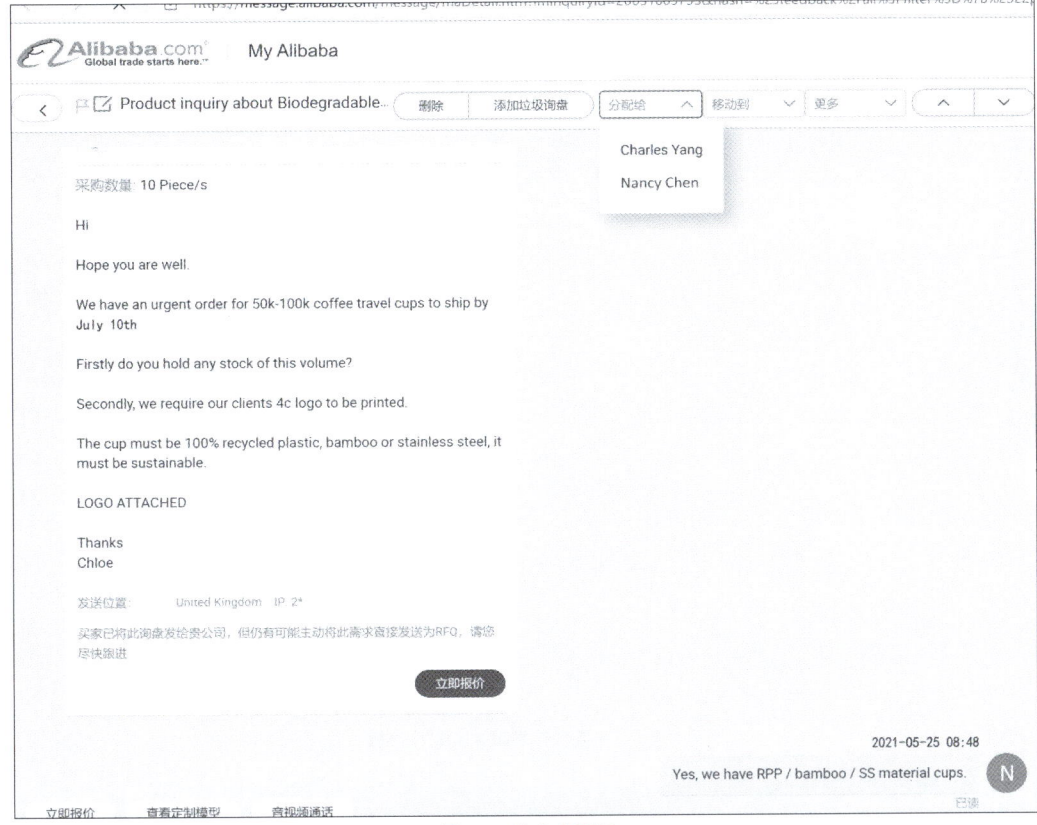

图 4-2 询盘分配图

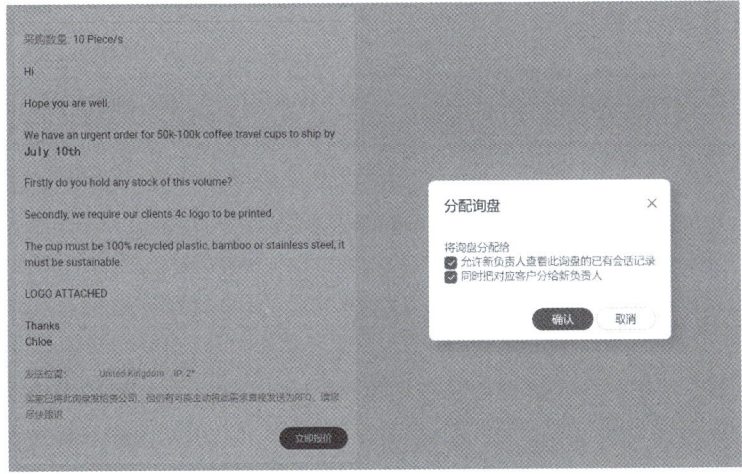

图 4-3 询盘分配确认图

【Step3】询盘分析

首先,查看询盘管理界面当中的买家信息并进行分析。

买家信息包括 TM 状态、客户商业身份认证、客户添加情况、客户国别,如图 4-4 所示。

107

图 4-4　询盘管理-买家信息图

南希对环保旅行咖啡杯询盘的客户信息进行分析,该客户来自英国,TM 当前不在线,在阿里巴巴国际站平台进行过商业身份的认证,已经添加进入"我的客户",如图 4-5 所示。

图 4-5　环保旅行咖啡杯买家信息图

其次,分析询盘内容。

根据图 4-6 所示询盘内容,该询盘客户的需求产品为 5 万~10 万个环保旅行咖啡杯,杯身需要印上客户 4C 标志,产品材质要求是耐用的且 100％环保材料(再生塑料、竹制或者不锈钢)。

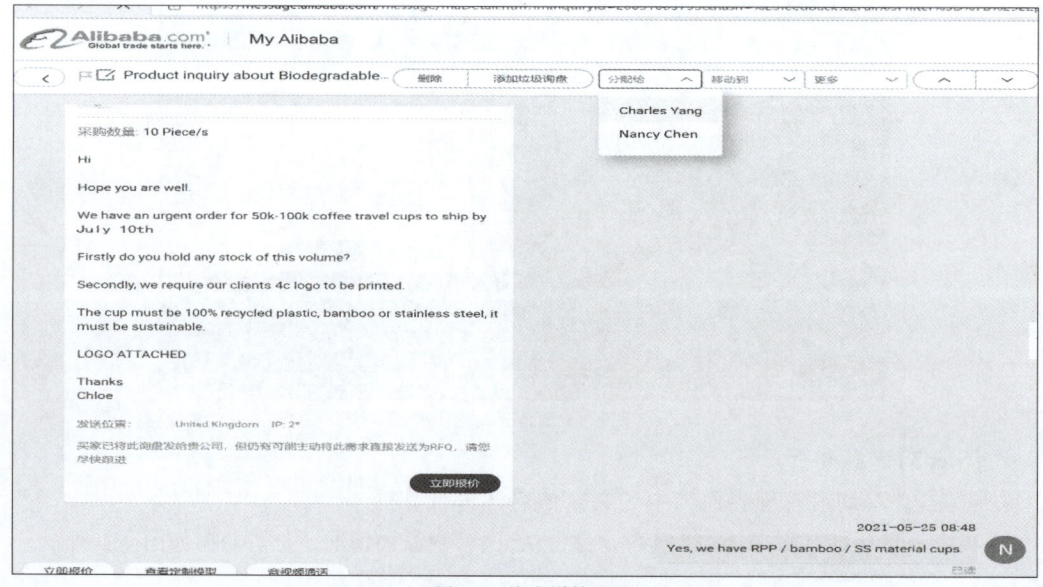

图 4-6　询盘详情图

数据指标
概念介绍

【Step4】询盘回复

首先,进入询盘,针对客户询盘内容进行回复。

根据图4-6客户询盘的内容,南希进行回复,告知客户有符合要求的RPP/bamboo/SS材质杯子。

客户在询盘中向南希索要更多产品实拍图,并跟南希确认产品报价为全套包含有Logo的玻璃杯子、硅胶杯盖和定制包装的 FOB Ningbo USD 1.55,如图 4-7 所示。

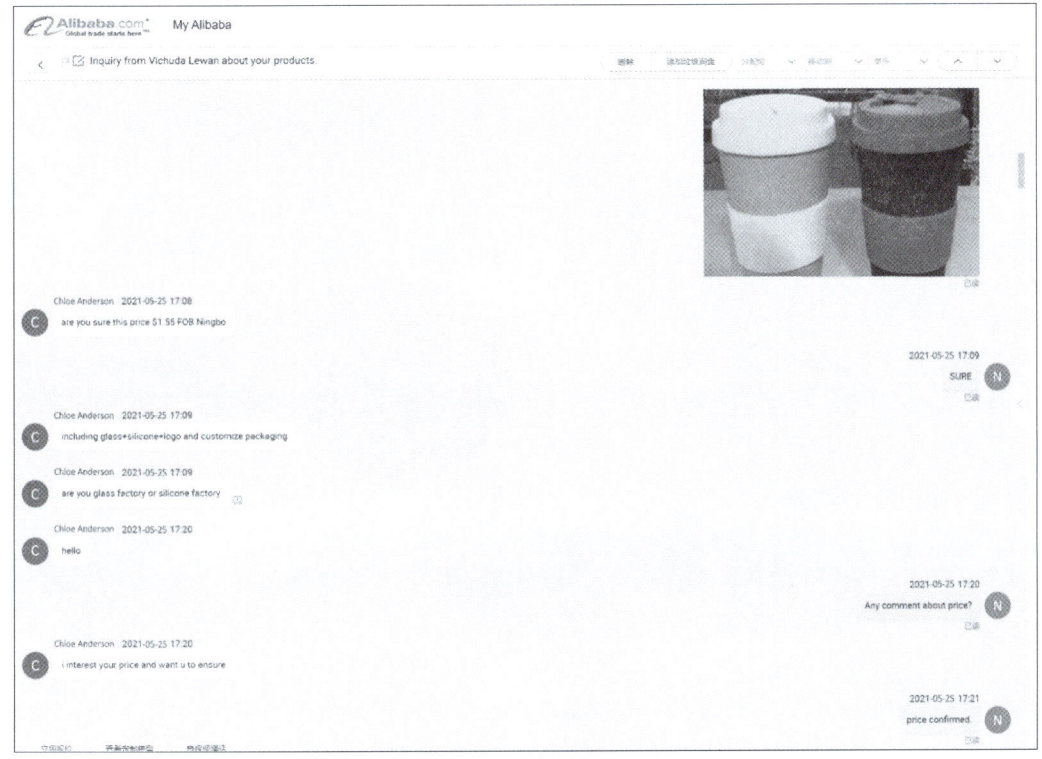

图 4-7 询盘详情图

客户发来地址与邮编后,南希立即进行查询,样品送至客户要求地区的运费在 55 美元左右,南希将该消息回复给客户 Chloe,如图 4-8 所示。

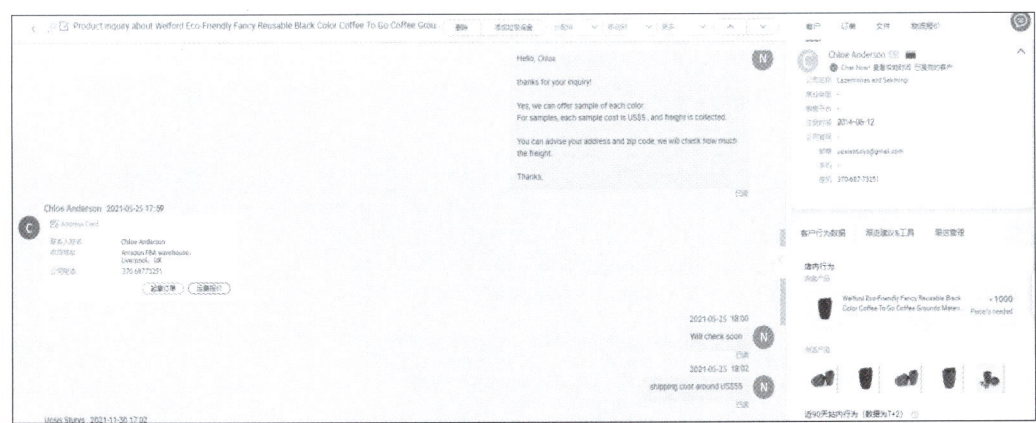

图 4-8 询盘回复图

其次在磋商阶段，南希与客户就价格、包装等主要条款进行在线谈判，如图4-9所示。

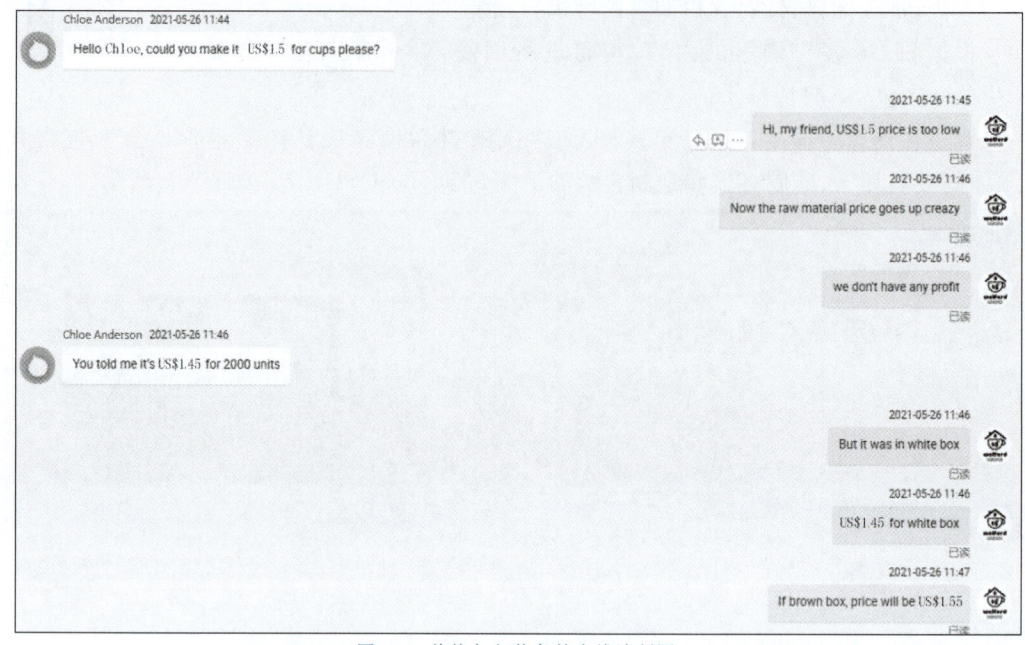

图4-9　价格与包装条款在线谈判图

【Step5】询盘管理

首先，通过询盘模块实现客户管理。

南希进入商机管理中心（询盘）之后，根据图4-10对应位置模块分别进行管理。

模块1：所有询价单状态更新为"洽谈中"。

模块2：询价单的菜单栏，包含垃圾询价、已删除询价。

模块3："已加标记"的筛选项，直接筛选出一个添加标记的询价单。

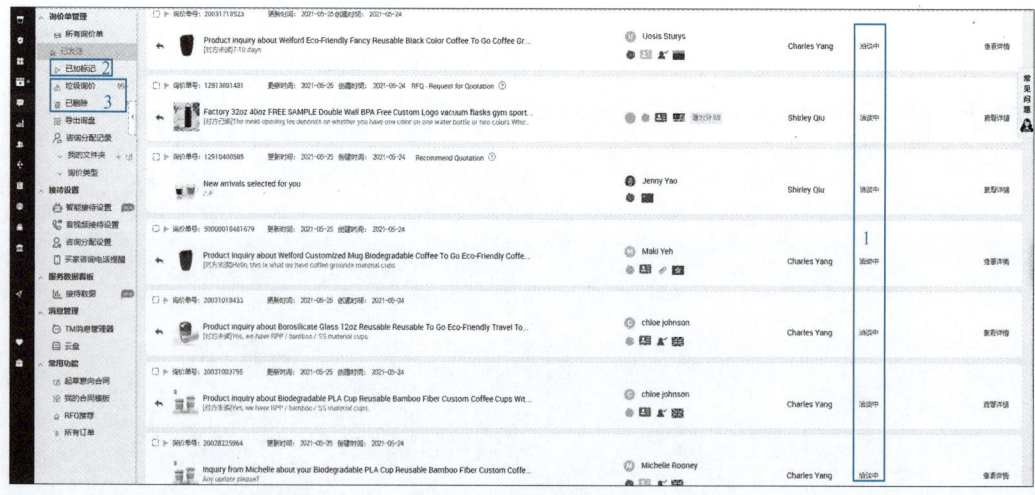

图4-10　询盘管理模块图

项目四 跨境电商B2B商机获取与管理

南希添加了客户 Chloe,并对询盘加标记,如图 4-11 所示。

图 4-11 已加标记询盘图

其次,通过客户档案掌控买家动向,如图 4-12 所示。

图 4-12 客户行为数据图

南希在客户档案中查看客户行为数据,关注客户近期活跃度,掌控买家动向。

周经理告诉南希除了回复客户的询盘之外,还要查看客户采购需求并进行分析,及时报价,建立联系。通过调研和学习,她了解了 RFQ(Request For Quotation,采购直达)的报价权益,并通过登录阿里巴巴国际站后台,掌握 RFQ 的获取途径并进行分析。南希准备在分析后开始尝试报价,建立与客户的联系。

【Step1】获取 RFQ

第一步,通过系统推荐、RFQ 市场搜索、自我定制三个不同途径,获取 RFQ,如图 4-13、图 4-14、图 4-15 所示。

111

图 4-13 系统推荐图

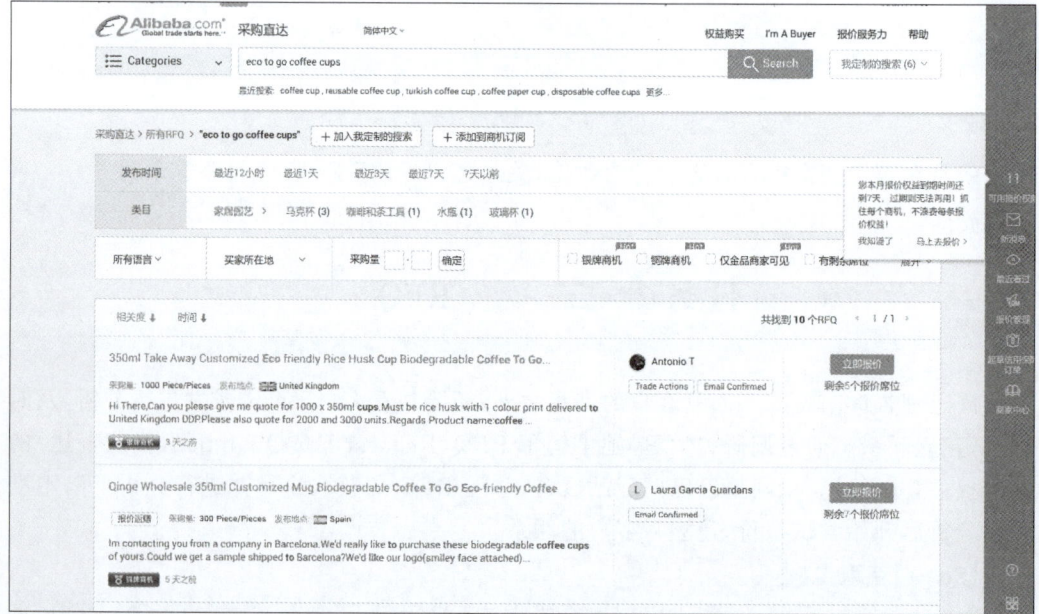

图 4-14 RFQ 市场搜索图

图 4-15 自我定制图

【Step2】RFQ 分析

首先,查看 RFQ 详情,如图 4-16 所示。

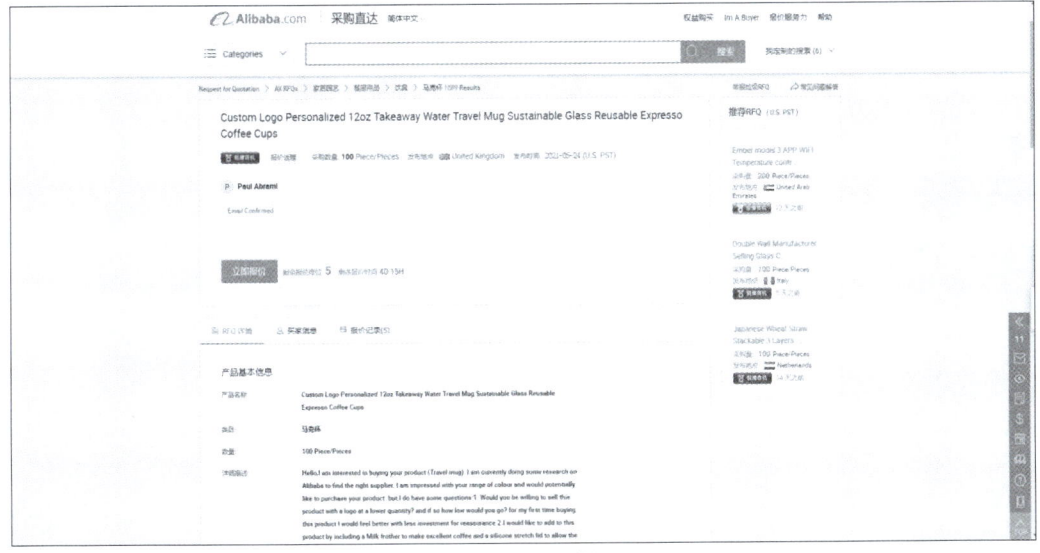

图 4-16 RFQ 详情图

其次,查看买家信息当中最近 90 天买家网站行为信息,如图 4-17 所示。

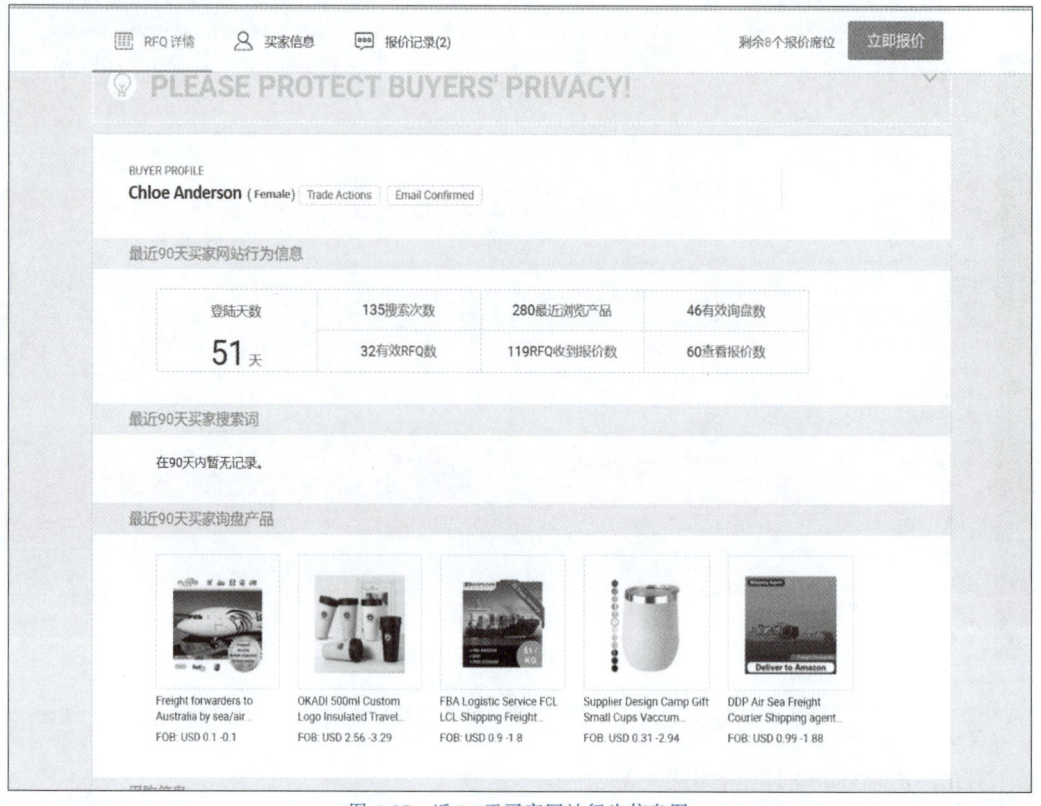

图 4-17　近 90 天买家网站行为信息图

【Step3】RFQ 报价

首先，选择"My Alibaba"→"商机沟通"→"报价管理"，查看 RFQ，并获取客户信息，如图 4-18、图 4-19 所示。

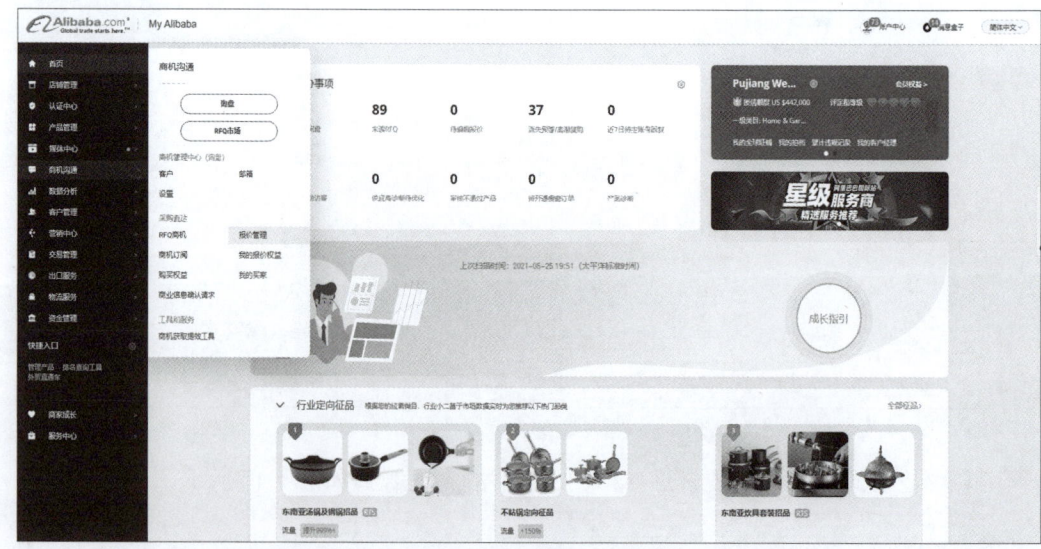

图 4-18　查看报价路径图

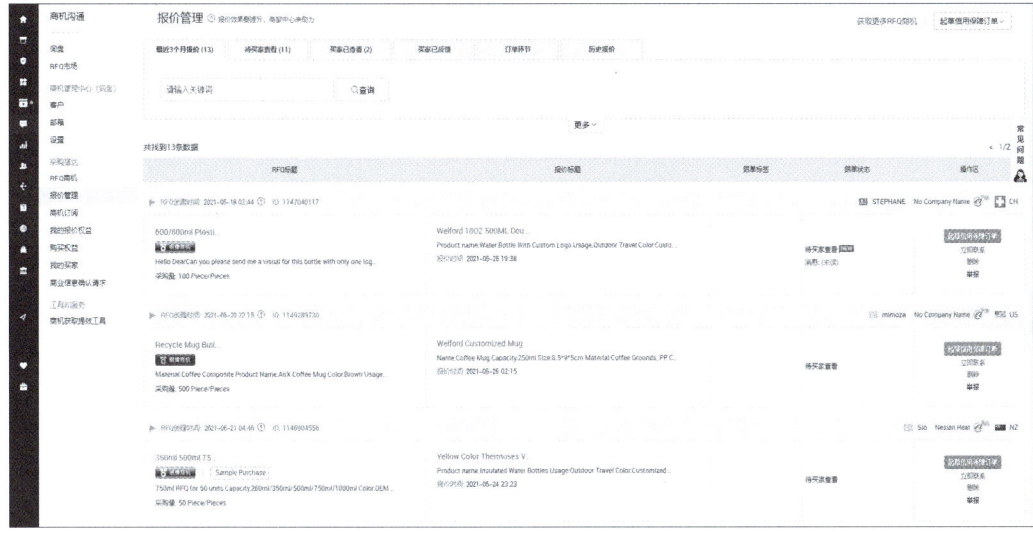

图 4-19 报价管理图

南希通过查看买家信息取得买家联系方式,如图 4-20 所示。

图 4-20 取得买家联系方式图

其次,填写产品名称、价格和给买家的留言,尽可能添加产品目录册,然后点击提交报价,如图 4-21、图 4-22 所示。

图 4-21　报价详情图

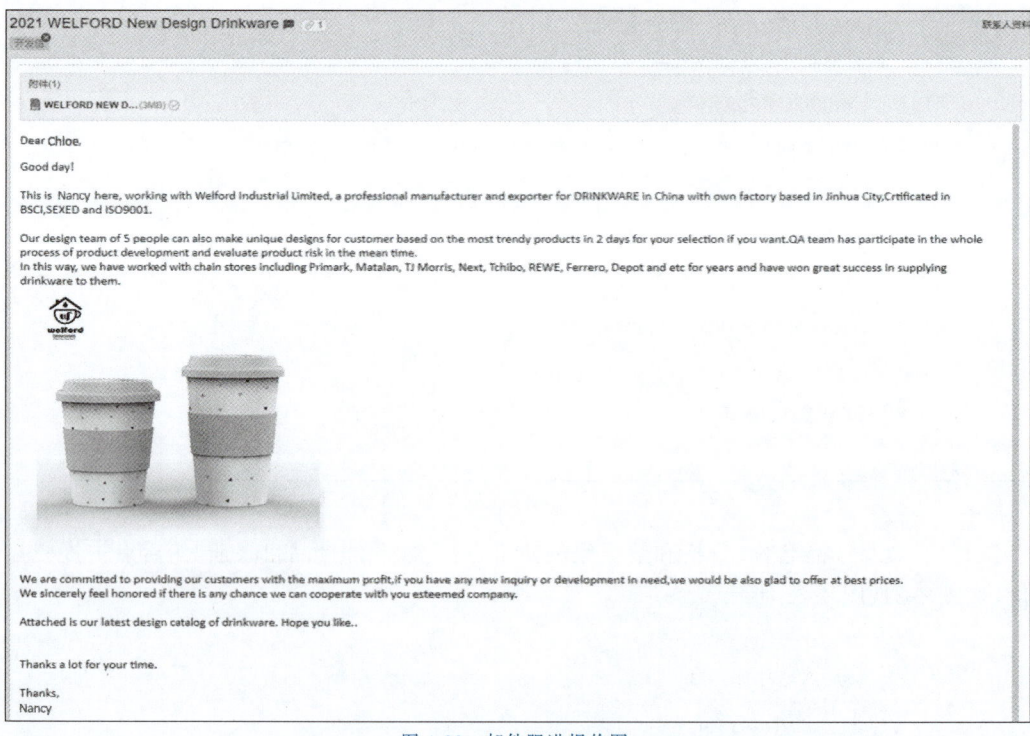

图 4-22　邮件跟进报价图

项目四 跨境电商B2B商机获取与管理

知识链接

一、询盘管理与回复

（一）询盘管理

1.询盘概述

询盘（Inquiry）又称询价，是指买方或卖方为了购买或销售某种商品，向对方发出的有关交易条件的询问并要求对方发盘。在国际贸易实际业务中，买方（进口商）一般主动和卖方联系，询问商品的交易条件。

阿里巴巴国际站询盘是指国内外买家通过阿里巴巴国际站，对供应商发布的产品或公司信息发送的反馈或询价，卖方可以通过"My Alibaba"→"商机管理中心（询盘）"→"询盘"，查看账户收到的所有询盘信息；也可以在千牛工作台中选择"商机 & 客户中心"→"询盘"；还可以在阿里旺旺国际版（Trade Manager）中点击"未读询盘"快捷键直接进入商机管理中心。

阿里巴巴国际站新版的"商机 & 客户中心"分为以下六个模板，对应的位置如图4-23所示。

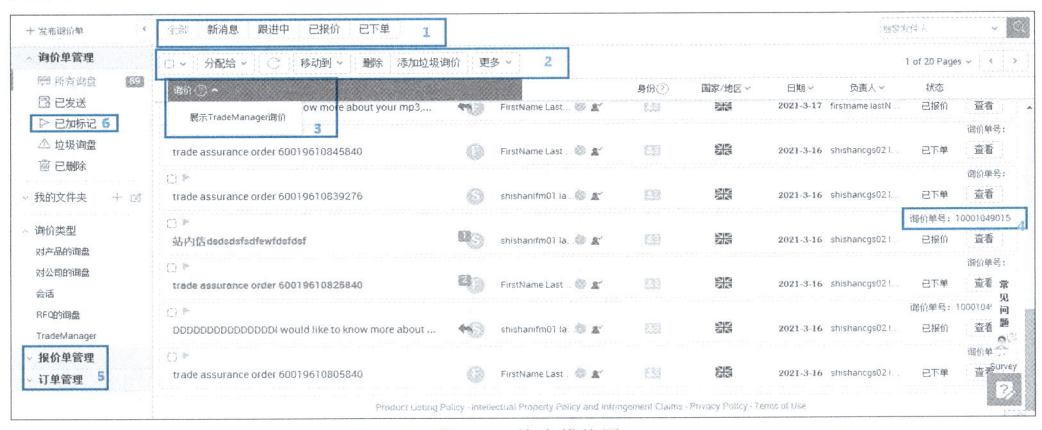

图 4-23 询盘模块图

模板1：询价单状态，包括全部、新消息、跟进中、已报价、已下单，可通过顶部导航进行筛选，快速定位到同类状态的询价单。

模板2：询价单操作栏，包括分配给、移动到、删除、添加垃圾询价、更多（包括设置锦旗、标记为已读、标记为未读、添加客户和翻译）。

模板3：展示询盘的其他来源。

Request for Quotation：RFQ类型的商机。

Recommend Quotation：系统推荐的商机。

Bonus Inquiry：信用保障订单奖励或积分兑换的商机。

Trade Manager：TM发起的商机。

Online Exhibition Inquiry：线上展会的商机。

模块 4：询价单号，快速定位某个询盘。

模板 5：左侧菜单"报价单管理""订单管理"选项。

模板 6："已加标记"筛选项，直接筛选出一件添加标记的询价单。

2.询盘管理

(1)实现客户管理

通过询盘和 TM 方式添加客户，并对客户按照分组、类型、来源、星级自行添加标记。

询盘可通过"移动到"按钮移动到相应的子文件夹中，每个账号可以建立 50 个子文件夹，最多展示 6 个，其他的通过点击"更多"进行查看。

询盘文件夹首先按数字、字母、中文排列，再按创建时间顺序排列，最新的在最前面。

实现客户管理的路径(图 4-24)有以下几种：

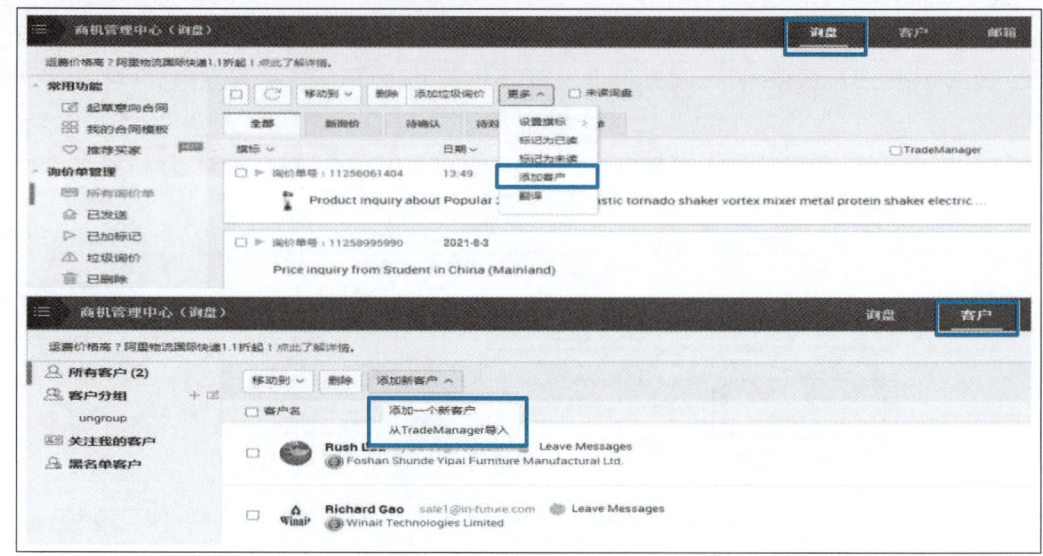

图 4-24　客户管理路径图

①从询盘中添加：如果收到新客户的询盘，在该询盘详细页面的左侧添加为客户。

②通过 Trade Manager 联系，且该客户是国际站会员：选择"My Alibaba"→"商机 & 客户中心"→"客户"→"添加新客户"→"从 Trade Manager 导入"，导入买家信息。

询盘管理功能

③手动添加客户：选择"My Alibaba"→"商机 & 客户中心"→"客户"→"添加新客户"→"添加一个新客户"，添加单个客户信息。

(2)掌握买家动向

在接收到买家的邮件后，即可在邮件详情页右侧看到客户档案，也可以在"商机 & 客户中心"的客户里面，通过标记和名称查找客户。点击客户名称可查看买家档案，包括公司信息、关键行为信息、互动信息、意向产品最新收到消息等。

可以通过访问数据、采购需求、贸易数据、询价数据和搜索数据这五个维度，计算买家近 90 天的活跃程度，从而判断买家的采购意向是否强烈，如图 4-25 所示。

图 4-25　客户档案图

注意：新版询盘管理中心下"所有询盘"指收到的所有询盘，即使对询盘进行移动分组也会在"所有询盘"下，未分组的询盘可以通过在"我的文件夹"下的"未分组"文件下找。

（3）询盘分配规则

询盘分配规则包括按区域分配和按产品分配。所有询盘分配及规则设置都是由主账号或管理员来操作的。主账号默认为管理员，子账号为销售专员。使用主账号登录，点击"询盘"选项，就可以查看子账号的邮件来往记录，从而掌握公司所有业务的进行状态，指导和监督销售专员。同时，管理员可以进行询盘分配。

①按区域分配：按区域分配好后，对应区域的买家发来的询盘给到对应区域的负责人。一个区域只能分给一个账号。没有负责人的区域对应的买家发来的询盘给到公司联系人。此时询盘分配和产品属于哪个账号是没有关系的。

②按产品分配：买家针对某一个产品发来的询盘，分配给该产品对应的负责人，若买家是针对公司发来的询盘，给到公司联系人。此时，不管客户来自哪个区域，只要这个产品是属于谁的，询盘就给谁。

注意：如果勾选了管理员账号，同一个买家的询盘自动分配给同一个销售专员处理（客户第一原则），则后续买家对不同销售专员负责的产品发询盘，都会自动分配给同一个销售专员处理，避免撞单。

实现路径："商机 & 客户中心"→"设置"→"询盘分配设置"，如图 4-26 所示。

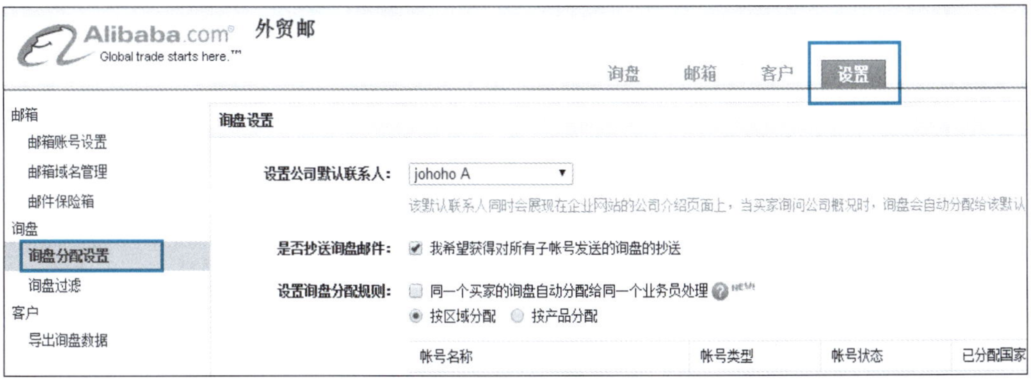

图 4-26　询盘分配设置图

询盘查看权限如下：

高级账号：管理员账号可以查看到公司所有询盘，销售专员与制作员账号只能查看自己的询盘，业务经理账号可以查看自己账号及所属销售专员账号的询盘。

普通账号（一达通操作员账号）：只能做一达通操作，无法查看及管理询盘。

注意：如果收不到对应的询盘，或者收到了不是自己产品的询盘，建议先核实下分配规则，特别是核实下客户第一原则的信息以及管理员是否手动分配了。

（二）询盘回复

询盘主要分为一般询盘和具体询盘。一般询盘只是针对商品做一个整体了解，通常会索取价目表和目录等材料，并表明下订单的可能性；而具体询盘则是打算购买特定的产品，通常会要求卖家报价，并询问有关支付方式、折扣、交货时间等方面的信息。

询盘对于询盘人和被询盘人均无法律上的约束力，但询盘往往是交易的起点，所以要慎重使用和对待。被询盘一方应对接到的询盘予以重视，并进行及时和适当的处理。

1. 询盘的回复内容

简短地重复询盘内容和日期并表示感谢，回答买家提出的问题，适当提供买家索取的材料并展示自己的专业度，引导买家尽快下订单，表明积极促成业务的态度。

目前有以下几种常见回复途径与方式，建议使用第一种：直接在询盘管理中心回复询盘。

（1）询盘管理中心回复询盘

第一步：定位需要回复的询盘。直接在询盘管理中心，筛选出未读消息，如图4-27、图4-28所示。

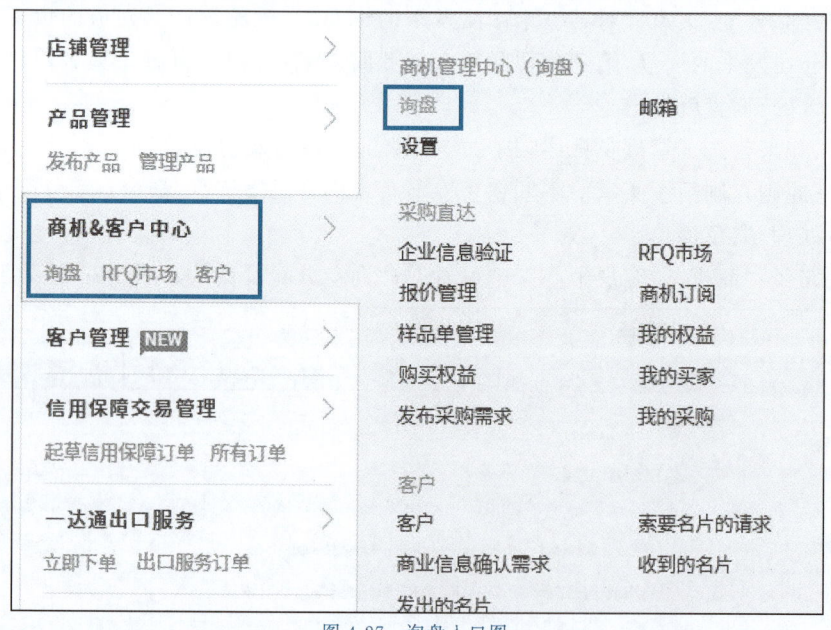

图4-27　询盘入口图

项目四 跨境电商B2B商机获取与管理

图 4-28　未读询盘图

第二步：查看详情后，在页面右下方就可以直接回复该条询盘，如图 4-29 所示。

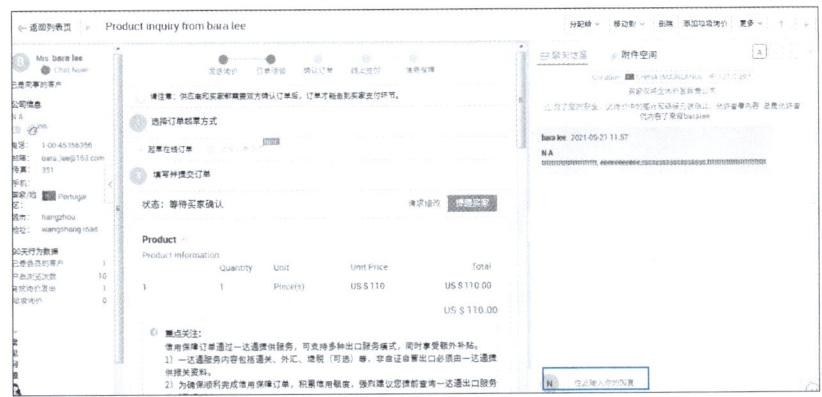

图 4-29　询盘回复图

(2)邮件管理回复询盘

如果使用的是注册邮箱/备注邮箱管理询盘，收到询盘后都会有一封询盘通知信发送到对应的邮箱中，直接点击邮件中的"Reply Now"即可跳转到商机管理中心回复询盘，如图 4-30 所示。

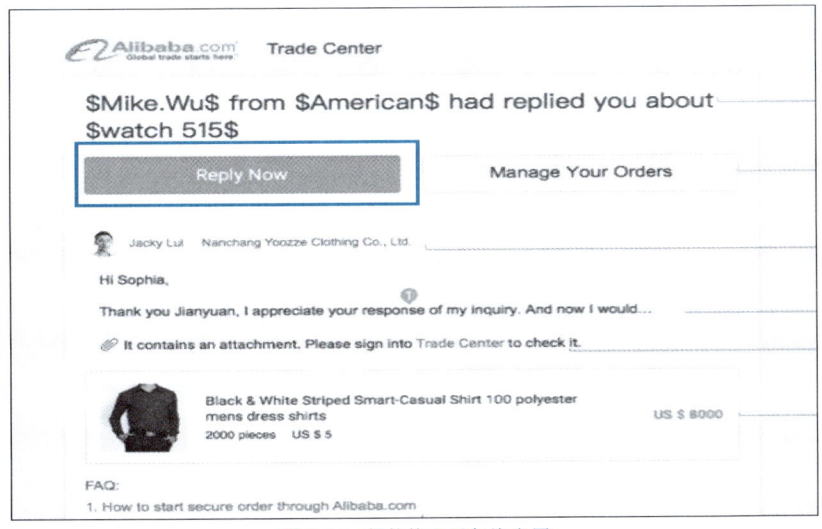

图 4-30　邮件管理回复询盘图

(3)登录千牛回复询盘

在千牛工作台模式下,点击"商机管理",也可以实时查收并回复客户询盘,如图4-31、图4-32所示。

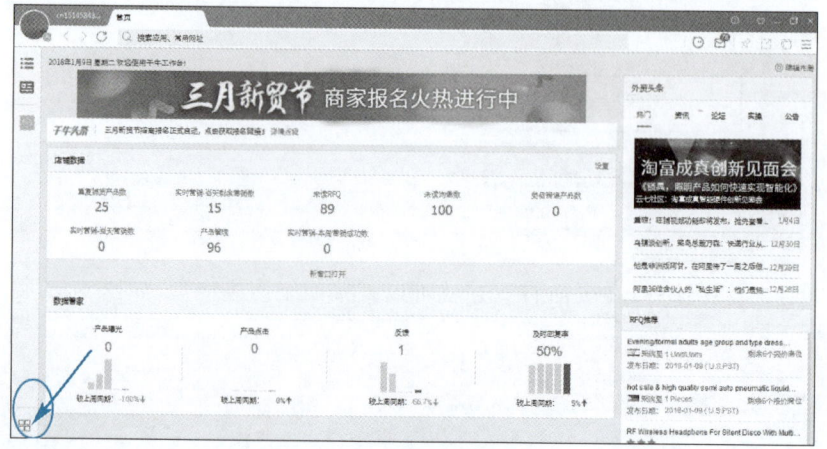

图4-31 千牛回复图

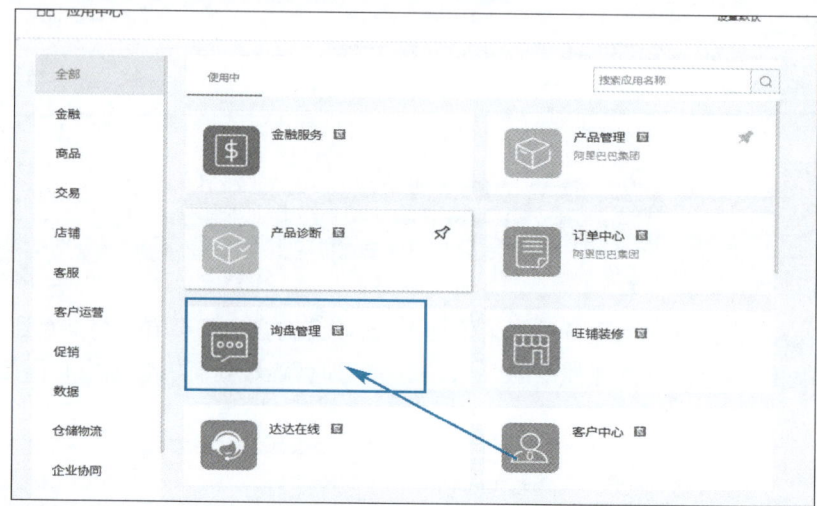

图4-32 千牛询盘管理入口图

2.询盘回复三大原则

(1)针对性

在询盘回复时一定要理解买家在询盘中提出的问题,有针对性地提供买家索取的资料或者信息,展现自己的专业度。

(2)及时性

询盘回复一定要及时,如果不能及时回复,就会给买家留下怠慢和不专业的印象。通常,买家会同时向多个卖家询盘,先回复的卖家有更多机会赢得订单。

询盘回复原则

(3)专业性

回复询盘时,要准确地回答买家的问题。如果买家询问技术指标,那么可以向技术人员或工厂咨询之后再回答;如果买家定制新规格的产品,那么应该仔细核实和计算之后再回答;如果买家询问交货期、支付条件、包装运输方式、通关与关税等具体问题,那么应该准确了解之后再回答。如果给客户留下不专业的印象,那么基本上没有希望再获得订单。要适当突出公司的优势,在一般情况下,能吸引买家的优势包括多年生产或外贸经验、发货期短、绝对的价格优势、专门的设计团队等。

另外,询盘可以多次跟进,特别是一些国外的重大节日,可以给买家送去节日的祝福,增进感情交流。

3.询盘回复技巧

(1)及时回复率

及时回复率(Quick Response),是指询盘及时回复以及Trade Manager及时回复的整体比例,体现了卖家的服务态度与意愿。

$$及时回复率=\frac{询盘24小时内的回复数+Trade\ Manager1小时内的回复数}{卖家过去30天收到的买家询盘数总和+30天内收到的所有Trade\ Manager咨询数}$$

①询盘及时回复率,是指30天内收到的所有有效询盘,在24小时内被供应商回复的占比。其中,有效询盘是指买家针对供应商的产品信息和公司信息发送的询盘,不包括垃圾询盘和退回询盘,并且会去除同一买家24小时内发来的其他询盘,去除在垃圾箱、询盘为删除状态、被退回的询盘,去除注册地和发送地为CN的询盘,去除买家账号在24小时内被disable的询盘。

②Trade Manager及时回复率,是指30天内收到的所有有效的Trade Manager咨询,在1小时内被供应商回复(去除自动回复)的占比。其中,有效的Trade Manager咨询,是指去除同一天内的重复咨询、排除注册地/发送地为CN的咨询、去除拉入黑名单的咨询、去除买家通过手机端发送的消息。

③关于及时回复率,需要重点注意的是:

- 及时回复率包含询盘+Trade Manager咨询,要想数据好,两边都要好。
- 自动回复不算及时回复。
- 及时回复率是公司整体的情况,不看单一子账号,看公司所有子账号的回复情况。
- 只有供应商公司的主账号才能进行开通和关闭的操作。
- 及时回复率不算询盘数,只算买家数。
- 注册国家和发送IP为CN的都不算在及时回复率里。
- 当1个客户在同一天内[太平洋标准时间(西部时间)的一天]发了多个询盘时,只需回复客户其中的一封,保证其中的一封询盘在24小时内回复即可。
- 对于不想回复的询盘,建议退回询价或者添加垃圾询盘,不要做直接删除询盘的动作,以免影响及时回复率。
- 如果把垃圾询盘恢复为正常询盘,那么这个询盘也需要在24小时内回复。询盘回复时间是从接收时间开始计算的,而不是从恢复为正常询盘的时间开始计算的。

④及时回复率展示位置。

卖家在后台查看/设置展示与关闭的路径是:登录主账号,选择"My Alibaba"→"店铺管理"→"贸易记录"→"及时回复率",设置"我要展示"或"取消展示",也可以在此页面中查看及时回复率。

在买家前台查看及时回复率的途径包括：在产品搜索页面，取得产品搜索页面的及时回复率展示；在产品详情页面，取得产品详情页面的及时回复率展示。

（2）同步询盘回复数据

同步询盘回复数据针对未使用阿里巴巴沟通工具（询盘模块/外贸邮）回复询盘的供应商，可以将自有的个人邮箱或者企业邮箱回复询盘的数据同步对接到阿里巴巴系统，从而统计询盘及时回复率的功能。同时需要注意以下几个方面：

"同步询盘回复数据"功能只用于统计询盘及时回复率，邮件的信息安全受法律保护不会展示。

同步询盘回复数据是给予在阿里巴巴平台外的供应商统计及时回复率的替代方案，但因为个人邮箱等外部邮箱在阿里巴巴统计都有不确定性，所以数据的准确性不能保证。因此，还是建议使用阿里巴巴后台进行询盘处理，以保证数据的准确性。

设置同步询盘回复数据以后，系统抓取的是企业邮箱网页版发件箱中的内容，务必保证邮件回复记录在企业邮箱网页版发件箱中有保留，否则即使设置了同步询盘回复数据，系统在发件箱中也抓取不到回复的记录（通过 Outlook、Foxmail 等客户端回复可能会有此情况）。

（3）客户的询盘心理

①A 类询盘

A 类询盘具有如下特点：

(a)有称呼。这是比较仔细、有礼貌的客人，会一一打上收信人的称呼。

(b)明确告知他对什么产品感兴趣，要求进行报价，可能会具体到数量、规格、包装、产地、质量标准、交货时间、提供相关证书、到货港口等。这代表他是有诚意来买东西的。

(c)简单介绍他们公司的背景。这表示他有心引起你的关注，愿意多让你了解他一点。发送这类询盘的买家，采购意向一定是非常明确且强烈的，至于是否迫切，则要进一步通过沟通去发掘。

A 类询盘是企业应放在第一优先级处理的询盘。

A 类询盘的买家分析：采购需求明确；多是专业的买家，对产品、行业了解，他们对供应商的专业性有要求；对价格敏感，同时也注重产品的品质。所以，在回复中要处处体现自身的专业，以及对产品的了解。

A 类询盘的回复要点如下：

(a)通过买家对自己的介绍，侧面了解买家信息，比如上网搜索对方的公司名称，登录对方的网站，了解买家的规模、性质、经营范围等。

(b)直接报实价，随着电子商务的发展，一个询盘只发给一个供应商的情况少之又少，货比三家是常态。A 类询盘的买家可能没时间来跟每一个卖家讨价还价，同样的品质，如果某个企业的价格偏高，可能就直接被买家排除在外了。

(c)买家在询盘里询问的内容，务必一一回答。

(d)买家没有询问到的基本信息也要展示出来，如：产品图片、产品名称、货号、参数规格、认证信息、单价、数量、付款方式、包装、发货期限、运输时间等。

(e)如果买家询问的产品有好几种型号,可对各种型号分别报价,做足功夫,方便买家进行选择。

(f)多用产品的专业术语和贸易上的专业术语,展示专业性,让买家可以放心购买。

(g)响应迅速,否则其他卖家可能就捷足先登了。

(h)请客人不管价格能否接受,都给予回复,因为这有助于企业了解有待改进的地方。

②B类询盘

B类询盘具有如下特点:

(a)买家明确告诉卖家他对什么产品感兴趣,要求卖家报价。

(b)除(a)项之外没有其他信息了。这类买家往往仍处于观望和比价状态,采购意愿并不强烈;或者本身并不是非常专业的买家。

B类询盘可以放在第二优先级处理,但千万不要轻视。待B类询盘的买家确定了自己的需求之后,前期卖家付出的努力会带来好的结果。

B类询盘的买家分析:只对自己要什么产品明确,往往是对市场探求、了解行情的阶段。如果是经销商,他很可能还没有拿到他的客户的订单。这类买家需要卖家去引导,设好选择题,让他选择,不要等着买家告知他要什么。可能这条询盘他已经发给了多家供应商,那么,这就要考验卖家的响应速度了,越先到达对方的回盘,越占商机。

B类询盘的回复要点如下:

(a)不要以为买家对数量等不明确,卖家就可以在报价上偷懒了,专业的报价单在任何买家眼里都是一个加分项。

(b)可采用梯度报价,采购数量不同,价格不同,帮助买家决定采购数量。

(c)推荐1~2种类似产品,给予简单报价,并告知买家,如有兴趣,可以为其做详细介绍。争取第二次联系的机会。

(d)请买家不论有任何需求,都能给予答复。

(e)对这样的询盘要有心理准备,报价后很有可能很久得不到回复。这时,应给买家留出时间,因为他可能在等待他的客户的回应,或者为以后的采购做准备。可在报价后的1~2周内再发一封邮件,询问情况并表达对该订单的重视。

③C类询盘

C类询盘往往只告知买方对产品有兴趣,希望卖方发报价单,但是在采购的方向上非常模糊。这类客户可能并不清楚自己到底要什么。

C类询盘的买家分析:通常是当地的经销商,采购什么取决于他的客户要什么。这类买家需要卖家专业的介绍和推荐,转而介绍和推荐给他的客户。

C类询盘的回复要点:

(a)对公司的介绍可以详细一些,介绍卖家可以为买家提供什么样的产品、什么样的服务。

(b)推荐卖家最有优势的产品,如价格最优的、质量最好的、最适合当地市场的、交货期最快的产品等,并对每一种产品都做出详细介绍,如产品的图片、型号、参数规格、认证信息、单价、最小起订量、包装等,让买家去推销给他的客户。

(c)表达如果买家需要样品,卖家可以提供,争取第二次联系的机会。

(d)这样的询盘需要等待的时间比B类询盘更长,第二次跟进时不要直接询问上一次的报价如何,因为这个阶段他可能还在等他的客户做出决定。可以问候一下,顺便告诉买家,请他有任何消息第一时间让自己知道,有任何对于其他产品的需求,也请第一时间让自己知道,如果期间企业有新产品上市,可以顺便介绍一下。

④D类询盘

D类询盘具有如下特点:

(a)上来就要样品或邀请函、投资信息等。

(b)对产品和自己的公司只字不提。

这类询盘不排除骗样品和邀请函的情况,放在最后处理。

D类询盘的买家分析:不是真正的买家的可能性较大。可尝试回复一次,如果对方不提产品,只要邀请函或样品,基本可以放弃,不要浪费时间在这样的询盘上。

最后,来自不同国家的买家的关注点是不一样的。比如:欧美买家注重产品的质量、认证,所以在报价时,把产品的质量信息、认证信息放在首位,重点突出产品的质量优于别人;中东、非洲买家注重价格低廉,回复时先报最便宜的产品,并把价格放在最前面。这些技巧要渗透到上述四类询盘回复的过程中。

4.询盘回复的沟通模板

(1)在没有收到询盘时,可以主动发信推广自己的产品。

注意:要告知对方你的信息源,进行自我介绍,表达合作的意愿。

例

Dear Sirs,

We learned from your store on Alibaba.com that you are in the market for arts and crafts.

We are ABC company, specialized in the export of arts and crafts. We attach a list of products we are regularly exporting, you can also visit our store on Alibaba.com. Should you be interested in any of our products, please let us know and we shall be glad to give you our best quotation.

We look forward to receiving your inquiry soon.

Yours sincerely,
(Your name)

(2) 推广促销活动

Dear ×,

Right now Christmas is coming, and there is a heavy demand for Christmas gifts. Here is our Christmas gifts link, please click to check them. All the products are now available from stock. Thank you for your consideration.

Regards,
(Your name)

(3) 回复一般询盘

Dear ×,

Thank you for your inquiry of May 5.

We have these items in stock, our products are both excellent in quality and reasonable in price. Right now, we offer a 5% discount for bulk purchase.

Thank you again for your interest in our products. If you would like to have more information, please let us know. We look forward to your early reply.

Best regards,
(Your name)

(4) 回复具体询盘

Dear ×,

Thank you for your inquiry of May 5 and we are pleased to send you our quotation for the goods you required as follows:

Commodity: Men's T Shirt in assorted colors. Item No. AC.101
Quantity: 100 dozens
Size: Large(L), Medium(M), Small(S)
Price: at $60 per dozen CIF Kobe, Korea
Shipment: in June, 2021

Payment: by irrevocable L/C at sight

This offer is subject to our final confirmation. If you find it acceptable, please let us have your reply as soon as possible.

Yours faithfully,
(Your name)

(5) 报价

注意：回复询盘和报价，可以适当谈及市场和供应条件，催促对方下单。

 例

Dear ×,

Thank you for your inquiry of May 5, at your request, we are making you, subject to your acceptance reaching us not late than May 10, the following offer:

"1000 sets of Color TV Sets, at USD 500 per set CIF Hamburg, Germany. Other terms and conditions are same as usual." As we have been receiving a rush of orders now, we would advise you to place your order as soon as possible.

Yours sincerely,
(Your name)

(6) 回应买家砍价

 例

Dear ×,

Thank you for your letter of May 17. As regards your counter offer, we regret we can't accept it because we feel that the price listed is reasonable and leaves us limited profit already.

However, in order to meet you on this occasion, we are prepared to grant you a special discount of 5% on condition that your order is not less than 1000 pieces.

We hope to receive your order at an early date.

Best regards.
(Your name)

(7)提供形式发票

> 例

Dear sirs,

Thank you for you letter of May 25, we are sending you here with the required Proforma Invoice in triplicate. Please note that our offer remains valid until November 15.

Please place your order as soon as possible, because we are running out of our stock.

Yours sincerely
(Your name)

形式发票(PI)的作用:形式发票列明了商品名称、规格、产地、价格、数量、付款条件、交货期、包装等内容,买家可以使用 PI 申请进口许可证和外汇,卖家可以使用 PI 进行报价,代替报价单。

二、RFQ

(一)RFQ 认知

1.采购直达的概念

RFQ(Request For Quotation,采购直达)是指买家在阿里巴巴平台发布采购信息,以寻找合适的卖家;供应商看到买家的采购需求后,根据买家要求及时报价以建立联系。采购直达服务能够在大幅度提升买家采购效率的同时,帮助供应商更好地完成订单转化,并赢取更多高质量买家。

RFQ概念解读

2.采购直达的服务流程

买家需求发布→需求审核→供应商报价→报价审核→买家查看→双方沟通。

3.采购直达的优势

(1)买家可以更快捷地找到适合自己的供应商。买家把自己的采购需求展示出来,可以获得更多供应商的报价,从而快速找到优质供应商。

(2)供应商可以主动寻找买家。通过采购直达,供应商可以直接掌握买家需求,然后经过分析发送报价,主动开发客户。

(3)方便报价与订单管理。RFQ 中有既定的报价表单,为供应商报价信息的整合提供了便利。利用报价管理可进行交易跟踪和客户管理。

(二)RFQ 的报价权益

1.基础报价权益

用户类型不同,所具有的报价权益也不同,销售专员需要根据自己的阿里巴巴国际站的类型和现有的权益,合理地进行 RFQ 的选择和报价,如图 4-33 所示。

用户类型	服务前提[注4]	报价权益[注5]	奖励权益	惩罚
出口通会员 [注1]	出口通服务正常履行中,且报价前规定时间内无违规及/或投诉记录	1. 报价对象:有效RFQ 2. 基础报价权益:20条/月[注6] 3. 报价修改:每条报价有一次修改机会,被判定为"主营不符"的报价除外	根据用户在采购直达 RFQ 市场的表现有额外报价权益等的奖励。(具体规则详见"激励规则")[注8]	当月累计差评≥3条时,于次月3日开始冻结报价权益7天
金品诚企会员 [注2]	金品诚企服务正常履行中,且报价前规定的时间内无违规及/或投诉记录			
阿里通行证会员 [注3]	报价前规定的时间内无违规及/或投诉记录,且已完成建站并已发布10个以上商品	1. 报价对象:有效RFQ 2. 基础报价权益:10条/月[注7] 3. 报价修改:每条报价有一次修改机会,被判定为"主营不符"的报价除外		
中国大陆免费会员 ("采购直达体验客户"[注9])	在规定时间内一达通新准入或信用保障新授信通过	1. 报价对象:有效RFQ 2. 基础报价权益:10条/90天 3. 报价修改:每条报价有一次修改机会,被判定为"主营不符"的报价除外 4. 每家供应商仅有一次体验机会		

图 4-33 RFQ 报价权益图

相关注释如下:

注1:即签署阿里巴巴国际站《中国供应商服务合同》或《金品诚企服务合同》,其合同有效存续并在正常服务中的中国(台湾等地区除外)阿里巴巴国际站用户。

注2:即签署《阿里巴巴国际站香港供应商服务协议》或《阿里巴巴国际站台湾供应商服务协议》或对应的《金品诚企服务合同》,其合同有效存续并在正常服务中的阿里巴巴国际站用户。

注3:即签署《采购直达市场商机服务合同》,订购商机服务基础包服务,其合同有效存续并在正常服务中的用户。

RFQ权益解读

注4:"服务前提"为用户享有服务权益的前提条件,不满足条件的用户将不能使用采购直达服务。

注5:"报价权益"指该类会员固有的报价权益。

注6:中国供应商用户拥有 20 条/月基础权益,每月 1 日发放,月底清零。

注7:购买商机服务基础包的会员,根据购买的产品包获取对应的每月报价权益。

注8:阿里巴巴将以公司维度计算用户在采购直达市场的表现,进而依据每月表现分发放奖励权益。

注9:采购直达市场会不定期举办相关活动,活动奖励可能包括报价权益,建议及时关注。加油包的购买请联系客户经理或通过线上购买。

2.市场奖励权益

RFQ 报价条数不是固定不变的,除了基础报价权益以外,还可以通过市场表现分奖励规则来获取自己的报价条数。市场表现分是指以分值的形式对用户(公司维度)在采购直达市场的表现进行衡量,市场表现越佳,分值越高。市场表现分衡量的因子包含 RFQ 报价量、RFQ 登录天数、买家好评率、平均报价响应时长、24 小时报价响应率、RFQ 入口提交的通关完成的信用保障订单量以及订单金额。

每月 3 日(美国时间),系统根据用户上月在采购直达市场的表现分奖励报价权益。用户根据表现分获取对应的奖励条数,如图 4-34 所示。

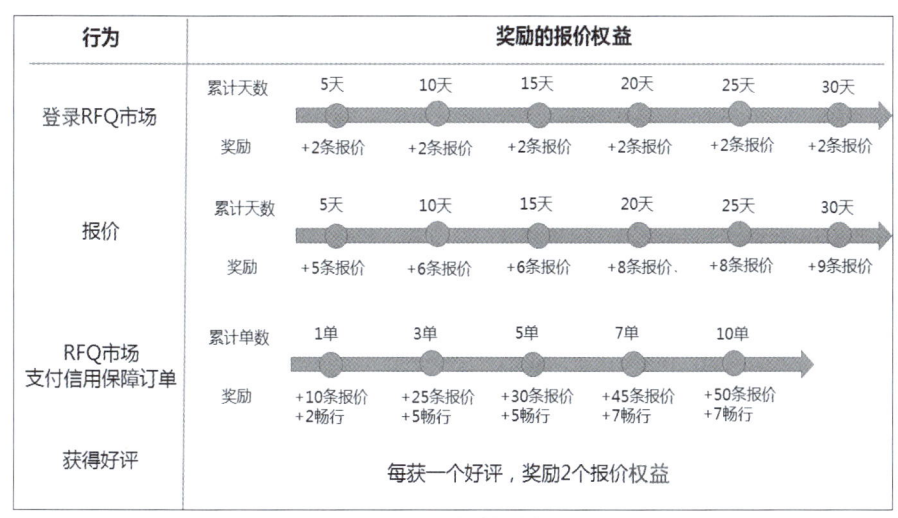

图 4-34　RFQ 奖励报价权益图

(三)RFQ 的获取

1.途径一:系统推荐

阿里巴巴国际站根据供应商在平台上展示的主营产品、主营类目,以及报价行为等信息,为供应商匹配最新的、与其产品和地区相符的 RFQ。供应商可以在采购直达频道首页直接获取推荐的优质商机,同时能收到邮件通知服务,提醒供应商前来报价,如图 4-35 所示。

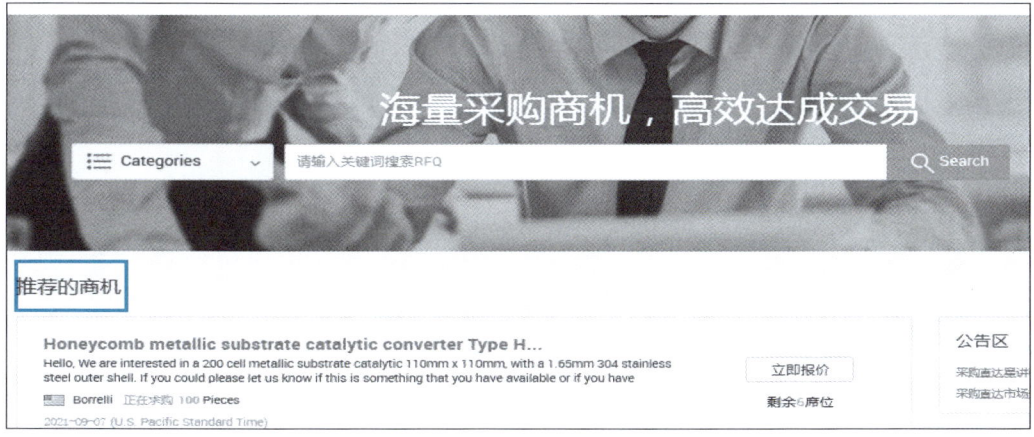

图 4-35　系统推荐 RFQ 图

2.途径二:RFQ 市场搜索

进入采购直达频道(sourcing.alibaba.com)后可直接在搜索栏中输入关键词,查找与该关键词相关的采购信息。主动搜索可以根据供应能力的变化查找 RFQ,不受经营类目和主营产品的限制,如图 4-36 所示。

图 4-36　搜索 RFQ 图

3. 途径三:自我定制

进入采购直达界面后,即可通过"+加入我定制的搜索"按钮把该关键词添加到"我定制的搜索"中。更换关键词可以单击"Delete"按钮,如图 4-37 所示。

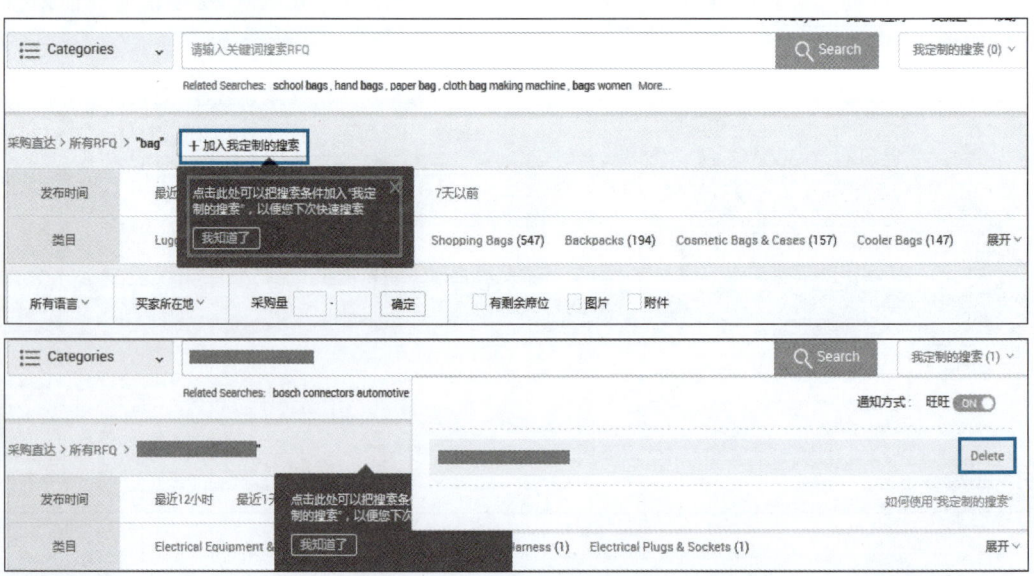

图 4-37　自我定制 RFQ 图

(四)RFQ 的分析

1.搜索展示

搜索展示是快速判断 RFQ 的第一关,如图 4-38 所示。

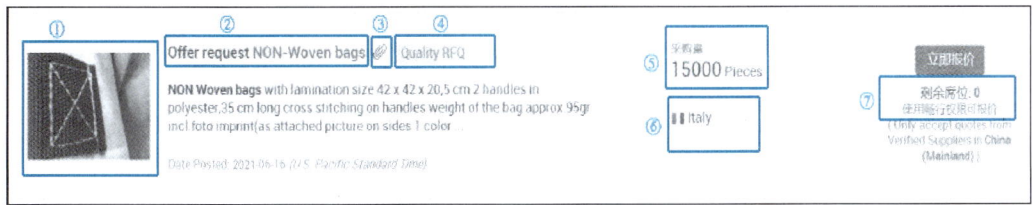

图 4-38　RFQ 分析图

(1)标①区域为买家样品图。

(2)标②区域为标题,可以从这里判断客户的需求是否和我们的供应相匹配。

(3)标③区域为该 RFQ 是否带有附件的标识。

(4)标④区域为 Quality RFQ 标识,表示该信息达到一定的采购金额,综合质量比较好。如果有手机图标标识,则说明客户是通过无线端发布的求购;如果有"Premier"标识,说明买家是通过认证的,更具备真实性。

(5)标⑤区域为买家意向采购数量。

(6)标⑥区域为买家国别。

(7)标⑦区域为剩余报价席位,当它为 0 时,代表已经有 10 个供应商完成了报价,除非使用畅行权限,否则就没有机会报价。如果采购产品、采购量和采购国家符合我们的要求,就可以双击标题做进一步分析。

2.详情校对

进入该产品的求购页面后,就可以查看更多细节,如图 4-39 所示。

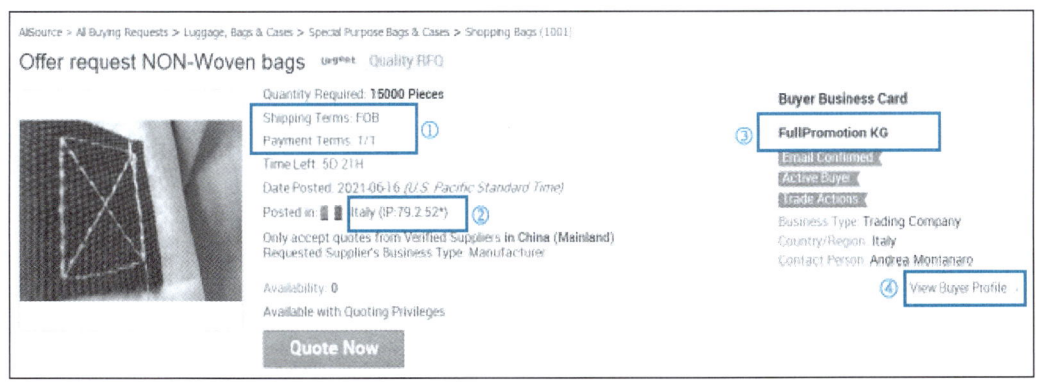

图 4-39　RFQ 详情校对图

(1)标①区域为贸易方式。显示客户指定的术语和付款方式,如果客户没有填写,则不显示。

(2)标②区域为IP地址。可以用ip38.com查询客户IP和位置是否一致,以规避套取报价的非正常竞争行为。

(3)标③区域为公司名称。用谷歌搜索客户的公司名称,可以初步判断客户公司是否真实存在,同时也了解一下客户的具体情况,为报价做好准备。

(4)标④区域为RFQ的报价细节,如图4-40所示。

图4-40是客户自主编写的信息,一般会编写清楚需求产品的描述、报价要求等,并会上传产品图片和文档等附件。通常,该部分内容越详细,RFQ的质量就越高。

```
RFQ Details                                          Report this RFQ

Detailed Description
Hello Everybody!
I'm Andrea from the company Full Promotion.We sell promotional items since 1994.
I need an offer for:
-15,000/20,000 pcs
- NON Woven bags with lamination
- size 42 x 42 x 20,5 cm
- 2 handles in polyester, 35 cm long
- cross stitching on handles
- weight of the bag approx. 95gr
- incl. foto imprint (as attached picture
- on sides 1 color imprint
Please give me following information:
1. FOB Price  2. port of loading  3. measurement of the cartons   4. pcs/ctn
5. weight/ctn  6. HS Code  7. sample costs  8. sample time  9. mass production time
Please let me know urgently.
Thanks
Ms. Andrea
Purchasing Manager

附件
```

IMG_0519.JPG

IMG_0525.JPG

IMG_0528.JPG

图4-40 RFQ的报价细节图

3.买家信息

获取更多的买家信息,根据买家采购偏好、频率等信息准确判断其此次采购的可行性,供应商就能够有的放矢地进行产品推荐和报价。阿里巴巴通过对买家的数据沉淀,已为供应商提供了相应的客户行为数据,可点击"买家信息"和"买家行为信息"链接查看。

如图4-41所示,买家信息包含采购RFQ发布者的"个人信息""采购信息""公司信息"。查看"个人信息"让商家明确是在和谁打交道,"采购信息"体现了对方所在行业和采购习惯,"公司信息"可以帮助我们了解买家公司的具体情况。

项目四 跨境电商B2B商机获取与管理

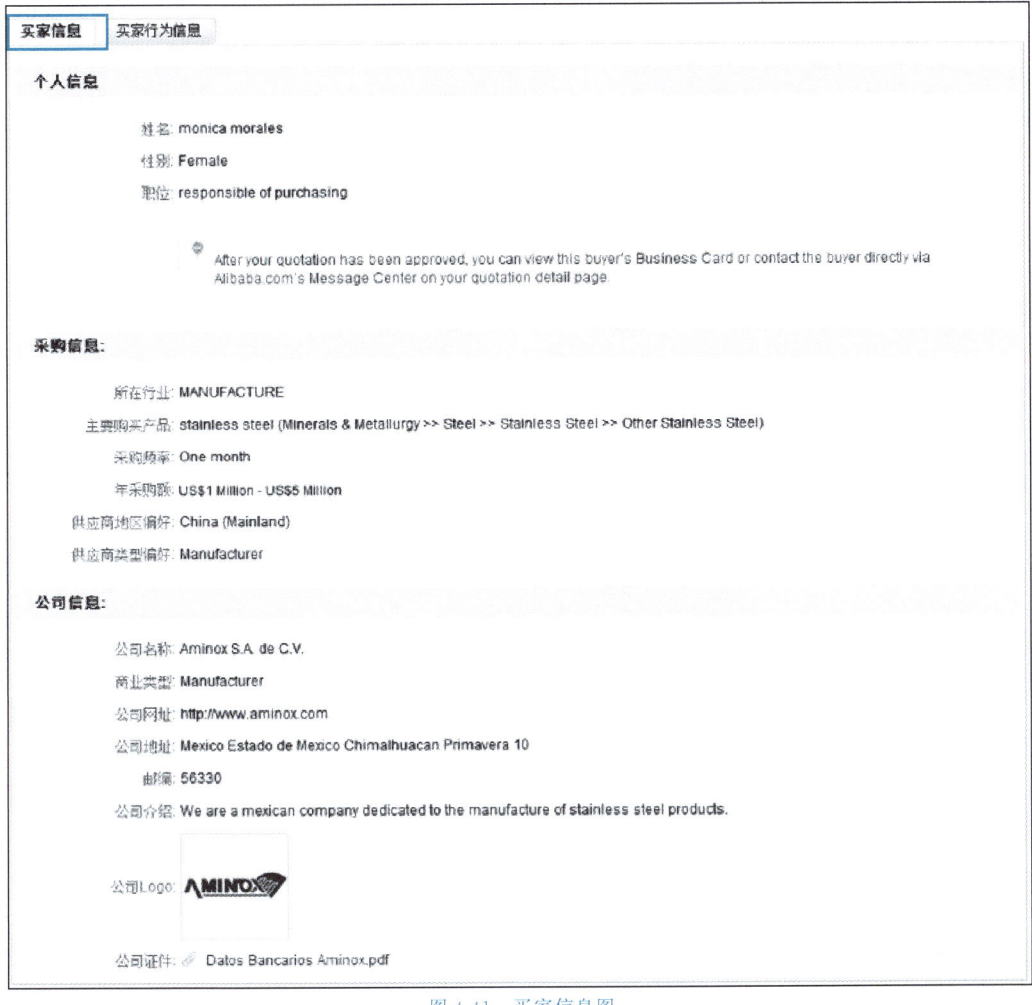

图 4-41　买家信息图

如图 4-42 所示,买家行为信息包含"最近 48 小时买家偏好""最近 90 天买家偏好""最近 90 天 RFQ 信息""最近 90 天买家网站行为信息"。

有了这些信息,报价时就能根据对方的性别、职位、采购惯例和公司情况等特征,应其所需,投其所好。

优质的 RFQ 往往能迅速收到十几条报价(包含畅行特权),很可能我们的报价就淹没在这些报价中,买家可以查看这里的报价记录,查看其他供应商的大概情况。

(五)RFQ 的报价

分析完 RFQ 和买家信息,除去质量不高和不能满足的信息后,对于产品匹配度高、采购需求明确的 RFQ 就可以报价了,我们虽然能看到买家的基本信息,但是没有买家的联系方式。点击"立即报价"(Quote Now)按钮,填写报价表单,就能对该 RFQ 进行报价。

135

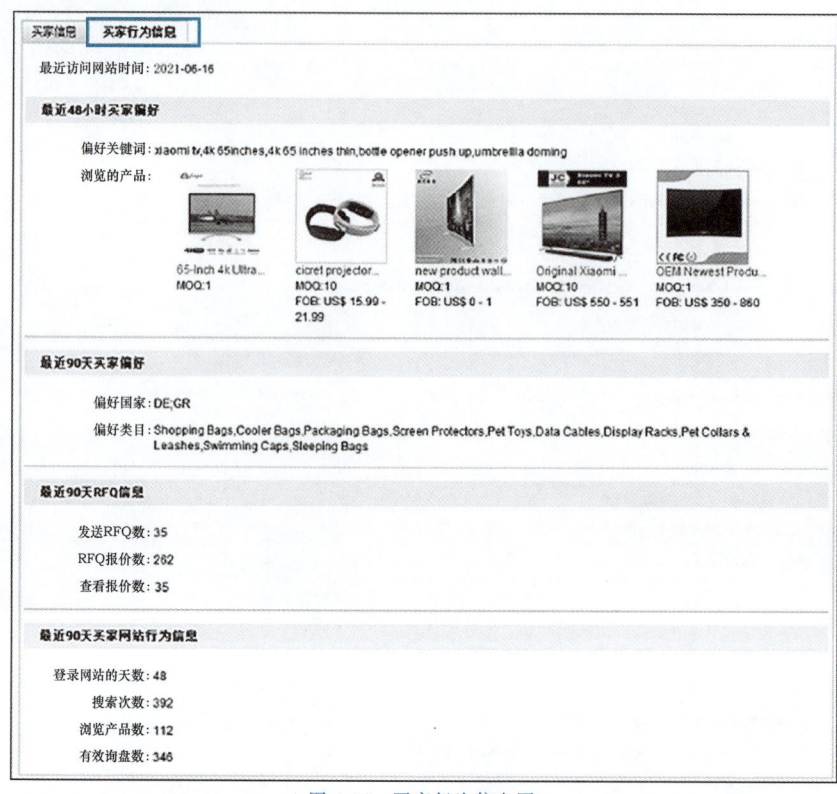

图 4-42 买家行为信息图

报价表单和我们常说的报价单不同,它是平台提供的回复 RFQ 的固定格式,其中标注"＊"号的为必填项,如图 4-43 所示。

1. 产品名称

产品名称需与买家的 RFQ 名称高度匹配,但最好不要完全一样。标题一定要提炼精华,吸引买家注意。另标题太长会让人失去耐心,最好不超过 50 个字符。买家是否点开我们的报价,取决于我们 RFQ 报价的主标题,标题一定要吸引买家,可以注明自己是工厂、出货快、工厂价格等信息。

2. 产品编号

产品编号是产品的公司内部编号,可根据编号规则编制,非必填项。

3. 产品细节

好的产品细节需要包含完整的产品描述说明、产品的卖点和优势,为顾客特别提出的问题予以答复,以及清晰明了的排版。具体内容可包含参数、型号、产品特征、产品用途、出口市场、相关认证等。虽然这一项可输入 8000 个字符,但过多的纯文字会让查看者难以抓住重点而失去耐心,最好控制在 200 个字符左右。

注意:请勿完全复制产品详情描述,结合买家需求提炼精华即可。

图 4-43 RFQ 报价图

4. 产品图片

产品图片虽然不是必选项,但为了提高对客户的吸引力,应尽可能地上传清晰、符合顾客要求的图片。图片以正方形(1000 像素×1000 像素)为宜,否则图片在显示时会留对称白边,影响美观度。最多可添加6个附件,每个附件大小不超过5 MB,可依次放置产品正面、侧面、细节、材质等图片。

5.价格详情

根据客户提出的术语和付款方式填写报价,如果客户没有说明,则根据产品出口惯例填写。注意必须填写报价有效期,但不要时间过长,一方面在行业价格或者汇率波动较大时,时间越长风险越大;另一方面,也暗示顾客早下单,避免价格上涨。

需要注意的是,买家发布RFQ后,有10家以上的供应商可提供报价,价格无疑是第一竞争要素。报价不可虚高,避免在明显的对比下直接被筛选掉,但价格也不能过低,让对方产生低质量的印象。此时,合理地设置阶梯式价格,既能给买家一个讨价还价的标准,又能激励客户追加采购量从而获得优惠。

6.添加更多产品及价格

如果客户求购的产品有很多种,或我们为客户推荐多种适合的产品,可点击"＋添加更多产品及价格"链接,依次填写。

7.提供样品

样品信息适用于可以提供样品的供应商。如果能提供样品,最好填写上去,这也是RFQ报价的一个优势体现。选择"是"选项后就可以填写样品费用、运费和寄样日期。

注意:样品费用需包含费用划分、打样时间、寄样时间等。

例

> According to our company's rule, sample is freely provided, but freight cost need to be paid by your esteemed company. And we will return the cost to you when you place the first order with us.

样品费用除系统规定的字段外,其他补充字段可在"给买家的消息"中说明。

8.给买家的消息

给买家的消息可采用还盘的格式书写,从以下几个方面着手:

(1)基于买家RFQ本身的提问,针对买家需求信息做细节补充。

(2)针对买家RFQ中不清楚或者不一致的信息(如付款方式意见不统一、样品费用划分等)进行提问。

(3)RFQ以外的提问。比如,试着向客户询问第一单货量或货值是多少?如果价格合适,确认下单时间,同时尽量体现公司优势,如产品供应能力、免费提供设计等。

注意:错落有致,条理清晰,避免过度客套与信息过长。

9.文件上传

若平台规定字段依然不能把我们的优势表达完全,则可以选择上传附件。通常,附件包含以下内容:

(1)公司相关产品目录(相关产品推介)。

(2)买家关注的信息(产品的证书、重点合作的工厂、生产线能力、参展信、知名品牌合作案例)。

(3)公司实力展示(如厂区、流水线、工人工作状态、大型设备、仓库、样品间)。

附件最多可上传 6 个,最大不能超过 5MB/个。

还需要注意以下几点:

(1)把 Word、Excel、PPT 等文件转化为 PDF 发送,避免因版本问题导致不能查看。

(2)尽量减少顾客下载文件查看的程序,避免使用压缩文件。

(3)文件命名简洁清晰、一目了然,名称中包含公司名称,便于客户区分。

(4)发送的文档和图片中,需要包含公司的名称、Logo、联系方式,便于客户随时联系。

(六)RFQ 的报价跟进

所有报价了的 RFQ 都在阿里巴巴国际站的管理后台有记录,可以看到客户是否查看了我们的报价,如图 4-44 所示。

Quotations Record

Company Name	Business Type	Location	Time Quoted	Buyer's Reaction
C********************************	Manufacturer	China (Mainland), Zhejiang	21/06/2021 18:17	
G***	Manufacturer, Trading Company	China (Mainland), Guangdong	20/06/2021 04:26	
L**********************	Manufacturer, Trading Company	China (Mainland), Guangdong	19/06/2021 22:16	
S***	Manufacturer	China (Mainland), Guangdong	19/06/2021 21:27	
B**************************************	Trading Company	China (Mainland), Beijing	19/06/2021 20:49	
G********************************	Manufacturer	China (Mainland), Guangdong	19/06/2021 20:47	
F********************************	Trading Company	China (Mainland), Guangdong	19/06/2021 20:47	
Q***********************	Manufacturer	China (Mainland), Shandong	19/06/2021 20:44	
X*********************************	Trading Company	China (Mainland), Fujian	19/06/2021 20:44	
W*****************************	Manufacturer, Trading Company	China (Mainland), Zhejiang	19/06/2021 20:43	
H******************************	Manufacturer, Trading Company	China (Mainland), Zhejiang	19/06/2021 20:42	
W**	Trading Company	China (Mainland), Zhejiang	19/06/2021 20:35	
W**	Manufacturer, Trading Company	China (Mainland), Zhejiang	19/06/2021 17:58	
C******************************	Manufacturer	China (Mainland), Zhejiang	19/06/2021 16:30	

图 4-44 RFQ 报价跟进图

针对不同的情况,报价跟进方式不同,以下是出现频率比较高的六种情况:

1.买家需求明确的 RFQ

例如:规格、数量均可,也有图片,供应商可明确报价。

处理办法:

(1)首先要明确,可以提供跟买家一模一样的产品,方可进行报价。

(2)解读买家询盘的关键信息,看买家着重参考什么参数。比如客人提到,一定要满足某个标准,这时候,应该着重把这个参数写上。

2.无详细描述的促销产品

例如:买家告知,我需要一批卫衣,各种款式、颜色都需要,请卖家联系我;或者买家给出个别产品单词,无进一步细节描述,供应商无法给出准确的报价。

处理办法：

(1)针对此类模糊的询盘，着重推荐自己相近的有优势的产品。最好上传自己的catalog、pricelist。

(2)对买家需求模糊，直接索要报价单的询盘，我们也可以围绕产品采取反问的方式挖掘需求，并表示这样可以给出准确信息协助提高买家工作时效，一般情况下买家都会给出回应。

(3)切忌正文只是索要简单细节和买家联系方式。

3.订制品的 RFQ

例如：买家要求有点高且有特殊要求（数量太少或需要开模）。

处理办法：

(1)通过询问的方式确定产品细节。

(2)留下清晰完整的联系方式给买家。

(3)提供按照买家需求所产生的定制成本明细，以及在本次定制需求下工厂要求的最小起订量，让买家对自己的需求有一个整体的成本了解。

(4)提供与买家所需产品最近似的产品细节、产品图片和报价，有针对性地告知买家可以选择现有的产品。

4.买家采购多种产品，卖家只能提供其中一部分产品

处理办法：

(1)针对自己能提供的产品，进行详细报价。

(2)通过对产品的详细描述和上传附件，使买家充分了解产品优势。

5.买家采购多种产品，卖家都能提供

买家如果采购多种产品，请在同一条报价信息中，根据买家的需求提交多部分报价信息，在每一部分报价信息中详细描述产品的名称或型号、各项参数、价格，切勿笼统地给一个价格。

6.针对一种产品的多个价格

如果针对同一种产品，对于不同的采购量有不同的价格，那么需写明每一个价格的采购量，切勿只写一个平均价格。

（七）RFQ 的管理

所有报价的 RFQ 都在国际站的管理后台有记录，根据跟进情况进行操作，有"立即联系"和"删除"两个按钮，如图 4-45 所示。

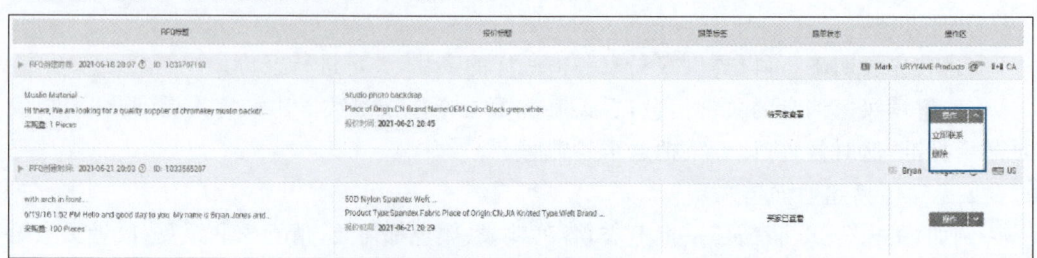

图 4-45　RFQ 管理图

报价跟踪界面能清晰地看到买家近期的行为,共计收到多少个报价,是否查看其他人的报价,是否查看我方的报价,以及帮助我们管理和回顾 RFQ 的过程。另外更重要的是,在此界面可以看到买家的联系方式,我们可以通过其他的业务模式与客户联系,如图 4-46 所示。

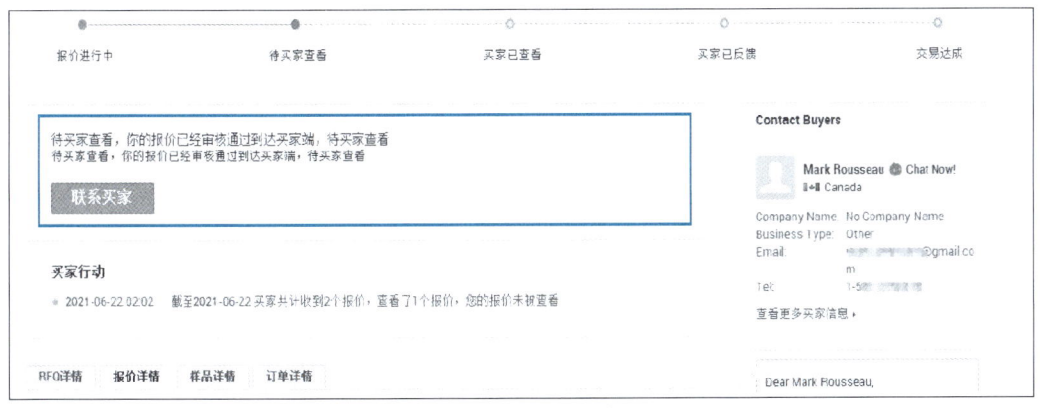

图 4-46　RFQ 报价跟踪图

三、在线商务谈判

(一)商务谈判的概念

商务谈判中的"商务"一词是指商业事务,即经济领域内一切有形与无形资产的交换或买卖事宜。按照国际习惯,商务行为可分为以下几种:

(1)直接的商品交易活动,如商品买卖、批发、零售商品等。

(2)直接为商品交易服务的活动,如运输、仓储、加工整理等。

(3)间接为商品交易服务的活动,如金融、保险、信托、租赁等。

(4)具有服务性质的活动,如饭店、商品信息、咨询、广告、劳务等。

(5)商务贸易培训服务。

商务谈判是指经济领域中,两个或两个以上从事商务活动的组织或个人,为了满足各自的经济利益,进行意见交换和磋商,谋求取得一致和达成协议的行为过程。

(二)商务谈判的构成要素

一项完整的商务谈判活动须具备以下要素,否则,谈判活动就无法进行。

1.谈判主体

谈判主体也就是谈判当事人。一般来讲,谈判当事人常常具有双重性:一是谈判的代表者,即谈判的个体或团队;二是谈判组织,即谈判者所代表的组织。谈判主体的这种双重性,对指导谈判具有重要意义,即在谈判中既要重视谈判组织的需要,亦要重视谈判代表的需要,两者不可偏废。

2.谈判客体

谈判活动要有谈判的标的和议题,即谈判客体。谈判标的就是指谈判的事物,如贸易型谈判的标的是买卖的货物,服务型谈判的标的是服务的内容等;谈判议题是指谈判的具体内容或交易条件,如价格、数量、质量、付款方式等。

3.谈判目的

只有谈判主体和客体,而没有谈判目的就不能构成真正的谈判活动,而只是闲谈。正因为谈判各方鲜明的目的性,才会使得谈判活动具有较强的冲突性和竞争性,而闲谈则不涉及各方的利害关系,通常不会导致双方的对立或竞争。

4.谈判行为

谈判活动是通过谈判双方的谈判行为来进行的,有谈判主体、客体和目的,但若没有谈判行为,显然只是谈判的构想,而不是谈判的现实。谈判行为是指谈判主体的言行举止或具体活动,是决定谈判结果的主要因素。

5.谈判环境

谈判活动都是在特定的环境下进行的,受到环境的制约,脱离了具体的环境去谈论谈判就没有意义。这种环境既包括了外部的大环境,如政治、经济、文化、市场、竞争等,也包括了谈判的小环境,如时间、地点、场所、交往空间等。

6.谈判结果

一项完整的谈判活动必须要有谈判结果。无论谈判成功与否,都需要有相应的结果,没有结果,则意味着谈判活动还没有结束。有些谈判旷日持久或相持不下,但只要没有明确的谈判结果,谈判就有继续的可能。不了了之的谈判活动,只能被称为"不完整的谈判",应尽力避免。

(三)商务谈判的特点

商务谈判作为现代经济社会中重要的商务活动,具有以下特点:

1.商务谈判以经济利益为目的

不同的谈判者参加谈判的目的是不同的,外交谈判涉及的是国家利益;政治谈判关心的是政党、团体的根本利益;军事谈判主要是关系敌对双方的安全利益。虽然这些谈判都不可避免地涉及经济利益,但常常是围绕着某一种基本利益进行的,其重点不一定是经济利益。而商务谈判则十分明确,谈判者以获取经济利益为其基本目的。虽然,在商务谈判过程中谈判者可以调动和运用各种因素,而且,其他非经济利益的因素也会影响谈判的结果,但其最终目标仍是经济利益。人们通常以经济效益的好坏来评价商务谈判的成功与否,因而不讲求经济效益的商务谈判就失去了它的价值和意义。

2.商务谈判以价格谈判为核心

商务谈判所涉及的因素众多,谈判者的需求和利益表现在许多方面,但价格则几乎是所有商务谈判的核心内容,在商务谈判中占据重要地位,因为双方经过谈判达成的利益划分,可直接通过价格表现出来。谈判各方在其他利益因素上的得与失,拥有的多与少,在多数情况下均能折算为一定的价格,通过价格的升与降得到体现。

对于一个谈判人员来讲,了解价格是商务谈判的核心,价格在一定条件下可与其他利益因素相折算,这一点很重要。因为,有时在其他利益因素上要求对方让步可能比在价格上要求对方让步更容易做到。例如,倘若对方在价格上不肯让步,则可要求对方在售后服务等方面提供优惠条件,以此让对方易于接受。

因此，在商务谈判中，我们一方面要以价格为中心，坚持自己的利益；另一方面又不要仅仅局限于价格，可以拓宽自己的思路，从其他利益因素上争取利益。

3. 商务谈判具有临界点

商务谈判具有一个临界点，即达成协议的最低要求。一旦越过了这个临界点，谈判就难以进行下去。所以谈判双方既要争取自己的经济利益，又要站在对方的立场上，考虑对方的经济利益。己方提出的利益要求，应在对方所能接受的临界点利益范围之内，这样才有可能促使谈判成功。无视商务谈判的临界点，只想要对方让步而自己不想作丝毫妥协，是不可能达成协议和取得谈判成果的。当然，这并不是说在商务谈判中双方在利益的分配上是绝对平均的，而是要达到利益上的相对平衡。

4. 商务谈判具有多样性

商务谈判的多样性不仅指谈判内容的多样性，也指商务谈判当事人是多种多样的，既有企业或其他经济组织之间的各种商务谈判，也有个人之间进行的谈判，还有各层次之间相互交叉进行的商务谈判。就商品的买卖而言，买者可以货比百家，同商品质量好、价格合理的卖者建立谈判关系和买卖关系；卖者可以面向千家，同结算形式、信用好的用户或经销商建立协作关系。

5. 商务谈判具有约束性

商务谈判在内容和结果上受外部环境的制约，这是商务谈判的约束性。政治、法律环境对商务谈判影响最大；经济环境中的市场供求变化和竞争情况对商务谈判的约束性最强；社会环境如风俗习惯、宗教信仰、教育程度等因素制约着商务谈判者的沟通和交流。因此，商务谈判人员不仅要掌握商务知识、谈判策略和技巧，而且要掌握法律法规、政策、社会文化等方面的知识，这样才能控制复杂的谈判局势，实现谈判目标。

6. 商务谈判是科学和艺术的有机结合

一方面，谈判作为人们协调彼此之间的利益关系、满足各自需要并达成一致意见的一种行为过程，必须以理性的思维对涉及的问题进行系统的研究分析，并根据一定的规律、规则来制订方案和策略。整个谈判活动，涉及专业知识，如贸易、金融、企业管理、商法、市场营销等，同时又涉及广泛的知识领域，如社会学、心理学、语言学、公共关系学、运筹学、逻辑学等。这就是谈判的科学性的一面。

另一方面，谈判是人们的一种直接交流活动，谈判人员的气质、能力、经验、心理状态、感情等富于变化的因素和临场发挥，对谈判过程和结果又有着极大的影响，使谈判的结果往往表现出很大的不确定性。同样的谈判内容、环境和条件，不同的人参加会取得不同的结果，这是谈判艺术性的体现。

所以，对于一个谈判者来说，在谈判中既要讲究科学，又要讲究艺术。在涉及对谈判双方实力的认定、对谈判环境的分析、对谈判方案的制订以及交易条件的确定等问题时，更多地考虑其科学性的一面；而在具体的谈判策略、战术的选择运用上，则应较多地思考其艺术性的一面。"科学"能帮助我们在谈判中把握住正确的决策方向，而"艺术"则能使我们把事情做得更加圆满。

习题测验

(一)单项选择题

1.以下关于意向行动率说法不正确的是( )。
A.RFQ意向行动率＝当月意向行动报价数/当月查看报价数
B.查看报价数指的相应时间段内,在采购直达市场中,买家已查看的报价总量
C.RFQ报价后需要进行审核,一般审核时间是3个工作日
D.RFQ报价无法定时发送

2.意向行动报价数不包括买家的( )行为。
A.点击send message B.浏览过产品
C.点击show more D.点击start order

3.RFQ详情页面没有( )。
A.采购信息 B.买家行为信息
C.产品对口信息 D.卖家信息

(二)判断题

1.当RFQ内容涉及广告、违禁或恶意重复发布,被行业运营人员关闭后,RFQ对应的报价状态会变更为"无效"。 ( )
2.无效报价不占用报价名额。 ( )
3.目前审核通过的RFQ是可以删除的,但是删除之后不会恢复。 ( )

能力实训

实训1:询盘回复

Dear Madam,

We are wholesale distribution company located in New York. We are pleased to learn from the Australia Embassy that you are a leading company in China exporting man driver shoes.

Can you please furnish me with additional details such as:
What's the MOQ?
Deliver time to New York ?

Thanks

Contact:Susan Boyle
MOB:0047.8834466

假设你是浙江华润制鞋有限公司的跨境电商B2B销售专员Emma,收到客户这种询盘后要如何回复？请写出你的回复。

公司信息：

(1)该公司的MOQ为500双。

(2)制造500双鞋需要30天,水运给Susan要15天。

(3)首次合作达到一定产品数量,公司可免费提供包装。

(4)该公司电话0086-575-8832233。

要求：

(1)请找到正确的询盘位置并回复买家。

(2)回复内容需符合英语邮件礼仪和题设信息。

(3)请在回复内容中简单介绍自己及公司定位。

(4)回复内容符合买家需求,包括:回复对方需求;表明自己相较于同行的优势。

实训2:RFQ报价

假设你是来自伊尔贝服装有限公司的跨境电商B2B销售专员Samant,需要对买家的采购信息进行报价。根据题目要求,请你完成以下操作。

要求：

(1)在RFQ市场中搜索产品dress,找到购买量需求比较大的中东女装买家,并对其发布的服装采购信息进行报价。

(2)根据买家要求准确填写产品信息,根据素材包资料上传产品图片等。

(3)根据要求准确填写价格详情和报价补充信息。

提示：

(1)可以免费提供样品,且卖家会承担样品寄送运费,寄送日期在10天以内。

(2)在给买家的信息中,简单介绍一下公司的情况,介绍要点是公司有280个员工,在服装制造领域有超过10年的历史,稍后会给买家发封邮件说明详情(备注:需翻译成英文填写在"给买家的消息"中)。

项目五

跨境电商 B2B 订单签订与跟进

学习目标

能力目标

- 能独立签订订单；
- 能独立跟进执行订单；
- 能及时处理订单执行中的问题。

知识目标

- 掌握 PI 的制作方法；
- 掌握外贸合同的制作方法；
- 熟悉生产跟单流程。

素养目标

- 具备"重合同、守信用"的外贸诚信品质；
- 具备较强的风险防范意识和环保意识。

项目五 跨境电商B2B订单签订与跟进

思维导图

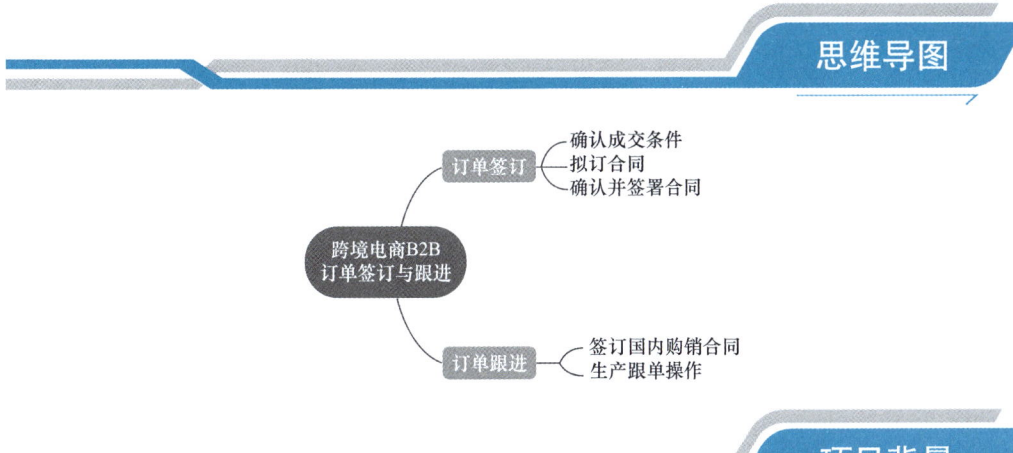

项目背景

杭州维丰实业有限公司的跨境电商B2B销售专员南希在成功获得询盘之后,对自己手上现有的询盘进行了分析整理。南希在周经理的专业指导下跟客户进行了沟通交流,并制定了合适的询盘跟进时间和周期,经过多轮磋商最终与客户达成产品签购意向。

任务分解

跨境电商B2B销售专员南希的工作任务包括:
任务1　订单签订
任务2　订单跟进

任务完成

任务1　订单签订

跨境电商B2B销售专员南希和客户Chloe最终达成的成交价为USD 1.80/PC,CFR Liverpool,U.K.,其中FOB Ningbo,China的价格为USD 1.55/PC,国外运费为USD 0.25/PC(国外总运费为USD 12625.00),并就其他条款达成了协议。根据协议内容,南希拟订了一份号码为21QG05021的出口合同。南希将该出口合同传真给Hybrid88 Group Co.,Ltd.,当天收到对方公司盖章签名的出口合同传真件,该合同开始生效。

【Step1】确认成交条件

南希和客户经过反复磋商,就环保旅行咖啡杯订单成交条件基本达成一致意见,在周经理指导下,南希制作了PI,如图5-1所示。

Welford Industrial Limited

RM.2002, Unit Two, Ruling the world Building, No.1819 Hongning Road, Hangzhou, China 311215
Att: Nanxi Tel:0571-85781538 Fax: 0571-87555615 Email: sale6@chiwelford.cn

Proforma Invoice

21QG05021
2021/05/26

Chloe Anderson
ChloeAnderson@tlcmarkeing.com

ITEM NO.	DESCRIPTION	PICTURE	FOB (Ningbo) UNIT PRICE/USD	QTY/PCS	AMOUNT (USD)
WF-BF014	Biodegradable PLA Cup Reusable Bamboo Fiber Custom Coffee Cups With Lid Color: 287C Material: Bamboo fibre		1.55	50500	78275.00
	Freight cost to UK Amazon FBA warehouse				12625.00
	CFR Liverpool, U.K.			Total:	90900.00
				30%Deposit	$27270.00
				70% Balance	$63630.00

Packing Details: Brown printed box packing, 50 pcs packed in each carton

Each carton size: 52 cm × 52 cm × 18 cm, weight 5kgs

50500 pcs, will be packed in 1010 cartons, in total, 5 m^3, 5050 kgs

Delivery Time: ETD Ningbo on 25 July 2021.

Bank Information:

BENEFICIARY : WELFORD INDUSTRIAL LIMITED
BENEFICIARY BANK : CITI BANK CO., LTD. HANGZHOU BRANCH
A/C NO : 1030 0599 2735 4
SWIFT : CITICNSXHZU

图 5-1　环保旅行咖啡杯 PI 图

南希将制作好的 PI 发送给客户确认,如图 5-2 所示。

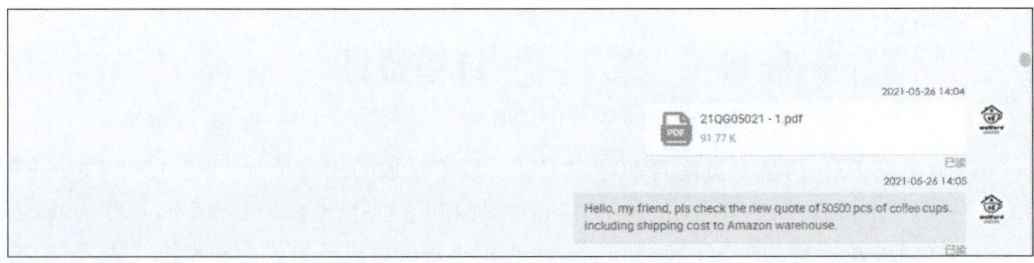

图 5-2　PI 确认图

很快 Chloe 回复表示 PI 已收到,希望将交货期提前 15 天。南希将该情况反馈给周经理,周经理告诉南希交货期变动需要去和供应商沟通确认。南希立即联络供应商浙江省浦江工贸有限公司,询问是否可以提前交货。浙江省浦江工贸有限公司表示生产量受限,无法比约定时间更早交货。南希告知 Chloe 该情况,Chloe 表示理解,同意了 PI 各条款。

【Step2】拟订合同

双方确认完 PI 后，南希在周经理指导下根据 PI 内容开始起草合同，如图 5-3 所示。

Welford Industrial Limited

RM.2002, Unit Two, Ruling the world Building, No.1819 Hongning Road, Hangzhou, China 311215
Tel:0571-85781538 Fax: 0571-87555615 Email: sale6@chiwelford.cn

Sales confirmation

PRO. INV.NR.21QG05021
TO: Hybrid88 Group Co., Ltd.

ITEM	DESCRIPTION	CFR（Liverpool）UNIT PRICE/USD	QTY/PCS	AMOUNT (USD)
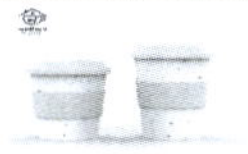	Biodegradable PLA Cup Reusable Bamboo Fiber Custom Coffee Cups With Lid Color: 287C Material: Bamboo fibre	1.80	50500	90900.00
			Total:	**90900.00**

SAY USD NINETY THOUSAND NINE HUNDRED ONLY.

Packing Details: Brown printed box packing, 50 pcs packed in each carton

Each carton size: 52 cm × 52 cm × 18 cm, weight 5kgs

50500 pcs, will be packed in 1010 cartons, in total, 5 m^3, 5050 kgs

Marks: Shiping mark includes Hybrid, S/C No. , style No., port of destination and carton No. Side mark must show the color the size of carton and pieces per carton.

Term of Payment: T/T,30% deposit ,70% balance payment before shipment.

Delivery Time: ETD Ningbo on 25 July 2021.

Port of Loading and Destination: From Ningbo, China to Liverpool, U.K.

Bank Information:

BENEFICIARY : WELFORD INDUSTRIAL LIMITED
BENEFICIARY BANK : CITI BANK CO., LTD. HANGZHOU BRANCH
A/C NO : 1030 0599 2735 4
SWIFT : CITICNSXHZU

SELLER:
Welford Industrial Limited
For and on behalf of WELFORD INDUSTRIAL LIMITED
COMPANY CHOP&AUTHORIZED SIGNATURE

BUYER:
Hybrid88 Group Co., Ltd.
Hybrid88 Group Co., Ltd.
COMPANY CHOP&AUTHORIZED SIGNATURE

图 5-3　外贸合同图

【Step3】确认并签署合同

南希拟定完合同，检查无误后发给客户 Chloe 确认，隔天上午 Chloe 表示收到合同，同意合同各条款。南希非常开心，立刻把出口合同传真给 Hybrid88 公司。当天，收到对方公司盖章签名的出口合同传真。据此，订单签订完成，合同生效，双方合同关系正式成立。

任务 2　订单跟进

周经理告诉南希在订单签订后就要着手生产备货事宜，开始订单跟进。依据客户的需求对接供应商，确保订单所需货物按时、按质出货。

【Step1】签订国内购销合同

南希在认真调研和比较了一批供应商后,选择了浙江省浦江工贸有限公司作为环保旅行咖啡杯订单的供应商,并与其签订了国内购销合同,如图5-4所示。随后,浙江省浦江工贸有限公司开始备货生产,南希着手开展生产跟单工作。

购销合同

合同号:QG210633　　签约时间:2021-6-1　签约地点:杭州　交货日期:2021-7-10

供方(甲方):浙江省浦江工贸有限公司　　　　购方(乙方):杭州维丰实业有限公司
地址:浙江省金华市浦江工贸有限公司　　　　地址:杭州市萧山区钱江世纪城鸿宁路1819号左右世界2-2002
联系人:蒋媛媛　　　　　　　　　　　　　　联系人:南希
电话:1885762022　　　　　　　　　　　　　电话:13588543260
邮箱:23887128@qq.com　　　　　　　　　　　邮箱:alibaba@chinawelford.cn

本合同由买卖双方订立,根据本合同规定和条款,买方同意购买,卖方同意出售下列商品(产品出口:英国)

货号	品名	产品描述	数量	单位	单价(不含税,含组装)	总额	图示
WF-BF014	环保旅行咖啡杯	B颜色 287C 材料:竹制纤维	50500	个	¥8.00	¥404000.00	
合计						¥404000.00	
人民币总价(大写)	人民币肆拾万肆仟圆整						

经甲、乙双方协商,本合同以下条款双方一致同意接受:
一、质量要求
1. 甲方交付的货物通过需方下单之前沟通的品质要求、测试标准、颜色、尺寸、克重等。
2. 产品表面要求无创伤、脏点、瑕疵、变形等;无裂缝,无锋利边缘,无颜色缺陷或差异,无明显流纹,大货杯子需与确认样规格参数一致。
3. 确认样:5月18日寄杭州的340mL样品。
二、包装要求
1. 供方负责包装、具体包装方式购方会提供包装说明(贴纸、挂卡、外籍箱唛信息),未尽事宜双方沟通解决。
2. 工字型透明胶带封箱。

图5-4　国内购销合同图

【Step2】生产跟单操作

为保证在合同规定时间内按时出货,周经理告诉南希要紧盯浙江省浦江工贸有限公司的生产进度。因此,南希每周一次跟供应商对接生产进度,最终订单在约定时间完成生产,南希在周经理指导下根据合同要求设计唛头,如图5-5、图5-6所示。

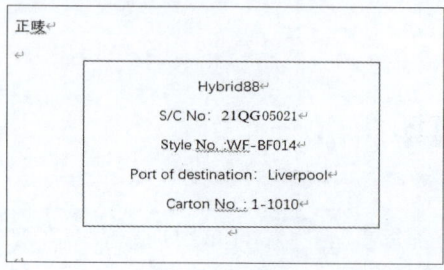

图5-5　正唛图

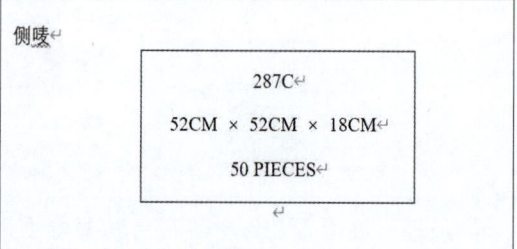

图5-6　侧唛图

知识链接

一、形式发票

(一)形式发票定义

形式发票(Proforma Invoice,PI)是出口商应进口商要求开具的一种非正式发票,包含准备出口商品的名称、规格、数量、单价、估计总值等,以供进口商向其所在国金融或外贸管理当局申领进口许可证和核批外汇之用。形式发票不是一种正式单据,不能用作交易双方的记账依据,也不能用于托收议付,对交易双方更无最终约束力,当交易双方正式成交并履行合同时仍须按照有关规定内容另开正式发票。

(二)形式发票的作用

在跨境电商业务中,形式发票通常具有以下作用:

(1)用于替代报价单。许多出口商直接用形式发票向客户报价。

(2)用于订单确认。客户下订单后,由出口商填写形式发票给客户,起到确认订单的作用。

(3)用于买方申请相关业务的凭据。如申请外汇许可证、进口许可证、银行信用证等。

一般小额贸易很少签订正式销售合同,部分商家将形式发票加盖公章后代替销售合同。这种方式存在风险,一旦出现争议,形式发票不能作为法律依据。

(三)形式发票的基本内容

1.抬头

卖方公司的英文名、地址、电话、传真、邮箱等。

2.买卖双方信息

买卖双方的基本信息,包括公司英文名、地址、电话、联系人、日期等。

3.商品信息

根据商品特性增减内容,一般包括商品名称、型号、描述、数量、单价、总价等。

4.其他订单信息

如交货期、付款方式、银行信息等。

二、外贸合同

(一)外贸合同的定义

外贸合同是买卖双方经过反复交易磋商,最后对商品的价格、数量、规格、交货期、付款方式、交货方式、交货地点、保险等条款达成一致后形成的书面合同。外贸合同对买实双方的责任、权利、义务、费用和风险等进行了明确的划分，具有法律效力。

(二)外贸合同的作用

外贸合同是进出口双方执行进出口买卖的法律文件。买方根据合同申请开立信用证或支付预付款，卖方根据合同安排生产、安排发货等。外贸合同是审查信用证及制单结汇的参考依据。

(三)外贸合同的基本内容

1.约首部分

约首部分即合同的首部，通常包括合同的名称、号码、合同日期和签约地点、买卖双方当事人的名称和地址等。

2.基本条款

基本条款即合同的主体部分，一般以合同条款的形式具体列明交易的各项条件，以规定双方的权利和义务。其一般包括下列合同条款：品名、数量、包装、价格、支付、运输、保险等。此外，双方当事人通常还在一般交易条件或备注栏中列明有关预防及处理有关争议的条款。

3.约尾部分

约尾部分即合同的尾部，主要说明合同的份数、附件及其效力、使用的文字、合同生效的时间、合同适用的法律及缔约双方当事人(法人代表或其授权人)的签字。

(四)外贸合同的主要条款

1.品名条款

合同中的品名条款应准确、详尽地列明签约双方同意买卖的商品名称，尽可能使用国际通用的名称，符合国际惯例，同时考虑 HS 编码的要求。

2.品质条款

商品品质问题是买卖双方产生争议的主要原因，因此，品质条款是国际货物买卖合同中的最主要条款之一。在国际贸易中，通常以实物和文字说明两种方式表示商品的品质。

3.数量条款

数量条款主要包括成交数量和计量单位(重量单位、个数单位、长度单位、面积单位、体积单位、容量单位)。如果是按重量计算的货物，还应明确计量方法。当商品数量允许有机动幅度时，可用约量(about, approximate，不超过 10% 的增减幅度)或溢短装(more or less，一般为 3%～5%)的方法来表示。溢短装条款是指在合同的数量条款中明确规定交货数量可以增加或减少，但增减的幅度以不超过规定的百分比为限。

4.包装条款

运输包装按包装方式可以分为单件运输包装和集合运输包装。单件运输包装，如箱(Cases)、桶(Drums)、袋(Bags)、包(Bales)、捆(Bunds)、篓(Baskets)、罐(Cans)等；集合运输包装是把若干单件运输包装组合成一个大的包装，如托盘(Pallet)和集装箱(Container)。

5.价格条款

合同中的价格条款包括商品的单价和总值两项基本内容。单价一般由计量单位、产品单价、计价货币、价格术语组成;总值是单价与商品数量的乘积。使用价格术语时应注意准确、完整,以及佣金、折扣、包装费的合理应用。

6.支付条款

支付条款一般包括对支付方式、日期、地点、金额及货币等内容的规定。

支付工具有汇票(Bill of Exchange or Draft)、本票(Promissory Notes)、支票(Cheque)。支付方式有信用证(Letter of Credit)、汇付(电汇 T/T、信汇 M/T、票汇 D/D)、托收(付款交单 D/P、承兑交单 D/A)。

7.装运条款

合同中的装运条款主要规定装运时间、装运港或发货地、目的港或目的地、分批装运和转运、转运通知、装卸时间、滞期费、速遣费等。

8.保险条款

合同中的保险条款因采用不同贸易术语而有所区别。以 FOB、CFR、FCA、CPT 术语成交,合同中的表现条款可订为:保险由买方办理。以 CIF、CIP 术语成交时,保险条款应明确由卖方为买方代办保险,应规定保险金额(一般按 CIF 价或发票金额的110%计算)、险别(基本险和附加险的名称)、保险适用条款及保险条款的生效日期。

9.商检条款

商检条款是买卖双方发生贸易争执、处理索赔的重要依据。合同中所涉及的商检条款主要包括检验时间和地点、检验机构、检验证书及货物与合同不符时买方索赔期限和检验费用的支付问题。

10.索赔条款

国际贸易中的索赔主要分为贸易索赔、运输索赔和保险索赔。进出口货物买卖合同中一般只规定异议和索赔条款,主要针对卖方交货的品质、规格、数量、包装不符合合同规定或卖方装运不当而订立的,内容除明确规定"一方如违约,另一方有权提出索赔"外,还包括索赔依据、索赔期限、索赔金额及赔偿损失的办法等。在买卖大宗商品和机械设备的合同中还要规定罚金,即违约金条款,一般适用于卖方延期交货、买方延迟开立信用证或延期接货等情况。

11.不可抗力条款

进出口货物买卖合同中的不可抗力条款主要包括以下内容:不可抗力事故的范围,对不可抗力事故的处理原则和方法,不可抗力事故发生后通知对方的期限和方法,出具证明文件的机构等。

12.仲裁条款

合同中的仲裁条款一般对提请仲裁的争议范围、仲裁地点、仲裁机构、仲裁程序规则、仲裁裁决的效力等方面做出明确规定。为明确仲裁的效力,在合同的仲裁条款中应明确规定"仲裁裁决是终局性的,对双方的当事人都有约束力"。

在阿里巴巴国际站中,如果客户有意愿直接下单,或希望卖方发送一个完整的包含报价、物流、支付方式等信息的意向合同,会建议客户直接点击"起草意向合同"按钮,以提升订单达成速度。

(五)外贸合同的生效条件

买卖双方经过磋商,就货物买卖的交易条件达成一致后签订合同。合同要具有法律效力,还需要具备下列条件:

1.当事人必须在自愿、真实的基础上达成协议

当事人依法享有自愿订立合同的权利,任何单位和个人不得非法干预;一方以欺诈、胁迫的手段或者乘人之危,使对方在违背真实意思的情况下订立的合同,受害方有权请求人民法院或者仲裁机构变更或者撤销。

2.当事人必须具有相应的行为能力

货物买卖合同的当事人必须具备相应的行为能力。如果签订买卖合同的当事人为自然人,则必须具备相应的民事行为能力。如果签订买卖合同的当事人为法人,必须是依法注册成立的合法组织,有关业务应当属于其合法单位的法定经营范围之内,而且,签订外贸合同的企业法人应该是拥有外贸经营资格的法人;没有取得外贸经营资格的企业或其他经济组织,必须委托有外贸经营资格企业代理签订外贸合同。

3.外贸合同的标的和内容必须合法

外贸合同的内容不得违反有关国家法律强制性的规定,不得违反公共政策或损害社会公共利益,必须体现公平原则,买卖双方在外贸合同中的权利义务应该是对等的、互利的、均衡的。

4.外贸合同必须有对价或约因

外贸合同从本质上讲属有偿合同,买卖双方当事人在获得合同利益的同时,必须付出对价。无对价或约因的外贸合同不具备法律效力。

(六)外贸合同的种类

在国际上,对外贸合同的形式并没有特定的限制。《联合国国际货物销售合同公约》第11条规定:"销售合同无须以书面订立或书面证明,在形式方面也不受任何其他条件的限制。销售合同可以用包括人证在内的任何方法证明。"由此可见,货物买卖合同的形式可以是书面形式,也可以是信件、电报、电传、传真形式,甚至可以是口头形式。但在国际贸易实践中,鉴于贸易往来的严肃性与重要性,买卖双方经磋商一致后,一般均签订书面合同作为合同成立、生效及履行的依据。

在贸易实践中,书面合同既可以正式的合同形式出现,也可以确认书、协议书、备忘录、意向书等形式出现。

1.合同(Contract)

合同根据内容不同有多种分类,在国际贸易实践中合同以国际货物买卖合同为主。这种合同是营业地在不同国家的当事人(买方和卖方)自愿按照一定条件买卖某种货物达成的协议,它是根据双方接受的国际贸易惯例或有关法律、公约的规定而成立的,对双方均有约束力,任何一方不能单方面地修改合同内容或不履行自己的义务,否则将承担违反合同的法律责任。合同是法律效力最强的合约形式。

2. 确认书(Confirmation)

确认书是合同的简化形式,异议、索赔、不可抗力等一般条款不会被列入,这种格式的合同,通常适用成交金额不大、批次较多的交易,或者是交易双方已经建立业务关系,对于一般交易条件已经确定的货物买卖。在法律效力上,确认书同样对买卖双方形成法律约束力。

3. 协议书(Agreement)

"协议书"或"协议"在法律上是"合同"的同义词。但在贸易实践中,协议书可能出现在交易磋商的不同阶段,这就使得它的法律效力因此不同。如果协议对买卖双方的权利和义务已作了明确、具体的规定,该协议就具备与合同一样的法律约束力。如果协议只将买卖双方已商定的条件确定下来,其余未取得一致意见的条件容后再谈的时候,这种协议不属于正式有效的合同。

4. 备忘录(Memorandum)

备忘录也可作为书面合同的形式之一,但只有在买卖双方就主要交易条件达成一致意见,明确、具体地列在备忘录中,并经双方签章,此时,备忘录才具有合同的法律效力,能够约束买卖双方。否则只是双方磋商过程的一种记录,不具有法律约束力。

5. 意向书(Letter of Intent)

在交易磋商尚未达成最后协议前,买卖双方为了达成某项交易,将共同争取实现的目标、设想和意愿,有时还包括初步商定的部分交易条件列出来,这种只是双方当事人为了达成某项协议所作出的一种意愿的表示,它不是法律文件,对双方没有约束力。

(七)外贸合同双方主要权利与义务

1. 卖方的义务

根据《联合国国际货物销售合同公约》(以下简称公约)规定,卖方主要承担交付货物、质量担保、权利担保、交付单据等几方面的义务。

(1)交付货物

依公约的规定,卖方应依合同规定的地点、时间及方式完成其交货义务。交付货物既是卖方的主要义务,也是其行使收取货款的权利的前提条件。交付货物既包括实际交货,即由卖方将货物置于买方的实际占有下;也包括象征性交货,即由卖方将控制货物的单据交给买方,由买方在指定地点凭单向承运人提货。

(2)质量担保

依《联合国国际货物销售合同公约》第35条第(1)款的规定,卖方交付的货物必须与合同规定的数量、质量和规格相符,并须按照合同所规定的方式装箱或包装。在合同没有对数量、质量、规格和包装作出明确的规定的情况下,则应依公约第35条第(2)款的规定:货物适用于同一规格货物通常使用的目的;或货物适用于订立合同时曾明示或默示地通知卖方的任何特定目的;或货物的质量与卖方向买方提供的货物样品或样式相同;或货物按照同类货物通用的方式装箱或包装,如果没有此种通用方式,则按照足以保全和保护货物的方式装箱或包装。

公约除了规定卖方对货物质量的担保责任外,还规定了卖方对质量责任的免除。依其第35条第(3)款的规定:如果买方在订立合同时知道或者不可能不知道货物不符合合同,卖方就无须按上述四项负不符合合同的责任。

(3)权利担保

权利担保可以概括为所有权担保和知识产权担保两个方面。

首先,所有权担保是指卖方保证对其出售的货物享有完全的所有权,必须是第三方不能提出任何权利或要求的货物,如不存在任何未向买方透露的担保物权等。公约要求卖方必须对其出售的货物拥有完全的所有权。消除第三方的任何权利要求的责任也落在了卖方身上,而不论第三方的要求是否有理由。

其次,知识产权担保是指卖方所交付的货物,必须是第三方不能依工业产权或其他知识产权主张任何权利或要求的货物。如果在买方接受货物后,任何第三方通过司法程序指控买方所购的货物侵犯了其知识产权,卖方应代替买方辩驳第三方的指控。

(4)交付单据

公约第34条对卖方交付单据的义务进行了规定,如果卖方有义务移交与货物有关的单据,就必须按照合同规定的时间、地点和方式移交这些单据。

2. 买方的义务

买方的义务主要有两项,即支付货款和接收货物。

(1)支付货款

依公约规定,买方必须履行支付货款的义务。买方支付货款的义务包括依合同或任何有关法律和规章规定的步骤和手续。这些准备步骤包括申请信用证或银行的付款担保,在实行外汇管制的国家,获得必要的外汇及将货款汇出的政府许可等。

(2)接收货物

依公约的规定,买方接收货物的义务由两部分组成,其一为"采取一切理应采取的行动",其二为"提取货物"。

第一,采取行动。公约第60条(a)款规定,买方应采取一切理应采取的行动,以期卖方能交付货物。为了使卖方能交付货物,买方应采取的行动包括为卖方指定准确的发货地点,委托代理人接收货物,依贸易术语的要求作出相应的运输安排等。

第二,提取货物。提取货物要求买方将货物置于自己的实际控制下。如果买方在提取货物上不配合,即违反了接收货物的义务。应注意的是,接收不等于接受,接受表明买方认为货物的质量符合买卖合同的规定;而接收并不表明买方对货物的质量没有异议,如货物在目的港检验与合同不符,买方也应接收货物,然后再进行索赔。

三、签订国内购销合同

(一)签订国内购销合同的意义

跨境电商B2B出口企业根据国外客户的订单要求,选择国内生产企业完成生产加工。国内购销合同是国外客户需求的体现,更是跨境电商B2B出口企业下达给生产企业的生产要求的体现,所以,妥善地签订国内购销合同,将国外客户的需求准确地反映在国内购销合同中,成为企业顺利完成跨境电商B2B出口贸易的基本保障。

（二）签订国内购销合同的注意事项

（1）跨境电商B2B出口企业应根据国外客户需求，结合国内外市场行情签订国内购销合同。跨境电商B2B出口企业签订国内购销合同，有关商品的要求（如品质、数量、包装等）应以出口合同为依据；有关商品价格或费用方面的要求，应受出口合同制约。跨境电商B2B出口企业签订国内购销合同，还要考虑到国内外市场行情的影响。

（2）国内购销合同要求内容完整。跨境电商B2B出口企业应在国内购销合同中完整表述采购商品的名称、质量、规格、花色、型号、品种、包装、需求量、交货时间、交货地点、运输方式、结算方式等内容。

（3）国内购销合同要求文字规范、用词准确，充分利用合同条款保障购销双方的利益。

跨境电商B2B出口企业可以要求生产厂商按时、按质、按量交付货物，按照合同规定把货物送往码头仓库或配合集装箱公司装货，并按要求开好发票。这些要求均应在国内购销合同中准确得以体现。

四、生产进度跟单

（一）生产进度跟单的基本要求

生产进度跟单的基本要求是使生产企业能按订单要求及时交货。生产企业不能及时交货的主要原因包括：

（1）企业内部管理不当。如紧急订单插入或生产安排仓促，导致料件供应混乱，延误生产交货。

（2）计划安排不合理或漏排。

（3）产品设计与工艺变化过多。

（4）产品质量控制不好。不合格产品增多，成品合格率下降，影响成品交货数量。

如何进行生产
进度管理

（5）生产设备落后。

（6）产能不足。

（二）生产进度跟单的流程

生产进度跟单的流程包括下达生产通知单、制订生产计划及跟踪生产进度。

1.下达生产通知单

跨境电商B2B销售专员接到订单后，应将其转化为企业下达生产任务的生产通知单，在转化时应明确客户所订产品的名称、规格型号、数量、包装、出货时间等要求。跨境电商B2B销售专员应与生产企业或本企业有关负责人对订单内容逐一进行分解，将订单转化为生产企业的生产通知单。

2.制订生产计划

跨境电商B2B销售专员应协助生产管理人员制订生产计划，以便产品顺利生产。生产计划主要是依据订单要求、前期生产记录、计划调度以及产能分析而制订的。其计划的内容主要有各月份、各规格、各设备及销售类别的生产数量,并且每月应修订一次。

3.跟踪生产进度

生产进度控制的重点包括计划落实执行情况、机器设备运行情况、原材料供应保障情况、不合格及报废率情况、临时任务或特急订单插入情况、各道工序进程、员工工作情绪等。跨境电商B2B销售专员在生产过程中要掌握生产异常情况,及时跟踪生产进度。

五、产品包装跟单

(一)产品包装材料

产品包装材料是指用于制造包装容器、包装印刷、包装装潢、包装运输等满足产品包装要求所使用的材料,是包装主要材料及辅助材料等与包装有关的材料的总称。

常见包装材料介绍

在考虑选用产品包装材料时,必须兼顾经济实用和可回收再利用的原则,即通常所说的"绿色包装材料"。绿色包装材料是指在生产、使用、报废及回收处理再利用过程中,能节约资源和能源,废弃后能迅速自然降解或再利用,不会破坏生态平衡,而且来源广泛、耗能低、易回收且再生循环利用率高的材料或材料制品。能用作出口包装的材料很多,如木材、纸、塑料、金属是主要包装材料,此外还有玻璃、陶瓷、天然纤维、化学纤维、复合材料、缓冲材料等。它们的成分、结构、性质、来源、用量及价格,决定着包装的性质、质量和用途,并对包装的生产成本和用后处理等有重要影响。

1.木质包装材料

主要的包装用木材包括红松、马尾松、白松、杉木、桦木、椴木、毛白杨等。就目前的发展水平看,传统的木质包装材料还在出口包装行业中起着举足轻重的作用。出口常用的木制包装材料有木箱、木桶、夹板等。较为笨重的五金、机械、怕压、怕摔的仪器、仪表以及纸张等商品大都使用这类包装。为了保证木质包装材料内不含任何有害昆虫,木质包装材料必须经过加热和烟熏处理。

2.纸质包装材料

纸质包装材料是当前国际流行的"绿色包装"所使用的材料。纸质包装材料包括纸、纸板及其制品,它们在包装材料中占据着主导地位。

(1)出口包装用纸

包装用纸大体上可分为食品包装用纸与工业品包装用纸两大类,但有些包装纸既可用于食品包装,也可用于工业品包装。出口包装用纸主要包括纸袋纸、牛皮纸、鸡皮纸、玻璃纸、瓦楞原纸、仿羊皮纸、羊皮纸。

(2)出口包装用纸板

出口包装用纸板主要包括牛皮箱纸板、普通箱纸板、瓦楞纸板、黄纸板和白纸板等。

牛皮箱纸板具有物理强度高、防潮性能好、外观质量好等特点,可作为电视机、电冰箱、大型收录机、缝纫机、自行车、摩托车、五金工具、小型电机等商品的运输包装用,也可用于包装出口冷冻食品。

普通箱纸板质量低于牛皮箱纸板,以其为材料制作的是中、低包装纸箱,用于一般百货包装。

瓦楞纸板是由瓦楞纸与箱纸板粘合制成的纸板。典型的瓦楞纸板至少是由两层箱纸板、一层瓦楞芯纸,用胶黏剂粘接而成的复合加工纸板。瓦楞纸板的类别主要是依据构成瓦楞纸板的瓦楞规格、瓦楞形状和用纸层数三个方面的情况来区分的。根据用纸层数不同分为两层瓦楞纸板(又称单面瓦楞纸板)、三层瓦楞纸板(又称单层瓦楞纸板)、五层瓦楞纸板(又称双层瓦楞纸板)和七层瓦楞纸板(又称三层瓦楞纸板)等。

黄纸板是一种低级包装纸板,又称草纸板,主要用作衬垫,以及将印刷好的胶版印刷纸等表糊在表面,制作各种中、小型匣盒,用于包装食品、糖果、皮鞋等。

白纸板是销售包装的重要包装材料,其主要用途是经彩色套印后制成纸盒,供商品包装用,起着保护商品、装潢商品、美化商品和宣传商品的作用。

3.塑料包装材料

塑料是可塑性高分子材料的简称,具有质轻、美观、耐腐蚀、机械性能高、可塑性强、易于加工和着色等特点。塑料根据用途分为通用塑料、工程塑料、特种塑料。

(1)通用塑料:一般指产量大、用途广、成型性好、价格低的塑料,如聚乙烯、聚丙烯、聚氯乙烯、聚苯乙烯、酚醛塑料、ABS塑料、有机玻璃等。

(2)工程塑料:一般指机械强度较高、刚性大,常用于取代钢铁和有色金属材料以制造机械零件和工程结构受力件的塑料,如聚甲醛、聚酰胺、聚碳酸酯、氯化聚醚、聚矾等。

(3)特种塑料:一般是指具有特种功能,可用于航空、航天等特殊应用领域的塑料。如含氟塑料和有机硅具有突出的耐高温、自润滑等特殊功用,增强塑料和泡沫塑料具有高强度、高缓冲性等特殊性能,这些塑料都属于特种塑料的范畴。

4.金属包装材料

金属包装材料主要用作罐头、饮料、糖果、饼干、茶叶、油墨、油漆、染料、化妆品、医药和日用品等的包装容器。金属包装材料中产量和消耗量最多的是镀锡薄钢板,其次是铝合金薄板,镀铬薄钢板位居第三。

5.包装用辅助材料

包装货物时除了常用包装容器外,还需要一些包装用辅助材料。常见的辅助材料有黏合剂、黏合带、捆扎材料、衬垫材料、填充材料等。

(二)产品包装跟单要求

1.出口纸箱包装跟单要求

(1)外箱毛重一般不超过25 kg。单层瓦楞纸板箱,用于装毛重小于7.5 kg的货物;双层瓦楞纸板箱,用于装毛重大于7.5 kg的货物。

(2)纸箱的抗压强度应达到在集装箱或托盘中,以同样纸箱叠放到2.5 m高度不塌陷。

(3)如产品需做熏蒸,外箱的四面左下角要有2 mm开孔。

(4)出口到欧洲的外箱一般要印刷可循环回收标志,箱体上不能使用铁钉(扣)。

2.塑胶袋包装要求

(1)PVC塑胶袋一般是被禁用的;

（2）塑胶袋上要有表明所用塑料种类的三角形环保标志；

（3）塑胶袋上印刷警告语，如"PLASTIC BAGS CAN BE DANGEROUS.TO AVOID DANGER OF SUFFOCATION KEEP THIS BAG AWAY FROM BABIES AND CHILDREN."胶袋上还要打孔，每侧打一个孔，直径为5 mm。

3.木箱包装跟单要求

对于机械商品出口，大多需要用木质材料作为包装。一般选用九合板包装（人工复合而成的木质材料，不用熏蒸）。如果是大型机械，不适宜装集装箱，可采用无包装的形式，放在甲板或是船舱内。

同样是选用木质包装，不同的市场有不同要求。如对美国、欧盟、日本及韩国出口，都必须出具"官方熏蒸证书"（Fumigation/Disinfection Certificate），木质包装一定要在出口前熏蒸。而对于出口其他国家的木质包装，则需向进口商了解进口国是否有临时的木质包装"官方熏蒸证书"要求。木质托盘、木箱必须实施热处理或熏蒸处理，由检验检疫机构出具"出境货物木质包装除害处理合格凭证"并加贴如图5-7所示的黑色标志（规格：3 cm×5.5 cm,6 cm×11 cm及12 cm×22 cm）后方能报关出口。

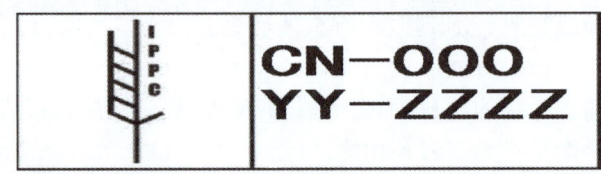

图5-7　出境货物木质包装标志

4.其他材料包装跟单要求

用草类包装材料包装的货物出口到挪威，在挪威办理货物进口手续时必须提供相关证明，否则包装将予以焚毁，费用由进口商支付；用旧编织材料制成的麻袋、打包麻布作为包装的货物出口到挪威，在挪威办理货物进口手续时必须提供相关证明，否则这些材料不准用作包装材料进入。

（三）刷唛操作

（1）在实务中，除非合同或信用证中有专门规定，侧唛一般由出口商自行设计。

（2）若合同或信用证中没有写明具体的主唛，则出口商可以选择"No Mark"或"N/M"来表示无主唛，或自行设计一个具体的主唛。

（3）若合同或信用证规定了具体主唛，并有"仅限于……"字样。则主唛中的每一个字母、数字、排列顺序、位置、图形和特殊标注等都应按合同或信用证规定的原样进行刷唛。

（4）若合同或信用证规定了主唛的具体内容，但没有"仅限于……"等类似字样，则可以增加内容，但不能删减内容。

（5）若合同或信用证规定的主唛用英文表示图形，如"UUU in diamond"或"UUU in triangle"或"UUU in circle"等，则应将菱形、三角形或圆形等具体图形表示出来。

六、产品质量跟单

跨境电商B2B销售专员在出口产品质量跟单时，一定要以外贸合同质量要求为依据。

（一）常规出口产品质量跟单的阶段

常规出口产品质量跟单包括生产前检验、生产初期检验、生产中期检验和生产尾期检验四个阶段。

(1)生产前检验,包括外购原材料检验和技术准备的检查。

(2)生产初期检验,一般安排在完成生产工艺单和样板制定工作后,对小批量生产进行检验。通过检验,针对客户和工艺的要求及时修正不符点,并对工艺难点进行攻关,以便大批量流水作业顺利进行。产品经过客户确认签字后成为重要的检验依据之一。

(3)生产中期检验,一般安排在有部分批量的产品从流水作业线出来后进行。主要检验所生产的成品是否符合工艺单的要求,是否与客户确认的样品一致。另外,还要计算按目前的生产量是否赶得上大货的货期。

(4)生产尾期检验,一般安排在生产进度为订单总量的90%以上的时候,并且有80%以上的成箱率。

（二）常用的出口产品质量检验方式

1.全数检验与抽样检验

全数检验就是对待检产品100%进行检验,又称全面检验或100%检验。这种质量检验方法虽然适用于生产批量很小的大型机电设备产品,但大多数生产批量较大的产品,如电子元器件产品就很不适用。抽样检验是从一批交验的产品(总体)中,随机抽取适量的产品样本进行质量检验,然后把检验结果与判定标准进行比较,从而确定该产品是否合格或是否需再进行抽检后裁决的一种质量检验方法。抽样检验是最常用的出口商品质量检验方式,下文详细介绍。

产品抽样标准及抽样检验

2.计数与计量检验

计数检验的质量数据不能连续取值,如不合格数、疵点数、缺陷数等。计量检验的质量数据可以连续取值,如长度、容积、重量、浓度、温度、强度等。

3.理化与感官检验

理化检验是应用物理或化学的方法,依靠量具、仪器及设备装置等对受检物进行检验。理化检验通常测得检验项目的具体数值,精度高,误差小。理化检验是各种检验方式的主体,特别受到人们的关注。感官检验就是依靠人的感觉器官对质量特性或特征做出评价和判断。如产品的形状、颜色、气味、伤痕、污损、锈蚀和老化程度等,往往要靠人的感觉器官来进行检查和评价。因此,感官检验的结果往往依赖于检验人员的经验,并有较大的波动性。由于目前理化检验技术发展的局限性以及质量检验问题的多样性,感官检验在某些场合仍然是质量检验方式的一种选择或补充。

4.固定与流动检验

固定检验就是集中检验,是指在生产企业内设立固定的检验站,各工作现场的产品加工以后送到检验站集中检验。流动检验就是由检验人员直接去工作现场检验。

5.验收与监控检验

验收检验广泛存在于生产全过程,如原材料、外购件、外协件及配套件的进货检验,半成品的入库检验,产成品的出厂检验等。验收检验的目的是判断受检对象是否合格,从而做出接收或拒收的决定。监控检验也叫过程检验,目的是检定生产过程是否处于受控状态,以预防由于系统性质量因素的出现而导致的不合格品的大量出现。如生产过程质量控制中的各种抽样检验就是监控检验。

(三)抽样检验

1.抽样检验中的基本术语

(1)批:相同条件下制造出来的一定数量的产品,称为批。在5M1E(人、机、料、法、测、环)基本相同的生产过程中连续生产的一系列批称为连续批,不能定为连续批的批称为孤立批。

(2)单位产品:为满足抽样检验的需要而划分的基本单位称为单位产品。

(3)批量和样本大小:批量是指批中包含的单位产品个数,以 N 表示;样本大小是指随机抽取的样本中单位产品个数,以 n 表示。

(4)样本和样本单位:从检验批中抽取用于检验的单位产品称为样本单位。样本单位的全体则称为样本。样本大小则是指样本中所包含的样本单位数量。

(5)接收质量限(AQL)和不接收质量限(RQL):在抽样检验中,认为可以接收的连续提交检验批的过程平均上限值,称为接收质量限。具体数值由产需双方协商确定,一般用 AQL 表示。而过程平均是指一系列初次提交检验批的平均质量,它用每百单位产品不合格品数或每百单位产品不合格率表示。在抽样检验中,认为不可接收的批质量下限值,称为不接收质量限,一般用 RQL 表示。

(6)检验和检验水平(IL):用测量、试验或其他方法,把单位产品与技术要求对比的过程称为检验。检验有正常检验、加严检验和放宽检验等。

(7)两类风险 α 和 β:抽样检验具有随机性。将本来合格的批,误判为拒收,这对生产方是不利的,该概率称为第Ⅰ类风险或生产方风险,以 α 表示;而本来不合格的批,也有可能误判为可接收,这对使用方不利,该概率称为第Ⅱ类风险或使用方风险,以 β 表示。

2.抽样方案

样本大小或样本大小系列和判定数组结合在一起,称为抽样方案。判定数组是指由合格判定数和不合格判定数或合格判定数系列和不合格判定数系列结合在一起。

Ac 为合格判定数。判定批合格时,样本中所含不合格品(d)的最大数称为合格判定数,又称接收数($d \leqslant Ac$)。

Re 为不合格判定数。判定批不合格时,样本中所含不合格品的最小数称为不合格判定数,又称拒收数($d \geqslant Re$)。

抽样方案有一次、两次和五次抽样方案:

(1)一次抽样方案。该方法最简单,它只需要抽检一个样本就可以做出一批产品是否合格的判断。

(2)两次抽样方案。先抽第一个样本进行检验,若能据此做出该批产品合格与否的判断,则检验终止,如不能做出判断,就再抽取第二个样本,然后再次检验后做出是否合格的判断。

(3)五次抽样方案。其原理与两次抽样方案一样,每次抽样的样本大小相同,即 $n_1 = n_2 = n_3 \cdots \cdots = n_5$,但抽检次数多,合格判定数和不合格判定数亦多。

3.GB2828 及其应用

GB/T 2828.1—2012《计数抽样检验程序 第 1 部分:按接收质量限(AQL)检索的逐批检验抽样计划》(以下简称 GB2828)属于调整型计数抽样方法、标准,它可以在连续批产品质量检验中,随着产品质量水平的状况,随时调整抽样方案的严格程度,应用 GB2828 确定适当的抽样方案,必须事先确定好批量(N)、合格质量水平(AQL)、检验水平(IL)、检验次数和严格度等五个要素。

(1)批量(N)。GB2828 根据实践经验和经济因素,规定批量分为 15 档。

(2)接收质量限(AQL)。GB2828 中把 AQL 从 0.010 至 1000 按 R_5 优先数细分为 26 级,其公比大约为 1.5。用以确定样本量和一次、二次或多次正常检验、加严检验、放宽检验抽样方案的接收数 Ac 和拒收数 Re。AQL 的确定原则上应由买卖双方商定,也可以在相应的标准或技术条件中规定,具体地说可以有定性确定与定量确定。

若单位产品失效后会给整体带来严重危害的,AQL 值应选用较小的数,反之,可选用较大的;A 类不合格原则上不用抽样检验,B 类不合格的 AQL 值小,C 类不合格的 AQL 值大;产品检验项目少时,宜选用较小的 AQL,检验项目多时,宜选用较大的 AQL;产品价格较高时,用较小的 AQL,反之,可用较大的 AQL;电气性能宜用小的 AQL,机械性能居中,外观质量可用较大的 AQL;重要检验项目的 AQL 较小,次要项目的 AQL 较大;等等。

(3)检验水平(IL)。检验水平是指按抽样方案的判断能力而拟定的不同样本大小。显然样本大些,其判断能力就大些。因此如检验费用较低,样本就大些。GB 2828 将检验水平分为两类:

一类是一般检验水平,用于没有特别要求的场合,分为Ⅰ、Ⅱ、Ⅲ三级,如无特殊说明,则先选取第Ⅱ级检验水平。

另一类是特殊检验水平,用于样本较小的场合。GB 2828 规定有 S-1、S-2、S-3 和 S-4 四级,一般用于检验费用极高的场合。如破坏性检验、寿命试验或产品的单价较昂贵。其中 S-1、S-2 适用于加工条件较好、交验批内质量较均匀的状况,而 S-3、S-4 则适用于交验批内质量均匀性稍差的场合。

选择检验水平一般遵循下列原则:当没有特殊规定时,首先选用第Ⅱ级检验水平;为了保证 AQL,使劣于 AQL 的产品批尽可能少地漏过去,宜用高的检验水平,以保护消费者利益;检验费用较低时,宜用高的检验水平,使抽检样本多些,误判就少些;产品质量不够稳定、有较大波动时,宜用高的检验水平;检验是破坏性的或严重降低产品性能的,可采用低的检验水平;产品质量较稳定时可用低的检验水平。

(4)检验次数。GB2828 规定抽取样本的次数为三种,即一次、两次和五次。一次抽样方案最简单,也很易掌握,但它的样本较大,所以其总的抽样量反而大一些。两次和五次抽样方案较复杂些,需要销售专员有一定的管理能力才能实施好,每次抽取的样本较小,但每次抽取样本大小都相同,并且在产品质量很好或很差时,不用抽满规定次数即可判定合格与否,所以总的抽检量反而会小些。

(5)严格度。抽样方案的严格度是指采用抽样方案的宽严程度。GB 2828 规定了三种宽严程度,即正常检验、加严检验和放宽检验。正常检验适用于过程平均质量状况接近 AQL 时;加严检验适用于过程平均质量状况明显地比 AQL 劣时;放宽检验适用于过程平均质量状况明显比 AQL 优时。此外还有一种特宽检验,只用于放宽检验发现不合格批时,重新进行判断。它仅适用于放宽检验时发现的不合格批本身,而不能用于其他批的检验。如无特殊规定,一般均先用正常检验。

当进行正常检验时,如在五批或不足五批中就出现两批经初次检验不合格,则从下一批检验转到加严检验。当进行加严检验后,如质量好转,连续五批均合格,则从下一批转到正常检验。从正常检验转为放宽检验,要全部满足以下四个条件:连续十批经正常检验合格;在连续十批或 GB2828 规定更多批所抽取的样本中,不合格品(或不合格),总数小于或等于 GB2828 规定的界限数;生产正常;主管质量部门同意转到放宽检验。在进行放宽检验时,如出现下列任一情况,则从下批起又转为正常检验:有一批放宽检验不合格;生产不正常;主管质量部门认为有必要回到正常检验。

习题测验

(一)单项选择题

1.关于 PI 的说法错误的是( )。
A.形式发票加盖公章后可以替代商业合同
B.PI 不是也不能替代正式商业发票,不能用于托收和议付
C.PI 由出口商向进口商出具
D.PI 是一种非正式发票

2.品质管理的因素不包含以下哪个因素?( )
A.人和机器设备　　　B.生产能力　　　C.规则制度和环境　　D.原材料

3.以下哪个不属于已成交客户的跟进重点?( )
A.催款　　　　　　　　　　　　　　B.备货情况及时沟通
C.发货后及时通报船务信息　　　　　D.定期关怀

(二)判断题

1.在选择供应商的时候,线上电商平台在各方面都优于线下市场。( )
2.在跨境电商中,我们做销售专员或运营专员时,主要要给客户提供好的服务,因此要成为服务专家。产品方面,因为我们不专业,所以无须多费时间成为产品专家。( )

能力实训

制作报价单

北京贝尔贸易有限公司收到来自美国的一张订单,拟采购两款产品,现买方要求卖方发送一份报价单给他,详细的商品信息及要求如图 5-8 所示。

NO	Item#	Ref.Pic	Description	Product Size	Colour	Unit Price(US$) FOB	Qty (pcs)	Amount (US$)	Remark
001	BJBO1245-GREY		Women Winter Coat Jacket	M	grey	11	2000	22000	
002	BJBO1068-YELLOW		Chiffon Blouses Tops	M	yellow	9.5	2500	23750	
Total								45750	
						40% deposit:		18300	

图 5-8　详细的商品信息及要求

请根据上述信息制作一份完整的报价单。

项目六

跨境电商 B2B 结算与物流交付

学习目标

能力目标

- 能根据业务情况,启用并完成信用保障服务;
- 能跟进国际结算、结汇业务;
- 能选择合适的跨境物流,完成产品交付;
- 能在平台上完成出口流程操作;
- 能熟练操作一达通。

知识目标

- 掌握起草信保订单的方法;
- 熟悉跨境结算与支付方式;
- 熟悉跨境物流方式;
- 掌握一达通平台开通和下单流程。

素养目标

- 具备"重合同、守信用"的外贸诚信品质;
- 具备精益求精的结算与物流服务意识。

思维导图

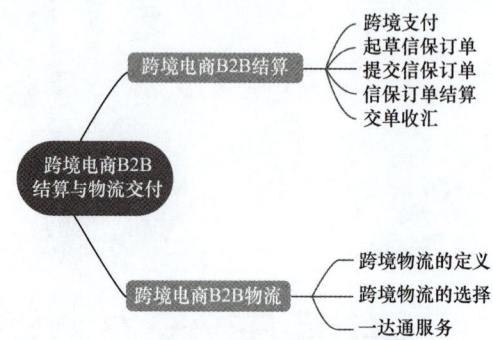

项目背景

拿到订单的南希十分激动,迫不及待地询问周经理接下来需要做什么。周经理告诉南希需要起草一份信保订单发送给客户,等客户完成付款后,进行租船订舱及商品的发货等一系列事项。接下来,周经理给南希讲了实际外贸流程中常用的付款方式以及如何选择船公司。

任务分解

跨境电商 B2B 销售专员南希的工作任务包括:
任务 1　卖家起草信保订单
任务 2　一达通物流交付

任务完成

任务 1　卖家起草信保订单

跨境电商 B2B 销售专员南希在听了周经理的介绍之后,了解了信用保障订单(以下简称信保订单)相当于给买家的支付链接和线上订单,并且还了解了信用证等多种类型的跨境支付方式。接下来,南希准备学习如何起草信保订单,从而让客户可以顺利地完成付款。

【Step1】卖家起草信保订单
南希在周经理的指导下,在出口合同签订后,根据合同上的条款开始起草环保旅行咖啡杯的信保订单，主要条款信息如下：

客户：Chloe Anderson(UK)

邮箱：chloeanderson@tlcmarketing.com

交易物品：环保旅行咖啡杯（Biodegradable PLA Cup Reusable Bamboo Fiber Custom Coffee Cups With Lid 单价 FOB Ningbo,China US＄1.55)50500 件

收货地址：Amazon FBA warehouse,Liverpool,United Kingdom

运输条款：采用线下海运一达通代理发货，在供应商的工厂进行交货。2021 年 7 月 25 日宁波发货。

支付条款：预付款为总价的 30％,付款方式为 T/T。

首先，南希进入到起草信保订单界面（"My Alibaba"→"交易管理"→"起草信用保障订单"），选择好订单类型、结算方式及交易币种，如图 6-1 所示。

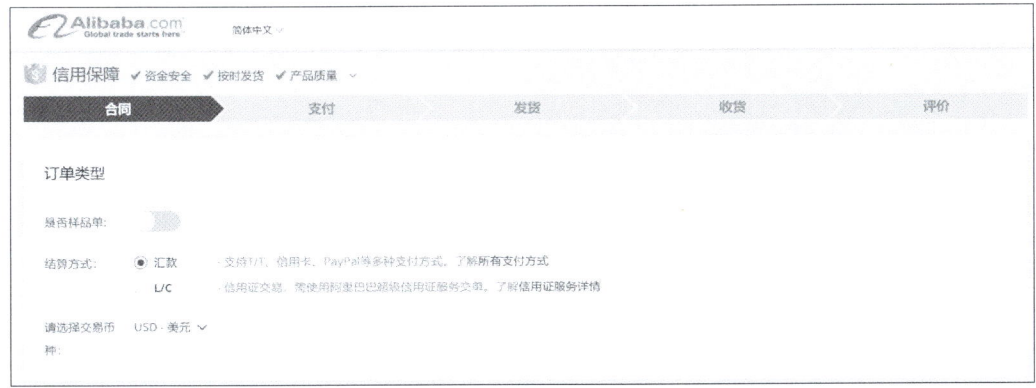

图 6-1　选择订单类型图

其次，南希将客户 Chloe 的信息填入信保订单，如图 6-2 所示。

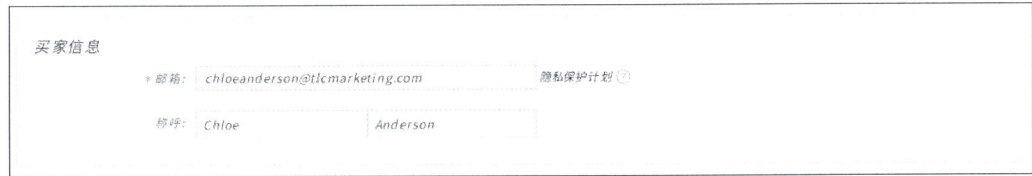

图 6-2　填写买家信息图

产品信息的填写：由南希从平台已经发布的产品中选择好该笔订单对应的产品——环保旅行咖啡杯，进行导入，再依次按照合同约定内容完成数量、单位、单价的填写，如图 6-3 所示。

图 6-3　填写产品信息图

运输条款的填写：将客户 Chloe 提供的收货地址：Amazon FBA warehouse，Liverpool，England，United Kingdom 填入对应信保订单的收货地址一栏，并依次按照合同约定内容选好运输方式、运费、贸易术语、发货日期等，如图6-4所示。

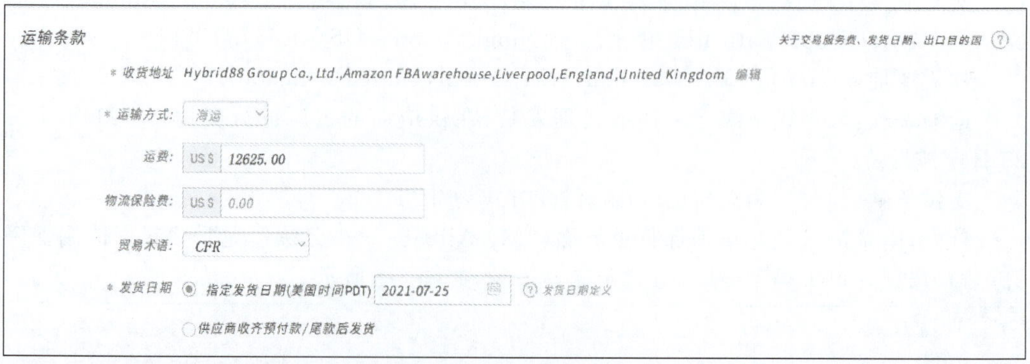

图6-4 填写运输条款图

选择出口方式：该笔订单采用一达通代理出口，因此南希在信保订单中出口方式的选择上勾选了"一达通代理出口"选项，如图6-5所示。

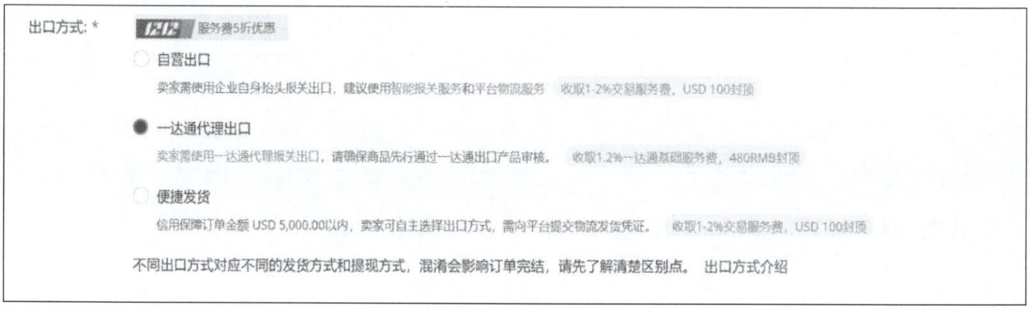

图6-5 选择出口方式图

支付条款的填写：南希根据合同约定的支付条款"30% deposit，70% balance payment before shipment."在信保订单上填完订单总价 USD 90900.00 后，在预付款金额这里选择了总价的30%即 USD 27270.00，尾款金额自动显示，如图6-6所示。

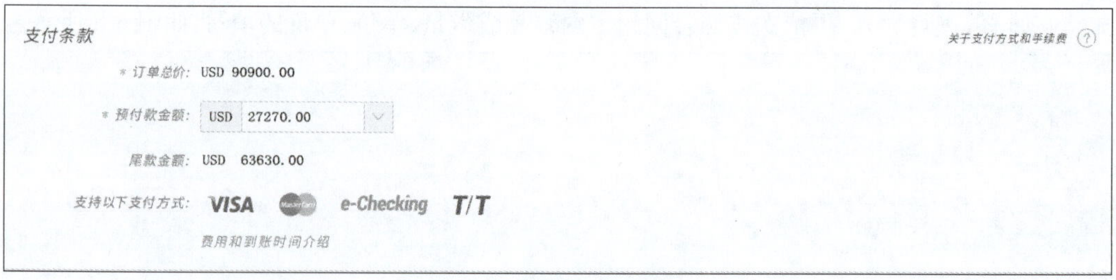

图6-6 填写支付条款图

【Step2】卖家提交订单

南希起草完信保订单后进行了反复检查与确认，点击了提交，提交后买家付款链接自动生成，如图6-7所示。南希将该链接复制给 Chloe 以便她进行支付。

项目六　跨境电商B2B结算与物流交付

图 6-7　提交信保订单图

【Step3】完成跨境结算

Chloe 隔天便进行了确认，并向信保订单中的指定银行账号打预付款，南希在收齐款项后开始着手备货事宜，如图 6-8 所示。

图 6-8　收齐预付款图

任务 2　一达通物流交付

周经理告诉南希在信保订单收款后需要跟进货物物流交付，确保按照合同约定时间发货。根据信保订单的金额，发货方式分为通过一达通发货和不通过一达通发货两种。本笔订单金额超过 5000 美元，南希选择通过一达通发货报关。

【Step1】起草一达通出口委托单

首先，使用一达通物流交付要起草一份一达通出口委托单，周经理告诉南希可使用"一键填充信保订单信息"功能，如图 6-9 所示。

图6-9　出口服务下单图

【Step2】关联出口委托单

其次，出口委托单需要绑定对应的信保订单，南希将完成的出口委托单与其信保订单绑定后，该笔订单状态转变为"发货中"，如图6-10所示。

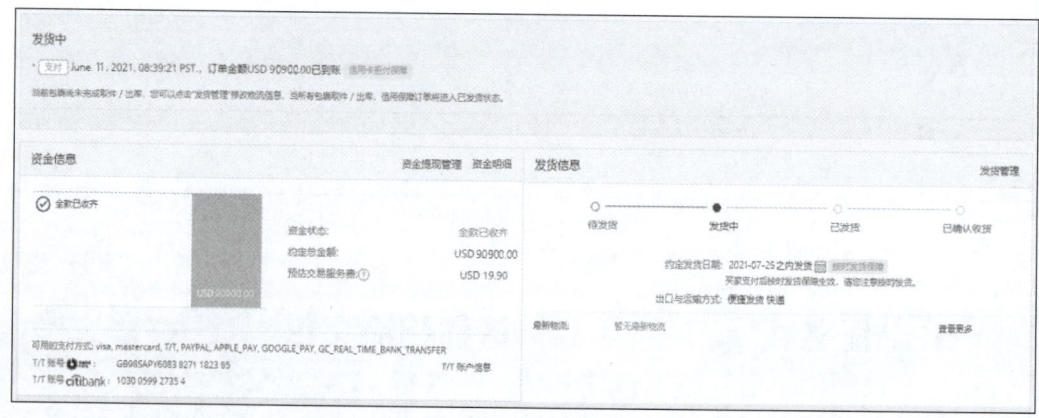

图6-10　订单状态图

【Step3】一达通完成通关

一达通完成通关后，订单状态转为"待买家确认收货"，如图6-11所示。

项目六 跨境电商B2B结算与物流交付

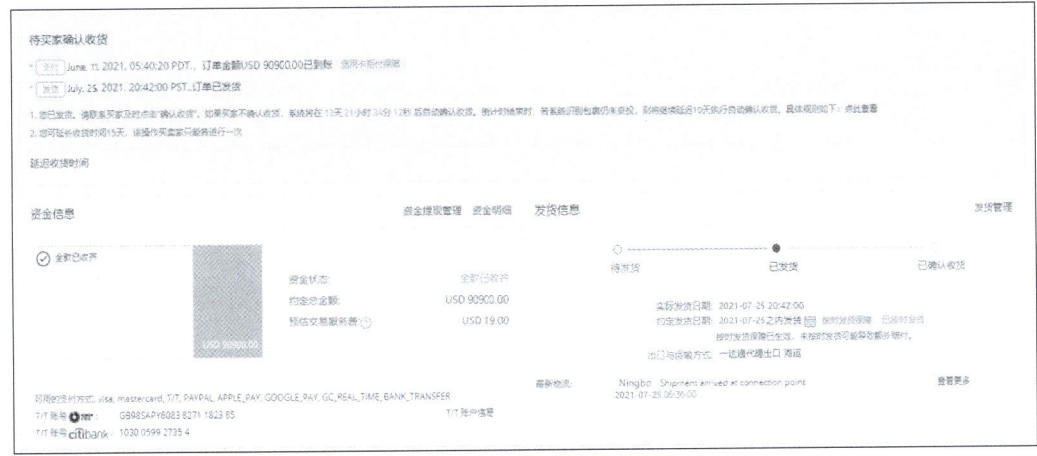

图 6-11 待买家确认收货图

【Step4】买家确认收货

南希联系买家确认收货事宜,买家表示收到货物符合要求,并在阿里巴巴国际站平台完成确认收货,如图 6-12 所示。

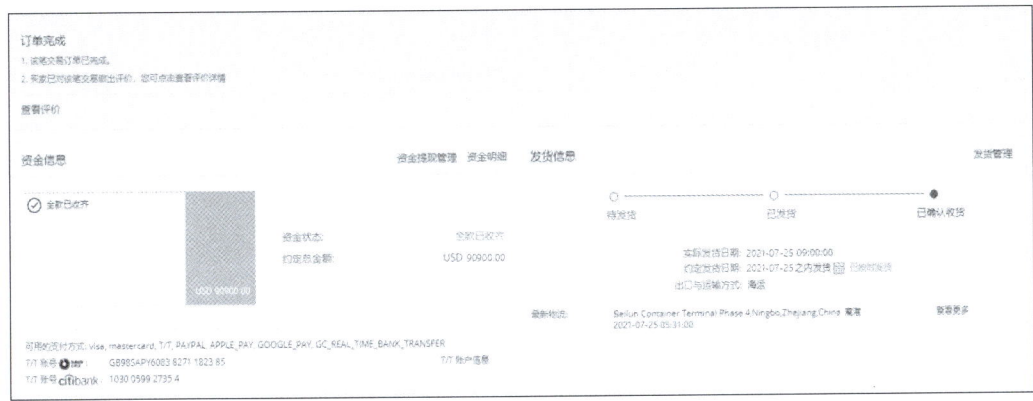

图 6-12 买家确认收货图

【Step5】买家评价

收到货后,买家向南希表示非常满意,并在阿里巴巴国际站平台上给予了五星好评,如图 6-13 所示。

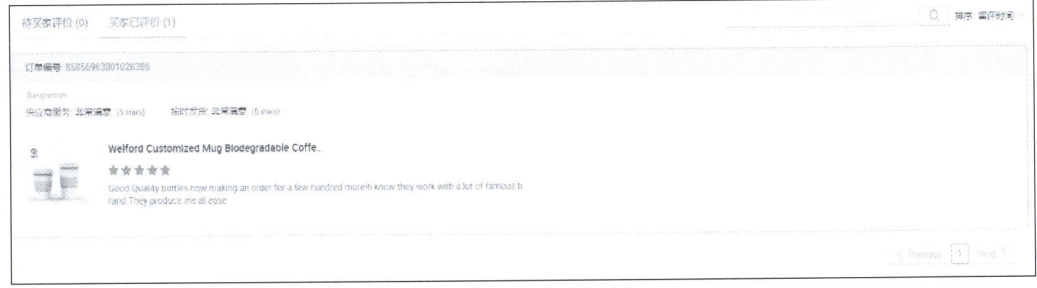

图 6-13 买家评价图

知识链接

一、跨境结算

跨境电商 B2B 业务中支付结算关系到买卖双方的利益,并且往往是双方在交易磋商时争论的焦点,需在合同中明确规定。跨境结算主要涉及跨境支付、结汇与提现等内容。

(一)跨境支付

跨境支付是指国际经济活动中的当事人以一定的支付方式偿还债务的行为。常见的跨境支付方式主要有汇付、托收和信用证三种,此外还可以使用西联汇款、PayPal 等。

1. 汇付(Remittance)

汇付又称汇款,是指汇款人通过银行或其他途径,主动将款项交给收款人。汇付涉及汇款人(债务人)、收款人(债权人)、汇出行、汇入行四个当事人。汇付分为电汇、信汇和票汇三种。

(1)电汇(Telegraphic Transfer,T/T)

电汇是指汇出行应汇款人的申请,拍发加押电报或电传给另一个国家的分行或代理行(汇入行)指示解付一定金额给收款人的一种汇付方式。电汇速度快,收款人可以迅速收到款项,但是电汇费用较高。目前,电汇是使用较多的一种汇付方式。

(2)信汇(Mail Transfer,M/T)

信汇是指汇出行应汇款人的申请,以航空信函的方式将信汇委托书寄给汇入行,授权其解付一定金额给收款人的一种汇付方式。信汇成本比较低,但是收款人收到款项的时间会比较久。

(3)票汇(Remittance by Banker's Demand Draft,D/D)

票汇是汇出行应汇款人的申请,代汇款人开立以其分行或代理行为解付行的即期汇票,以支付一定金额给收款人的一种汇付方式。票汇与信汇、电汇的不同之处是,票汇无须通知收款人取款,由收款人持票登门取款。在这种方式下,汇票经收款人背书,可以转让流通。

汇付的手续比较简便,银行只收取手续费,费用相对较低,但汇付风险大,资金负担不平衡。如果是货到付款,则卖方资金负担比较重;如果是预付款项,则买方资金负担比较重。对于极其信任的客户之间,汇付是比较理想的结算方式。

2. 托收(Collection)

托收是指在跨境业务中,卖方(债权人)开具汇票,委托银行向买方(债务人)收取货款的一种支付方式。托收涉及委托人、付款人、托收行和代收行四个当事人。

托收方式依据汇票是否随附装运单据可分为光票托收与跟单托收。

(1)光票托收(Clean Collection)

光票托收是指卖方在收取货款时,仅凭汇票,不随附任何装运单据。这种方式一般用于收取信用证项下余额、代垫费用、佣金及样品费等小额结算。

(2)跟单托收(Documentary Collection)

跟单托收是指委托人向托收行交付附有商业单据的金融单据或仅向托收行交付商业单据的托收。在跨境业务中,当事人在采用托收方式时,大多采用跟单托收。在跟单托收情况下,根据委托人向托收行交单条件的不同,跟单托收可分为付款交单和承兑交单两种。

付款交单(Documents against Payment,D/P),是指代收行在买方付清货款后,才可将商业单据交给买方的一种结算方式。D/P作为托收业务的一种类型,又分为两种基本的交易类型:即期付款交单和远期付款交单。

承兑交单(Documents against Acceptance,D/A),是指卖方的交单以买方的承兑为条件,即买方承兑汇票后即可领取货运单据,待汇票到期时再付款。

托收的优点是手续简便、收款迅速、费用较低,但对于卖方来说,收汇有一定的风险。因为托收虽然是通过银行办理的,但是银行只按照买方的指示办事,不承担付款的责任。能否收回货款,完全取决于买方的信用。这种支付方式可能会发生货物到达后,买方迟迟不去银行付款赎单,拒绝付款给卖方,给卖方造成损失。

3.信用证(Letter of Credit,L/C)

信用证是开证行应开证申请人的申请,向受益人开立的,承诺在一定期限内凭规定的单据支付一定金额的书面保证。信用证属于银行信用。

信用证涉及开证申请人、开证行、通知行、受益人、议付行、付款行、保兑行、偿付行等当事人。

信用证根据不同方式可划分为多种类型。

(1)跟单信用证和光票信用证

跟单信用证(Documentary L/C),是指开证行凭跟单汇票或仅凭单据付款的信用证。

光票信用证(Clean L/C),是指开证行仅凭不随附单据的汇票付款的信用证。

(2)即期付款信用证和延期付款信用证

即期付款信用证(Sight Payment L/C),是指开证行或付款行在收到符合信用证条款的单据后,立即履行付款义务的信用证。

延期付款信用证(Deferred Payment L/C),是指不用受益人开具汇票,开证行保证在货物装船后或收单后若干天内付款的信用证。

(3)承兑信用证和议付信用证

承兑信用证(Acceptance L/C),是指以开证行或其指定银行作为远期汇票付款人的信用证。

议付信用证(Negotiation L/C),是指由某一银行议付或任何银行都可以议付的信用证。

(4)不可撤销信用证和可撤销信用证

不可撤销信用证(Irrevocable L/C),是指信用证一经开出,在有效期内,未经受益人及有关当事人的同意,开证行不得单方面修改或撤销,只要受益人提交的单据符合信用证的规定,开证行就必须履行付款义务的信用证。

可撤销信用证(Revocable L/C),是指开证行对所开立的信用证不必征得受益人或有关当事人的同意,有权随时撤销的信用证。

信用证付款是一种银行信用,是独立于合同之外的契约,相关银行只按信用证的规定行事。信用证业务是一种纯粹的单据业务。在信用证支付方式下,银行信用不可能完全取代商业信用,也不可能完全避免商业风险,因此必须注意对信用证风险的防范,要善于辨别单证真伪,发现单证有疑点,要仔细调查。

4. 西联汇款

西联汇款是西联国际汇款公司(Western Union)的简称,是世界上领先的特快汇款公司,迄今已有150多年的历史,它拥有全球先进的电子汇兑金融网络,代理网点遍布全球近200个国家和地区。西联国际汇款公司是美国财富五百强之一的第一数据公司(FDC)的子公司。中国光大银行、中国邮政储蓄银行、中国建设银行、浙江稠州商业银行、吉林银行、哈尔滨银行、福建海峡银行、烟台银行、龙江银行、温州银行、徽商银行、浦发银行等多家银行是西联汇款的中国合作伙伴。使用西联汇款进行支付,大概要花费15分钟的时间。

(1)汇款流程

①写汇款表单。填写表单,然后出示由政府发行的身份证或其他证件。

②支付汇款手续费。将要汇出的款额连同必要的服务费用一起进行支付。

③签名并接收收据。在确认收据上的所有信息均无误之后,签署收据。收据所打印的内容之一是汇款监控号码(MTCN)。可使用MTCN联机(在网上)跟踪汇款的状态。

④通知收款人。与收款人取得联系,将一些必要信息告诉收款人,如汇款人姓名、汇款金额、汇款监控号码(MTCN)和汇款国家/地区。若采用直接到账汇款服务,需核实如下信息:收款人的中文名字、汇款监控号码(MTCN);收款人的有效身份证号码;收汇银行名称和银行卡账号。同一收款人第一次以后使用直接到账汇款服务,则不需再拨打中国服务热线核实必要信息。但如果收款人的必要信息有所改变(例如,汇款至同一银行的另一银行卡账户),则需要拨打中国服务热线,核实其必要信息。

⑤跟踪汇款。登录西联网站,点击主页上的"跟踪"链接。然后可通过键入汇款人姓名的拼音和汇款监控号码(MTCN)来跟踪汇款的状态。还可以拨打中国服务热线来了解汇款状态。

(2)取款流程

①确认款项。在前往西联合作网点之前,请确保汇款已经可以提取。可以直接联系汇款人进行确认,也可在网上跟踪汇款状态。

②前往合作网点。切记准备以下信息:汇款人的姓名、汇款国家/地区、汇款金额、汇款监控号码(MTCN),由政府发行的带有照片的身份证。

③填写表单并向合作网点提供汇款监控号码(MTCN)和带有照片的身份证。

④签署收据。合作网点将会打印一张收据,阅读其全部内容后在上面签名。

⑤取款。合作网点随后会将款额连同收据一同交给当事人。待交易完成,请将收到的汇款放到安全稳妥的地方。

与普通国际汇款相比,西联汇款有比较明显的优点。首先它不需开立银行账户,1万美元以下业务不需提供外汇监管部门审批文件;汇款在 15 分钟左右就可以汇到,简便快捷。而普通国际汇款需要 3 至 7 天才能到账,2000 美元以上还需外汇监管部门审批。先收钱后发货,买家承担手续费,对卖家最有利。

西联汇款的缺点在于汇款手续费按笔收取,对于小额收款手续费高。

5.PayPal

PayPal 是一个总部在美国加利福尼亚州圣荷塞市的在线支付服务商。PayPal 账户是 PayPal 公司推出的安全的网络电子账户,使用它可有效降低网络欺诈的发生。

PayPal 也和一些电子商务网站合作,成为它们的货款支付方式之一;但是用这种支付方式转账时,PayPal 收取一定数额的手续费。

PayPal 是全球使用最为广泛的第三方支付工具之一。针对具有国际收付款需求用户设计账户类型。通过使用 Paypal 进行便捷的外贸收款、提现与交易跟踪;从事安全的国际采购与消费;快捷支付并接受包括美元、加元、欧元、英镑、澳元和日元等 25 种国际主要流通货币。

PayPal 致力于为个人或企业提供通过电子邮件而进行的安全、简单、便捷的在线付款和收款服务。PayPal 账户所集成的高级管理功能,能轻松掌控每一笔交易详情。

(1)支付流程

通过 PayPal,付款人欲支付一笔金额给商家或者收款人时,可以分为以下几个步骤:

①只要有一个电子邮件地址,付款人就可以开设 PayPal 账户,通过验证后即可成为其用户。使用 PayPal 需提供信用卡或者相关银行资料,增加账户金额,将一定数额的款项从其开户时登记的账户(例如信用卡)转移至 PayPal 账户下。

②当付款人启动向第三人付款程序时,必须先进入 PayPal 账户,指定特定的汇出金额,并提供收款人的电子邮件账号给 PayPal。

③接着 PayPal 向收款人发出电子邮件,通知其有等待领取或转账的款项。

④若收款人也是 PayPal 用户,其决定接受后,付款人所指定之款项即移转予收款人。

⑤若收款人没有 PayPal 账户,收款人需依 PayPal 电子邮件内容指示进入网页注册并取得一个 PayPal 账户,收款人可以选择将取得的款项转换成支票寄到指定的处所、转入其个人的信用卡账户或者转入另一个银行账户。

从以上流程可以看出,如果收款人已经是 PayPal 的用户,那么该笔款项就汇入他拥有的 PayPal 账户,若收款人没有 PayPal 账户,网站就会发出一封通知电子邮件,引导收款者至 PayPal 网站注册一个新的账户。

(2)提现方式

用户可以将资金从其 PayPal 账户提取到中国的银行账户、美国的银行账户,还可以向 PayPal 申请支票。

①提现至中国账户

(a)将资金通过电汇发送到中国大陆的银行账户(电汇银行)

提现周期短,费用固定;一般建议用户在有较多余额时,一次性大额提取,可降低提现成本。可以提取的最低金额为 150 美元。每笔提现收取 35 美元的手续费。资金将在 3 到 7 个工作日内存入银行账户。

(b)提现至中国香港地区的银行账户

需要到中国香港地区办理银行账户,提现周期短,费用低;但对于客户群不是中国香港地区的卖家而言,会有较高的汇率转换损失。

最低提取金额为80港币。1000港币以下的收取3.5港币的手续费,1000港币及以上的免收手续费,招行一卡通或工银亚洲的卡都可以使用。此外提现到中国香港地区,提出来的是港币,同时还会有2.5%的币种转换费。资金将在3到6个工作日内存入用户的银行账户。

②提现至美国账户

需要到美国办理银行账户,提现周期短,每笔交易将收取35美元的手续费;可以提取的最低金额为1美元。资金将在3到4个工作日内存入银行账户。

③向PayPal申请支票

费用较低,但是提现周期很长,支票可能在邮寄过程中丢失;适合小额提现且资金周转不紧张的人群。可以提取的最低金额为150美元,通常需要4到6周的时间来处理支票。每张支票收取5美元的提现费用。

(3)PayPal的主要优势

①风控系统

PayPal通过提供安全解决方案,降低主要支付类型和支付渠道(包括线上、线下或手机支付)的欺诈风险,通过对行业技术的改革创新和积极投资,始终致力于先于欺诈活动实施保护。

(a)全面信息保护,账户安全是首要任务。将反欺诈技术与全天候账户监控相结合,确保账户的安全。使用PayPal付款时,个人和财务信息将经过安全加密,确保资金和信息的安全。

(b)实时欺诈防护,防患于未然,收到的每一笔交易都受到监控。欺诈风险模型和分析工具还可以根据不同业务需求量身定制。

②拥有全球合作伙伴

在中国,PayPal与Wish、速卖通、中国银联等达成合作伙伴关系。

(a)品牌效应强。PayPal在欧美普及率极高,是全球在线支付的代名词,强大的品牌优势,能让客户轻松吸引众多海外客户。

(b)资金周转快。PayPal独有的即时支付、即时到账的特点,让客户能够实时收到海外客户发送的款项。同时最短仅需3天,即可将账户内款项转账至客户国内的银行账户,及时高效地帮助客户开拓海外市场。

(c)安全保障高。完善的安全保障体系,丰富的防欺诈经验,业界最低风险损失率(仅0.27%),确保交易顺利进行。

(d)使用成本低。无注册费用、无年费,手续费仅为传统收款方式的二分之一。

③数据加密技术

当客户注册或登录PayPal的账户时,PayPal会验证客户的网络浏览器是否正在运行安全套接字层3.0(SSL)或更高版本。传送过程中,信息受到加密密钥长度达168位(市场上的最高级别)的SSL保护。

客户的信息存储在 PayPal 的服务器上,无论是服务器本身还是电子数据都受到严密保护。为了进一步保护客户的信用卡和银行账号,PayPal 不会将受到防火墙保护的服务器直接连接到网络。

PayPal 服务范围超过 200 个市场,支持的币种超过 100 个。在跨国交易中,近 70%的在线跨境买家更喜欢用 PayPal 支付海外购物款项。原因如下:

(a)使用 PayPal 可以轻松拓展海外市场,PayPal 覆盖国外 85%的买家。

(b)使用 PayPal 可以降低相关成本,比起西联和 T/T,PayPal 针对单笔交易在 1 万美元以下的小额交易更划算。

(c)使用 PayPal 可以加强买家对商家的信任度,很多国外买家都已非常习惯用 PayPal 付款。

(d)相比到银行汇款,PayPal 要省时省力得多,而且支持即时到账。

(e)商家因欺诈所遭受的平均损失仅为其他信用卡支付方式的六分之一。

(f)支持包括国际信用卡在内的多种付款方式。

(g)只有产生交易才需付费,没有任何开户费及年费。

④循环结账

定期为客户开具账单、支付会员费或提供租用服务和分期付款计划;提供 HTML 代码,只要将它复制并粘贴到网站上,客户随即便能点击按钮设置定期付款;立即接受通过信用卡、借记卡和 PayPal 支付的定期付款。创建"定期付款"按钮后,可以将这些按钮添加到网站上以查看外观。不过,要让按钮起作用,需要开通高级账户或企业账户。

⑤租用按钮

添加"租用"按钮后,会员便可以享受每月自动付款带来的便捷。

(二)交单收汇

1.信用证结算方式下的交单收汇

受益人(卖方)在按信用证要求发运完货物后,应随即缮制信用证规定的全套单据,开立汇票与发票,连同信用证正本在信用证规定的交单期和信用证的有效期内,递交信用证指定的银行请求议付、承兑或付款。

(1)交单时间的限制

受益人制单后,应在规定的交单期内,向信用证中指定的银行交付全套单据。若信用证中没有规定交单期限,银行将不接受自装运日起 21 天内提交的单据。在任何情况下,单据的提交不得迟于信用证的有效期。若信用证到期日或交单日的最后一天,适逢接受单据的银行停止营业日,则规定的到期日或交单期的最后一天将延至该银行开始营业的第一个营业日。但若该银行中断营业是因为天灾、暴动、骚乱、叛乱、战争、罢工、停工或银行本身无法控制的任何其他原因,则信用证规定的到期日或交单期的最后一天不能顺延。

(2)交单地点的限制

所有信用证必须规定一个付款或承兑的交单地点;在议付信用证的情况下须规定一个交单议付的地点,但自由议付信用证除外。若开证行将信用证的到期地点定在其本国或自己的营业柜台,而不是受益人国家,这对受益人极为不利,因为受益人必须保证于信用证的有效期内在开证行营业柜台提交单据。

(3) 银行对单据的处理

银行审核单据,若单证一致、单单一致,就会办理议付、承兑或付款。议付行对不符点单据主要采取以下处理办法:凭保函议付、电提不符点、托收寄单或征求意见寄单或退单。

(4) 信用证项下不符单据的处理

①审核开证行提出不符点的前提条件是否成立

开证行提出不符点的前提条件包括:在合理的时间内提出不符点,即在开证行收到单据次日起算的 5 个工作日之内向单据的提示者提出不符点;无延迟地依电讯方式将不符点通知提示者;不符点必须一次性提出,即如第一次所提不符点不成立,即使单据还存在实质性不符点,开证行也无权再次提出;通知不符点的同时,必须说明单据代为保管听候处理,或径退交单者。以上条件必须同时满足,否则,开证行便无权声称单据有不符点而拒付。

②审核开证行所提的不符点是否成立

受益人应根据信用证条款、UCP600 和 ISBP745 认真审核开证行所提的不符点,判断其是否成立。若不成立,应通过议付行与开证行据理力争,直至开证行付款。

③若不符点成立,且条件允许,可补交相符单据

信用证项下不符单据的补交是指当单据由于不符而遭开证行拒付之后,受益人可在规定的时间内及时将替代或更正后的相符单据补交给银行。根据 UCP600 的规定,单据经审核存在不符点,且银行决定拒付时,开证行所承担的信用证项下的付款责任得以免除;但若受益人在规定时间内补交了符合信用证规定的单据,开证行必须承担其付款责任。如果受益人在前期操作过程中浪费了大量时间,就会丧失补交单据的时间。

④若不符点成立,且无法补交相符单据,要积极与开证申请人洽谈

开证行拒付并不意味着开证申请人(买方)拒付,如果开证申请人最终放弃不符点,尽管开证行并不受开证申请人决定的约束,但一般会配合开证申请人付款。所以开证行拒付后,如果不符点确实成立,且无法补交相符单据,应分析与开证申请人之间的关系以及此笔交易的实际情况,以决定怎样与其交涉,说服开证申请人接受不符点并付款。只要货物质量过关,商品市场价格较好,开证申请人一般不会以此为借口拒绝接受单据。另外,也可以采取降价的方式,使开证申请人能付款赎单。

⑤若不符点成立,且开证申请人拒绝接受单据,则可在进口国另寻买主

若开证申请人拒绝接受不符点单据,受益人可以设法在进口国另寻买主,毕竟受益人拥有对单据的处理权。但其前提是信用证要求递交全套正本提单,若 1/3 正本提单已寄给开证申请人,2/3 正本提单提交给银行,则可能会面临钱货两失困境。

⑥退单退货

如果受益人无法在进口国寻找到新的买主,就只有退单退货了。不过在做出此决定之前,一定要仔细核算运回货物所需的费用和货值之间是否有利可图。有利即迅速安排退运,因为时间拖得越久,费用(港杂、仓储等)就越高;若运回货物得不偿失,还不如将货物放在目的港,由目的港海关处理。

2. T/T 结算方式下的交单收汇

如果是装运前 T/T 的结算方式,卖方在装运前已全部收到买方电汇的合同金额。在装运之后,就直接把包括海运提单在内的所有单据寄给买方,或指示船公司把提单电放给买方。

如果是装运后凭提单传真件 T/T 的结算方式,卖方在装运后,把海运提单传真给买方,等买方把合同金额电汇到卖方银行账户之后,再把包括海运提单在内的所有单据寄给买方。

如果是后 T/T 的结算方式,卖方在装运后就把包括海运提单在内的所有单据寄给买方,买方收到货物之后的一段时间内,买方采用电汇方式把合同款项付给卖方。

3. 托收结算方式下的交单收汇

选择托收结算方式时,卖方装运货物后,应及时将有关托收单据交托收行办理托收。托收交单较灵活,单据种类、单据内容、交单时间由卖方根据合同和买方情况决定。交单时,卖方应向托收行提供明确的托收指示书。

值得注意的是,托收行没有审核单据的义务,只是根据委托人的指示和国际商会托收统一规则办理,不能擅自超越、修改、疏漏、延误委托人的指示。

代收行是指接受托收行(或中间行)的委托,向付款人办理收款并交单的银行。如果买方没有付款或承兑,代收行在未得到卖方授权的情况下擅自交单,将由代收行承担损失责任。

二、信用保障服务与信用保障订单

(一)信用保障服务简介

信用保障服务是全球第一个跨境 B2B 中立的第三方交易担保服务平台。

阿里巴巴根据每个供应商在阿里巴巴国际站上的基本信息和贸易交易额等其他信息综合评定并给予一定的信用保障额度,用于帮助供应商向买家提供跨境贸易安全保障的一种服务。可以将信用保障服务简单理解为阿里巴巴国际站上的一种交易方式,这种交易方式可以给买卖双方带来更多保障。

信保服务概念

若卖家已经申请并开通信用保障服务,没有因为违规等被暂停、停止使用信用保障服务,则在卖家的旺铺页面、前台搜索页面、产品详情页、买家端询盘页面都会有信用保障服务标志。如图 6-14 所示。

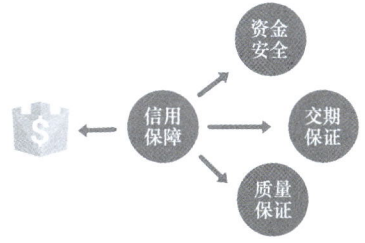

图 6-14 信用保障服务标志图

(二)信用保障服务的内容

对于卖家而言,使用信用保障服务的优势有三点:①彰显信用:独特专属标志及信用保障额度可以在平台上展示,买家可以通过标志与额度直观看到卖家的信用;②促进交易:信用保障服务是阿里平台替卖家向买家提供的第三方保证,可以更快速获得买家信任,帮助卖家更快达成交易;③交易积累:供应商走单量不断上升,信用额度可不断积累,更好地向买家彰显实力,同时,走单量上升,对供应商平台表现与产品排名也会有一定的帮助。

对于买家而言,使用信用保障服务的优势体现在:①按时按质发货:由于卖家的信誉会直接在主页上显示,因此可以督促卖家及时发货,假如出现货不对板的情况,买方可以发起申诉请求;②预防财货两空:如果卖家在收到客户的款项之后拒绝付款,阿里巴巴国际站平台可以帮助买卖双方进行纠纷的处理和解决。

案例:A企业向美国买家出运一票价值9万美元的箱包,约定结算方式为20%预付款,剩余80%凭提单传真件支付。货到港后,买家以下游客户取消订单为由拒绝付款提货。A企业随即报损。由于货物滞留,港口各种费用日益增加,企业积极地寻求货物处理方案。A企业联系了美国另一买家收货。新买家愿意以发票金额的6折收货,但港口费用需企业承担。经阿里巴巴国际站同意,企业将该批货物按照上述折扣进行了转卖。

(三)起草信用保障订单

(1)卖家登录My Alibaba后台,点击"交易管理"→"起草信用保障订单"(图6-15)或点击"信用保障服务"→"起草信用保障订单"。根据与买家的协商结果,选择是否为样品单、支付方式和交易币种,如图6-16所示。

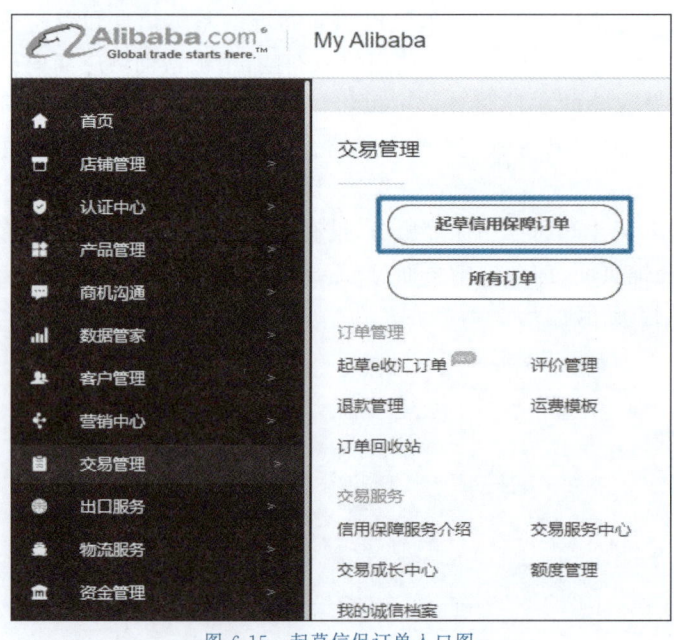

信保服务流程

图6-15 起草信保订单入口图

图 6-16 选择订单类型图

(2)买家的邮箱必须是海外邮箱,国际站对邮箱的填写会做校验,对于国内客户邮箱,系统会限制提交。订单起草后,买家信息无法修改,如图 6-17 所示。

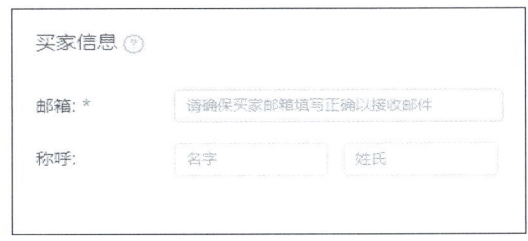

图 6-17 填写买家信息图

(3)关于产品信息,有两种上传方法:

方法一:直接添加产品,如图 6-18 所示。

图 6-18 添加产品图

方法二:上传文件,如图 6-19 所示。

图 6-19 上传文件图

(4)关于地址,建议和买家提前确定发货地址。运输方面,选择快递运输方式时,有阿里巴巴国际站推荐的物流和自有第三方物流可供选择,如图 6-20 所示。

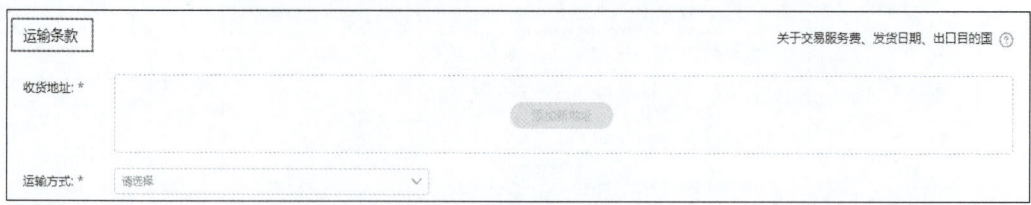

图 6-20　填写运输条款图

发货日期可以选择预付款或者是尾款到账后的多少个自然日发货,或指定日期发货,且填写确定的日期数。

注意:这里周末和节假日时间计算在内。

出口方式方面,信用保障订单的总金额在 5000 美元以内,可以自主选择出口方式;总金额在 5000 美元以上,必须选择"一达通代理出口",如图 6-21 所示。

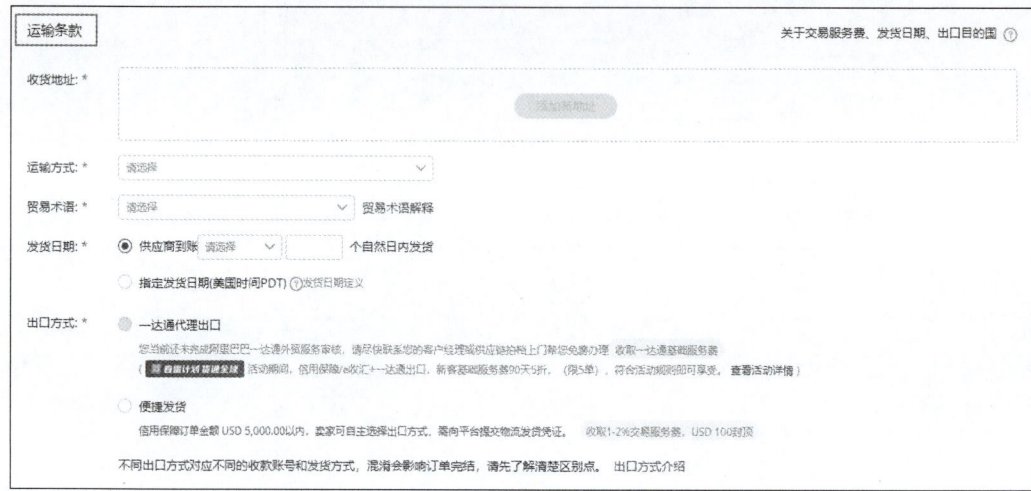

图 6-21　选择出口方式图

(5)不同的支付方式,手续费、到账时间、限额都不同,请根据实际情况选择支付方式,如图 6-22、图 6-23 所示。

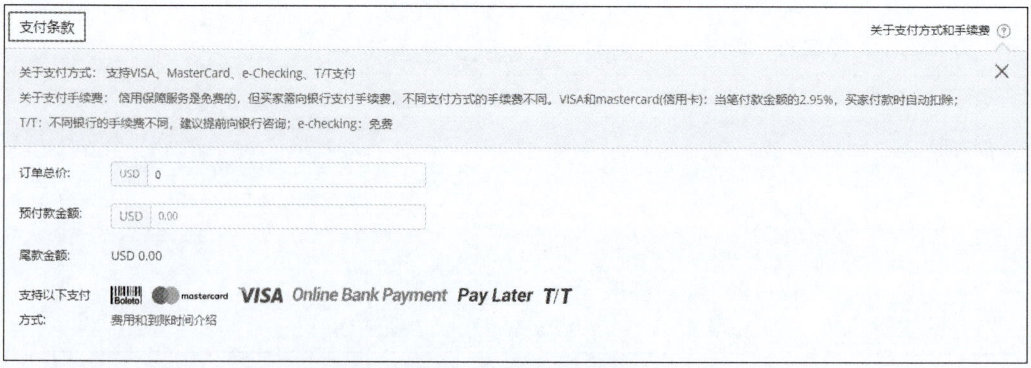

图 6-22　填写支付条款图

项目六 跨境电商B2B结算与物流交付

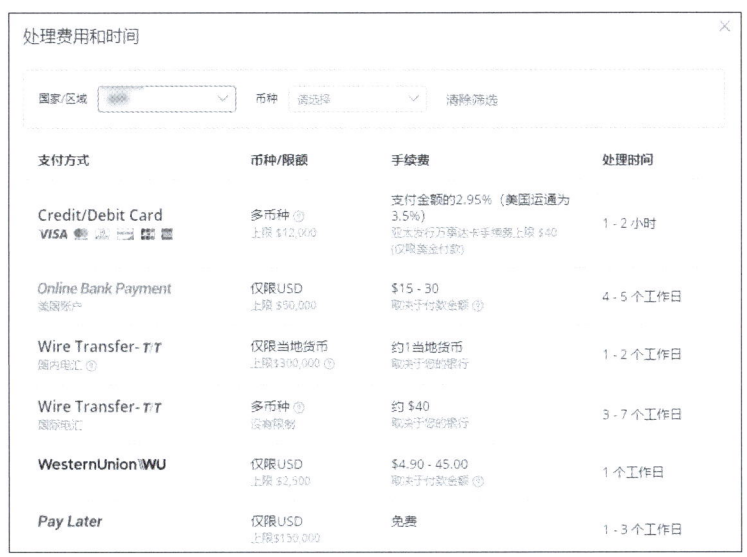

图 6-23 选择支付方式图

(6)增值服务方面有两个选择:①专人跟单:这是阿里巴巴国际站基于信用保障订单交易履约提供的帮助卖家跟进订单生产时效,确定发货前状态的一项增值服务;②验货服务:在完成首付款支付且验货费用到账或挂账成功后,阿里巴巴国际站会将验货任务分配给第三方验货公司,验货公司将安排验货员在约定时间上门验货,如图 6-24 所示。

图 6-24 选择增值服务图

(四)信用保障额度

信用保障额度是阿里巴巴国际站为了帮助买卖双方解决交易过程中的信任问题,为买卖双方提供的贸易安全保障及服务。

阿里巴巴国际站鉴于大额跨境贸易的押款会严重影响资金周转,为了让中国优质供应商更好地走向世界,更好地获取买家信任,并解决供应商资金周转难的问题,根据阿里巴巴国际站供应商的企业资质及真实贸易数据评估一个信用保障额度,在额度范围内,可以提前放款。

额度的评估最主要的参考因素是阿里巴巴国际站可验证的供应商的经营能力和资信状况,信用保障额度的提升是一个循序渐进的过程,需要长期积累,额度更新会在中国时间每个月 10 日进行,如图 6-25 所示。

图 6-25 额度管理图

影响额度的因素有很多,对于额度的评估是基于阿里巴巴风险测算模型计算的,考量系数较多,且根据出口行业的变化和信用评估渠道的拓展而不断调整。

(1) 供应商公司的基本情况。

(2) 供应商的经营能力,目前参考贸易流水来评估:通过信用保障订单产生的流水;仅通过一达通完成出口的流水;平台通过可信途径获得的企业自营出口数据。

(3) 供应商的资信状况:目前参考阿里巴巴国际站违规处罚累计扣分(扣分会导致信用保障额度降低,超过一定分值或其他重大违规行为则无法使用该服务)。

(4) 其他风险因素(如企业和法人代表征信情况、纠纷处理等)。

信保额度的释放规则也分为两类:

(1) 为有报关信息返回的订单根据实际报关金额释放额度。

① 订单累计报关金额达到订单金额的 80%,订单发货完成,释放订单全部额度。

② 订单一个批次通关放行后,若报关金额不足订单金额的 80%,订单状态为"部分发货",仅释放本批次额度,并需要继续新增批次。

(2) 无报关信息返回的 TAD 订单(≤5000 美元,非一达通出口),使用阿里物流发货,"已发货"释放全部额度;使用第三方物流发货,"确认收货"释放全部额度。根据选择的批次和数量,由客户决定是否分批发货,不支持分批发货分批释放额度,仅支持全部发货完毕后根据物流方式一次性释放额度。

注意:当订单状态为"部分发货"时,买家无手动确认收货的按钮。需继续发货直到满足累计报关金额达到订单金额的 80%。

三、跨境物流

跨境物流是指依靠互联网、大数据等先进技术,实现跨境电商产品跨越不同国家或地区关境的物流活动。跨境物流是跨境电商的核心环节,也是产品交易的必要环节,对买家的收货体验、卖家的物流成本控制及最终的销售额都会产生直接影响。跨境物流系统的高效率、高质量、低成本的运作是促进跨境电商发展的保障。

跨境物流的模式上

(一)跨境物流的定义

跨境物流是指物品通过跨境电商平台从供应地到不同国家地域范围接收地的实体流动过程,包括国际运输、包装配送、信息处理等环节。物流环节是不能在虚拟环境下实现的,选择最佳的跨境物流方式与路径,以最低的费用和最小的风险,实现货物的国际流动与交换,是促进跨境电商发展的保障。目前,行业中比较常用的跨境电商物流方式主要有邮政物流、国际快递、专线物流及海外仓等方式。

跨境物流的模式下

1. 邮政物流

邮政物流是指通过中国邮政(China Post)的物流网络,将本地货品送交国外买家的运输体系。按照当前中国邮政的产品来分类,可分为邮政小包、e特快、e包裹、e邮宝、e速宝。邮政物流系统覆盖面特别广,基本上全世界的国家都加入了万国邮政联盟(Universal Postal Union,UPU),并且联盟成员均承诺提供基础服务并只收取较为低廉的费用。其中,通邮范围最广的是中国邮政小包(China Post Air Mail),又称中国邮政航空小包、邮政小包、航空小包,是指包裹重量在2千克以内,外包装长、宽、高之和小于90厘米,且最长边小于60厘米,通过邮政空邮服务寄往国外的小邮包。

2. 国际快递

国际快递是指在两个或两个以上国家(或地区)之间所进行的快递、物流业务,通过国家(或地区)之间的边境口岸和海关对快件进行检验放行。目前,国际上最大的4家国际快递公司分别是 DHL(敦豪航空货运公司)、UPS(联合包裹运送服务公司)、FedEx(联邦快递公司)和 EMS(中国邮政速递物流股份有限公司)。它们通过自有的团队和本地化派送服务,为买家和卖家提供良好的服务体验,与优质的服务体验相应的是高昂的运费成本。它们占据了中国国际快递业务绝大部分的市场份额,虽然国内的顺丰、申通等也开始慢慢布局海外市场,但其差距明显。国际快递具有速度快、服务好、丢包率低的特点,尤其是发往欧美等发达国家非常方便。由于国际快递的成本高昂,通常只是在寄送一些货值较高、时效性要求较高的货物时才会被采用。

3. 专线物流

专线物流是指针对特定国家(或地区)推出的跨境专用物流线路。按照服务对象的不同,专线物流可以分为跨境电商平台企业专线物流和国际物流企业专线物流。其中跨境电商平台企业专线物流是大型电商平台专门为电商平台内线上销售商品的中小企业开发的物流项目,通过在国内设立仓库,实现提供简单易行且成本较低的物流服务的目的。跨境电商物流专线主要包括航空专线、港口专线、铁路专线、大陆桥专线、海运专线及固定多式联运专线。

专线物流与传统物流(包括邮政物流和国际快递)的不同之处在于一个"专"字,前者一般是通过航空包舱的方式将货物运输到国外,再通过合作的物流公司进行目的国国内派送。专线物流通过规模效应来降低物流成本,总体时效比邮政物流快,比国际快递慢。专线物流价格会随着时间的推移而发生变化,具体价格以发货时的报价为准。不同的物流商和不同的专线都有价格差异,要根据实际需求,选择合适的专线物流方案。例如,中美海派专线是阿里巴巴国际站为平台商家推出的经济型线路,采用海运+末端UPS/

FedEx派送,由泛远国限物流承运,提供仓到门服务,但仅支持美国发货。

4.海外仓

顾名思义,海外仓是建立在海外的仓储设施。在跨境贸易中,海外仓是国内企业将商品通过大宗运输的形式运往目标市场国家(或地区),在当地建立仓库、储存商品,然后根据销售订单,第一时间做出响应,及时从当地仓库进行分拣、包装和配送。大物流时代,很多物流企业开始大规模建立海外仓。例如,阿里物流的美西洛杉矶海外仓、美东新泽西海外仓,它们所提供的服务包括:入库、仓储、出库等基础仓库服务;快速、可追溯的货物派送的末端配送服务;贴标、换标、重新包装等增值服务;物流派送失败后的退货服务;支持线下渠道及其他电商平台的订单发货的平台支持服务等。

(二)跨境物流的选择

1.线上发货与线下发货

线上发货是由跨境电商平台与多家优质第三方物流商联合打造的物流服务体系,卖家使用线上发货可直接在跨境电商后台在线选择物流方案,物流商上门揽收(或卖家自寄至物流商仓库),发货到境外。线上发货具有享受卖家保护政策、运费较低、支付方便、渠道稳定、时效较快等优点。

线下发货是跨境电商的传统发货方式,可以通过前述的四大国际快递来发货,但更多的还是选择和货运代理公司合作。一般的中小卖家由于日常订单量不大,不足以和四大国际快递谈到一个合适的折扣,因此需要借助货运代理公司拿到优势折扣价。卖家直接跟物流公司对接,货物的操作更符合物流公司的要求,在货物出现异常问题时的相关处理就会更简单一些,例如,卖家无须重新打印地址标签与报关单等,直接把货物收回再发出即可,且卖家直接跟物流公司结账。物流公司对线下发货的积极性较高,也会提供多种物流渠道供卖家选择。

2.跨境物流方式选择

跨境电商卖家在选择物流服务商的时候,关键是看何种物流方式更加方便买家,同时,综合考虑运输时间、可预测性、成本及非经济因素等各方面因素。跨境电商卖家必须选择合适的运输方式,了解自己的实际需求,了解各种物流方式的特点及所能提供的服务内容,进行多方对比,以便选出最适合自己的物流方式,做到安全、可追踪性强、时效性和可控性强、服务好、性价比高。

3.阿里巴巴国际站物流服务介绍

阿里巴巴物流模式

阿里巴巴供应链物流服务是针对不同类型的订单(样品单、试订单、常规订单、大单)提供的一站式物流、贸易等综合解决方案,通过集约化操作,最大程度降低成本,促成订单成功交易。目前已经开放28个国家的海运专线(包括一体化的进出口贸易代理服务)、52个国家/地区的114个港口的海运拼箱服务、33个国家56个港口的海运整箱服务、送达俄罗斯100多个主要城市的中俄通服务以及全球的国际快递服务(包括DHL、UPS、FedEx、EMS)。

阿里巴巴国际站提供的物流目前包含快递服务(门到门、仓到门)、海运服务、空运服务、陆运服务等,每种物流服务方式均可通过一达通平台下单。阿里巴巴物流服务由第三方物流及贸易服务商提供,主要优势如下:价格透明有竞争力;物流信息全程在线追踪;服务专业、有保障。

(三)一达通服务介绍

阿里巴巴一达通(One Touch)是中国外贸服务创新模式的代表,也是中国境内服务企业最多、地域最广的外贸综合服务平台。阿里巴巴以集约化的方式,为外贸企业提供快捷、低成本的通关、外汇、退税及配套的物流、金融服务,以电子商务的手段,解决外贸企业的服务难题。这种"一揽子"外贸服务解决方案即为一达通外贸综合服务。

1.一达通外贸服务的优势

(1)通关:海关高信用资质,专业团队,造就高效通关速度。

(2)外汇:国内唯一银行进驻的外贸服务平台,安全快捷;可实现境内外同步收汇结汇,到账快,成本低。

(3)退税:合规办理,安全顺畅;一达通可提供垫付退税增值服务,垫付退税服务费由买卖双方协商确定,满足退税款释放条件后3个工作日内即可获得垫付退税款,加速企业资金周转。

此外,一达通还提供配套的物流、金融服务,帮助解决外贸企业服务难题。

2.一达通出口代理服务

一达通出口代理服务,简称2+N。这里的N是指基础服务(通关、外汇、退税)以外的增值服务,包含且不限于金融服务(信用证、保单贷、流水贷等)、物流服务等。

(1)2+N服务规则

①产品要求

(a)出口产品通过一达通产品审核。

(b)国家明令禁止的产品除外,如赌博类工具或用具。

(c)0退税产品不可准入操作。

②客户要求

(a)一般纳税人必须具有退免税资质;如果没有,可用以下文件替代:

• 出口退免税资格认定申请表。

• 出口退免税资格认定登记通知书。

• 客户以往退税资料,包括:客户自行办理退税的报关单退税联;客户自行办理退税的出口退税汇总表;客户自行办理退税的明细表(生产企业免抵退明细1份,外贸企业出口进货明细1份);显示该批货物已办理退税成功的银行水单。

• 国税局网络截图证明客户具备自行退免抵税资质。

(b)小规模纳税人需提供"出口退免税资格认定"才能准入;深圳小规模企业无需提供"出口退免税资格认定",直接准入。

(c)小规模纳税人准入后,如变成一般纳税人,需重新按照一般纳税人的要求提交出口退免税资格认定等相关资料审核。

(2)2＋N服务特点

所有企业必须具备退免税资质；受托方根据委托方的要求办理出口业务，由委托方自行退税。

(3)2＋N服务申请条件

非境外或个人企业、非福建莆田地区企业，须具有"出口退免税资格认定"；出口产品非一达通出口代理服务禁止操作产品。

(4)2＋N服务流程

①确认合作：确认合作细则，签署协议。

②下单：在截关时间前至少2个工作日安排下单。

在使用出口代理订单时，需在提交订单前确认系统中的纳税人识别号、海关注册登记码、税局备案海关代码是否与税局备案的信息一致。若一致可正常下单，若不一致需在MO系统客户信息中完成修改并审核通过后才可下单。备注：如为商检产品且法商检备案已完成，请至少提前5个工作日安排下单。

③通关：安排报关出口。报关抬头为双抬头报关，收发货人单位是一达通抬头，生产销售单位是公司抬头。

④外汇：查询外汇是否到账，外汇到账查询路径。

⑤一达通开具"代理出口货物证明"：收齐相关资料后，一达通将办理"代理出口货物证明"，成功办理后，可自行在平台上确认代理证信息。

⑥确认路径：登录自助操作平台（MO系统）→订单管理→出口订单→找到对应订单，点击详情→确认代理证信息。

⑦退免税申报：自行在当地办理退免税申报，申报截止日期为出货之日起次年4月15日。

⑧结算：发起结算后，一达通将相应结算款项汇至客户公司的对公账户。

3.一达通出口综合服务

一达通出口综合服务，简称3＋N，指在一达通的服务中通关、外汇、退税三项基础服务需要同时使用。

(1)3＋N服务规则

拒绝准入非供货企业；拒绝准入委外加工供货企业；供货企业一般纳税人认定时间需满足一定的年限；拒绝准入税局预警的风险地区、企业和产品。

一达通3N服务模式

(2)3＋N服务优势

①通关：顶级资质，快捷简单。以一达通名义完成全国各大口岸海关的申报。

②外汇：高效安全，专款专用。帮助完成出口收汇的国际结算业务。

③退税：合规办理，灵活选择。可选择一达通垫付退税的服务，以一达通名义帮助快速合规办理退税，满足条件后最快3个工作日到账。

(3)3＋N服务流程

产品审核及供货企业审核通过→下单→报关出口→收汇→开具增值税专用发票给一达通→一达通垫付退税款→结算。

四、订单评价

买家评价分是阿里巴巴国际站根据买家在交易完成后,对供应商的服务态度、发货速度、货物的如实描述程度三个维度历史打分的平均得分。

(一)评价时间

卖家在订单交易完成后 30 天内可邀请买家评价,买家在订单交易完成 30 天内对订单进行评价。

(二)买家好评率

卖家在报价之后、180 天之内,会收到买家的 1~5 颗星的评价(好评:4~5 颗星;中评:3 颗星;差评:1~2 颗星)或 1~5 分的评价(好评:4~5 分;中评:3 分;差评:1~2 分)。

(三)买家评价分高的优势

(1)具有搜索排名优势,能够获得更多买家青睐。
(2)获得买家认可,能够更好地提升转化。
(3)在日常活动、大促时,能够优先入选。
(4)能够被优先推荐给更多新买家。

(四)订单评价的展示

若买卖是通过点击一口价产品"Buy Now"起草的信用保障订单,则评价展示位置同 Secure Payment 订单评价展示位置在同一处。若买家是通过在线起草的,且选择的是已发布产品,则评价展示位置在被评价产品的详情页、商家旺铺页面。若买卖双方是通过上传合同起草的信用保障订单(这种订单不要求选择产品),则只在旺铺页面展示。若卖家是通过"添加未发布产品"起草的信用保障订单,则只在旺铺页面展示。对于信用保障订单评价,可选择"My Alibaba"→"信用保障交易管理"→"评价管理",查看对应订单的评价内容。

(五)提高买家评价分的方法

(1)卖家主动出击,积极邀请买家对自己的信用保障订单进行评价。
(2)卖家积极对买家评价进行回评:针对买家评价做出感谢及解释等信息(注:在买家评价产生 30 天内,卖家只可回评一次,最多可修改回评一次且只有当买家修改评价后才有修改机会)。

习题测验

(一)单项选择题

1.下列选项中,一达通不提供的服务是(   )。

A.通关服务 B.获客服务
C.退税服务 D.金融服务

2.当前跨境出口物流方式中时效最快的是(　　)。

A.国际快递 B.海运
C.国际专线 D.邮政小包

3.下面关于跨境支付方式表述不正确的是(　　)。

A.西联汇款手续费由买家承担

B.T/T汇款主要分为前T/T、后T/T和混合式T/T

C.PayPal付款时客户可以直接把款项打到我们的PayPal账户里

D.L/C付款适用于小金额的订单

(二)判断题

1.商家在阿里巴巴国际站的信保额度可以自由申请,商家做相应承诺后即可获批。
(　　)

2.充值P4P可以提升信保额度。 (　　)

能力实训

起草信保订单

箱包公司的跨境电商B2B销售专员需要起草一份信保订单。背景情况如下：

客户:James Carter(USA)

邮箱:catertrading@gmail.com

交易物品:帽子(New Design Versatile Leisure Fisherman Hat Men And Women All Season Soft Top Sun Hat Bucket Cap 单价 US＄1.9)2000件

收货地址:791th Apartment 613,Long Beach,California,United States

运输条款:采用海运线下发货,在供应商的工厂进行交货,供应商收齐款项后21个自然日内发货

支付条款:预付款为总价的40％,付款方式为T/T。

请根据要求,完成信保订单的起草。

项目七

跨境电商 B2B 客户服务与维护

学习目标

能力目标

- 能识别客户的重要程度,进行分类管理;
- 能根据国外客户的投诉,做出合理的回应和处理。

知识目标

- 掌握客户服务原则与流程;
- 掌握客户分类管理方法;
- 掌握客户忠诚度分析、客户流失分析和客户流失处理;
- 熟悉客户调查内容和方法;
- 掌握客户投诉处理的几大步骤。

素养目标

- 具备精益求精的客户服务意识;
- 具备协同处理纠纷的团队精神。

思维导图

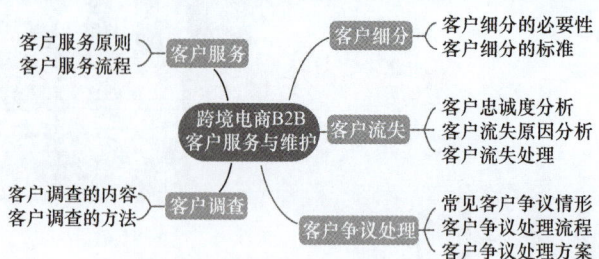

项目背景

2021年11月8日,杭州维丰实业有限公司跨境电商销售专员南希收到英国客户Nathan(客服中心 Arianna 发送给 Nathan)的投诉邮件(图 7-1),声称购买的货号(Kimball)为 8096102 的杯子和刀叉组套(Stacey Solomon cup and cutlery Set)中的婴儿叉勺有金属锋利部位(图 7-2),造成消费者受伤出血。

```
FW: 606567-2 - Tech Action/FYI Sharp                            2021-11-08 15:44:54

To: Nathan Lawless <nlawless@primark.ie>; Susan Yip <syip@primark.ie>; Julie Bell <jbell@primark.ie>; Jenny Fry <jfry@primark.ie>; Nargis
Golap <ngolap@primark.ie>
Subject: 606567-2 - Tech Action/FYI Sharp

Hello,

Please see new file for action:

Product: Stacey Solomon cup and cutlery Set
Kimball: 8096102
Summary (2 lines max): Customer state that there is an extremely sharp small shard of plastic sticking out of the spoon which cut their
son's finger

Original email:

-------------------------

I recently purchased a bowl, cup and cutlery set from the new Stacey Solomon "little pickle" range. Whilst my toddler was feeding
himself (in my company), he let out a cry and I couldn't work out what was wrong. I then saw blood on his finger. Having inspected the
spoon, there is an extremely sharp small shard of the plastic sticking out. I have photos of the spoon, and still have the spoon, which of
course I will no longer be using. The manufacturing/quality assurance of this product aimed at babies and toddlers really needs to be
closely examined. I am just thankful this part didn't enter or cut his mouth as this could have been a lot worse.

-------------------------

Product and sharp has been requested from customer. Please advise who this needs to be sent to once received in Head Office.

Update will be advised when received in Head Office.

CC Nathan lawless, Susan Yip and relevant Tech team

Thanks,
Arianna
```

图 7-1 投诉邮件

项目七 跨境电商B2B客户服务与维护

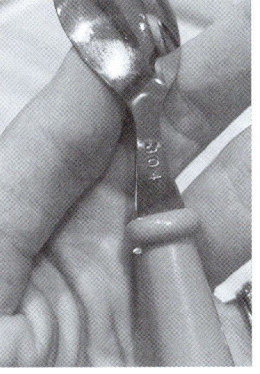

图 7-2 婴儿叉勺有金属锋利部位

任务分解

接下来,跨境电商 B2B 销售专员南希的主要工作任务是:
任务1 客户投诉回复
任务2 客户投诉处理

任务完成

任务1 客户投诉回复

当天,南希(Nancy)给英国客户 Nathan 回复:首先,表示歉意;其次,表示会寻求改进方案(Action plan),如图 7-3 所示。这样的回复很好,既稳定了顾客情绪,又让客户有了期待。

```
On 11/8/2021 17:28, Nancy<ga@chinawelford.cn> wrote:
hi Nathan:
We really sorry about this.
I thought this is the injection molding nozzle which we need to polish in production.
This one is not polished very well.
I will communicate with factory about this and write a action plan.
this is really important for teddy styles.
thanks

Nancy

Welford Industrial Co.,Ltd
RM. 2002, Unit Two, Ruling the World Building, No.1819 Hongning Road, Qianjiang Century City, Hangzhou, China.

Whatsapp:+ (0571) 83526076
Email: ga@chinawelford.cn
Mobil:+86 13738061209
```

图 7-3 客户投诉第一次答复函

193

任务 2　　客户投诉处理

11月10日，南希（Nancy）给英国客户 Nathan 先后发了 2 封邮件做了第二次补充答复：再次表示歉意；跟工厂分析了原因，是锋利的边缘没有修理造成的。并表示企业生产中如果看到会挑选出来的，这个是极低概率的偶然事故。同时，表示会加强员工培训，以后这些婴儿产品都会做 100% 检验再出货，如图 7-4、图 7-5 所示。

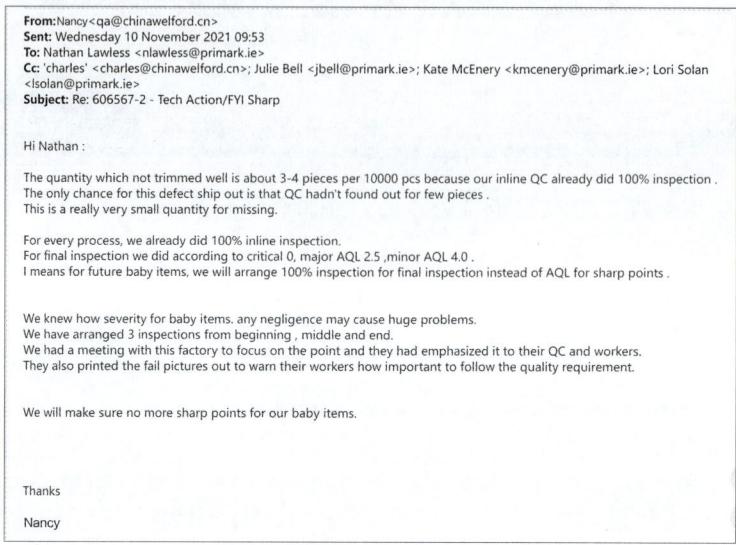

图 7-4　客户投诉第二次答复函 1

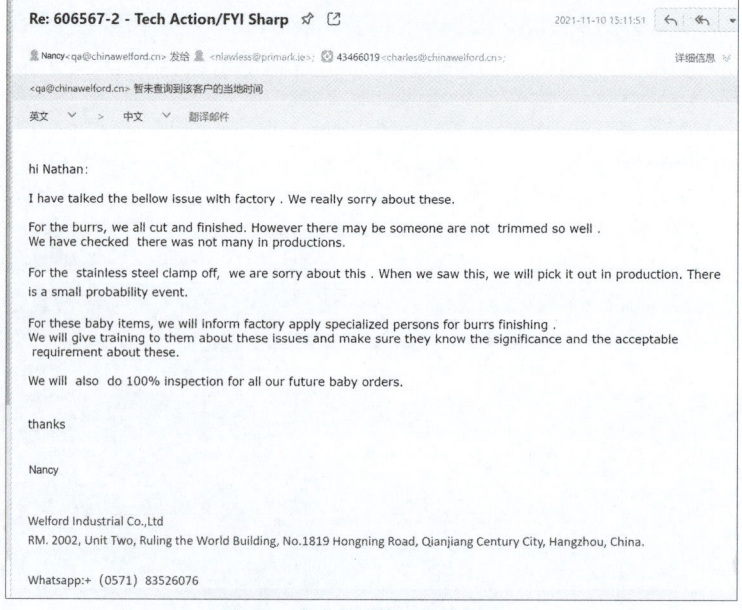

图 7-5　客户投诉第二次答复函 2

没想到第二次答复直接引起了客户 Nathan 的强烈反应。客户表示"锋利的产品不是很多的,是不是意味着在售货物还有很多是锋利的?还有很多无辜的婴儿可能要蒙受伤害?"第二次答复中表示的"我们将会 100% 检验",是不是意味着企业并没有 100% 检验合格再出货,如图 7-6 所示。

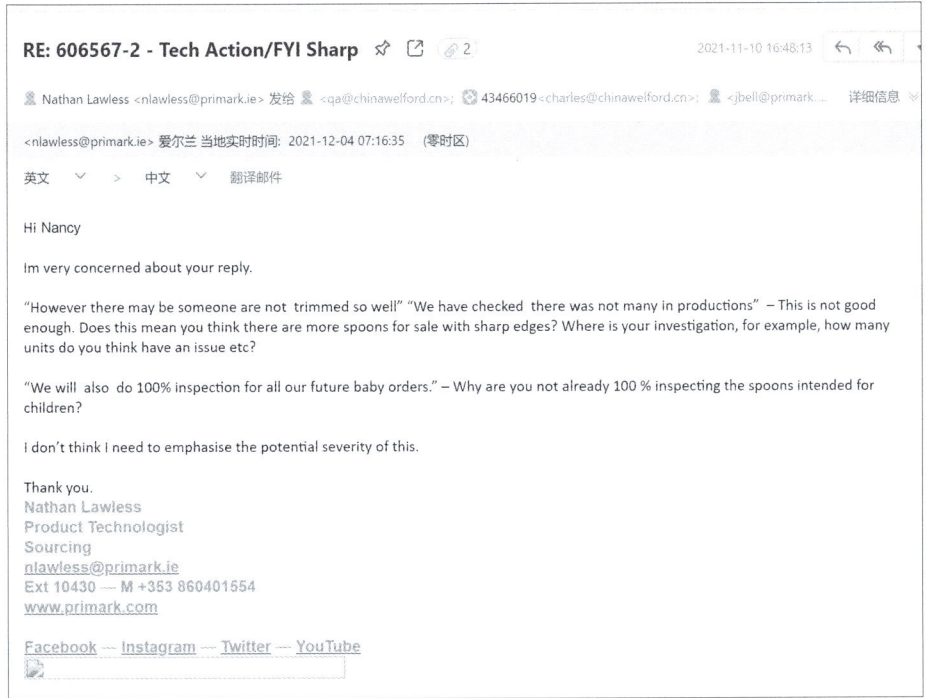

图 7-6　客户不满答复

客户 Nathan 质疑:如何得出大货里面只有 4 个次品的结论的?如果 100% 检验,为何还会有 2 个锋利的次品?如图 7-7 所示。

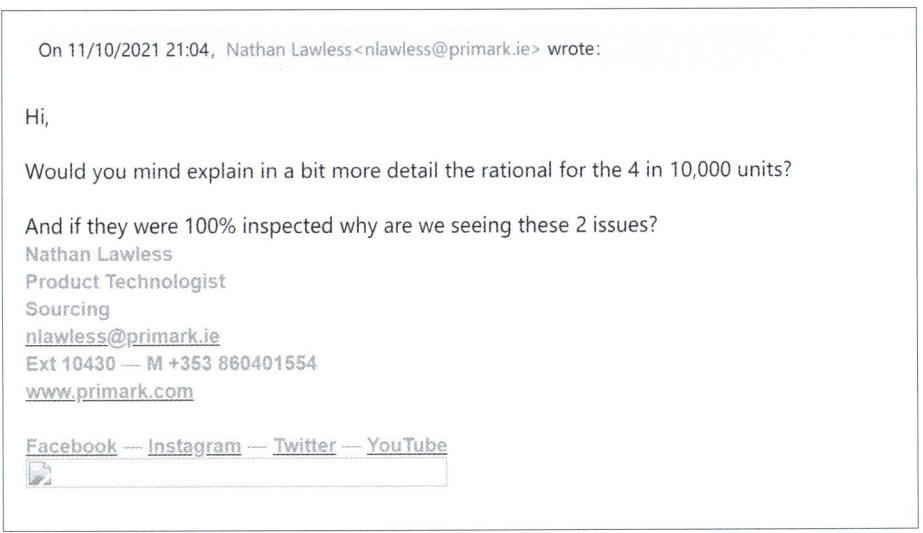

图 7-7　客户质疑

Nancy 组织第三次答复:提供了大量的检验图片、检验报告,用数据分析得出这样的锋利次品是极个别的偶发现象，并再次强调会加强管控，如图7-8、图7-9、图7-10所示。

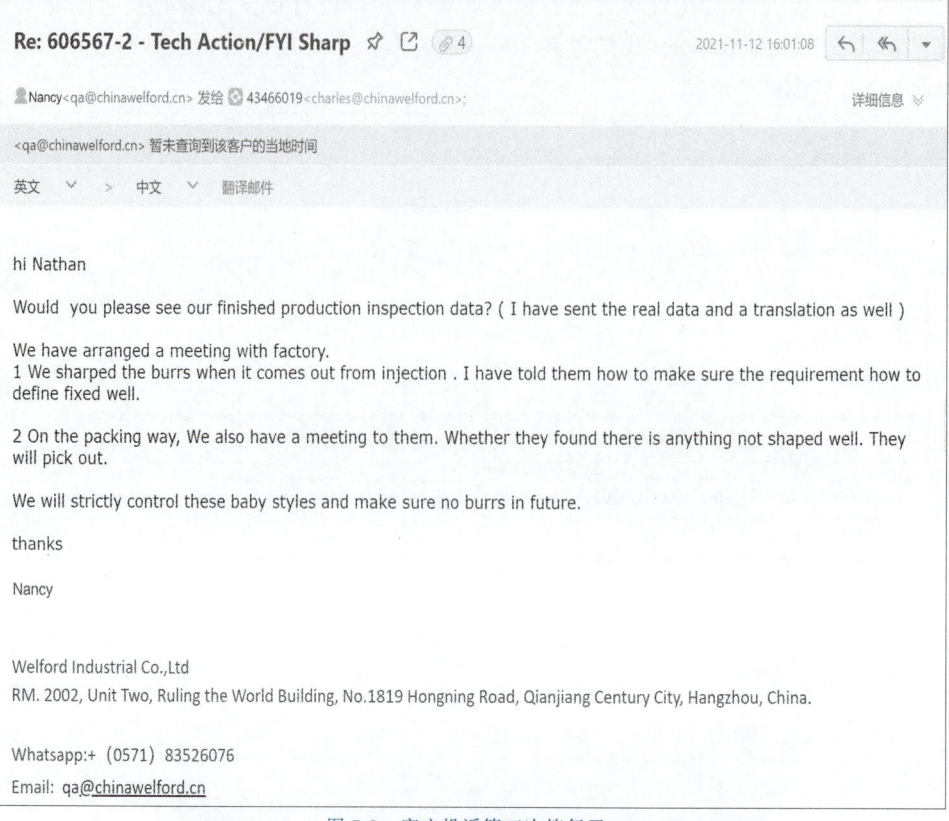

图7-8　客户投诉第三次答复函

图7-9　产品检验图

图 7-10　检验报告

最后，客户 Nathan 接受南希的投诉处理，不再讨论这个问题了。

启示：每一次客户投诉都是一场信任危机。南希的第一次答复很棒，"表示歉意，告知会调查并提出整改方案"。第二次答复就出现了很大的失误，用了"maybe someone"，"probability event"等模糊字眼，最后一句 will 100% inspect 犯了常识性错误，即成品货物必须是 100%检验合格才能出货的。第三次答复中，南希吸取了教训，纠正了错误，表示货物已经 100%检验，让客户安心。并且在第四封邮件中提供了检验报告和检验图片，最终维护了公司利益（如果不能证明货物是安全的，可能会被退货），打消了客户的疑虑，赢回了信任，争取到了进一步合作的机会。

知识链接

一、客户服务

（一）客户服务原则

1. 加强与客户沟通，建立良好合作关系

只有同客户建立良好的合作关系，才能为业务良性发展奠定坚实的基础。沟通是建立客户关系最好的途径之一。跨境电商B2B企业与其客户之间的合作应该是基于一种健康基础之上的合作，这样就需要坚持"诚信为本、热情服务"。跨境电商B2B销售专员要有全局观念，要有长远眼光，要从大处着眼、小处着手，要在"互利双赢"的基础上构建良好的合作模式，培育融洽的合作氛围。

跨境B2B客户服务的工作内容

2. 深化企业内涵建设，以高质量的服务或商品占领市场

跨境电商B2B企业有流通型企业与生产型企业两类。流通型企业应以高质量服务吸引客户，生产型企业则应以高质量商品占领市场，所以，跨境电商B2B企业在客户服务上希望取得好的效果，就必须深化内涵建设，提高服务水平，以高质量的服务与商品作后盾提升企业整体水平与层次。

3. 关注客户各自特点，提供个性化服务

作为跨境电商B2B企业，无论是自己生产的产品销往国外还是从国外购入所需商品，无论是为国内厂商寻找境外买主还是为国内买家寻找境外供应商，都应该关注客户各自不同的特点，对每一个客户、每一笔交易认真分析，根据每一个客户、每一笔业务的特点，提供有针对性的个性化、差异化服务。在共性服务的基础上，更能满足具体客户的要求，使客户体会到宾至如归的服务，使客户与跨境电商B2B企业的合作拥有更坚实的基础。

4. 合理规避客户流失

积极深入客户经营的各个领域，提高客户对跨境电商B2B企业的依存度。一定程度上利用"锁定效应"，合理规避客户流失，从而保持客户资源与客户规模的相对稳定，为企业发展提供稳定的基础。

（二）客户服务流程

1. 客户调查

跨境电商B2B企业进行客户管理的目的在于维护现有客户、开发潜在客户。无论是维护现有客户，还是开发潜在客户，对客户资源信息进行必要的搜集是客户管理工作的基础。跨境电商B2B企业要调查包括客户基础资料和核心特征在内的众多信息，如客户的地址、电话、组织形式、资产等，还要掌握核心客户的经营观念、经营方向、经营特点等。这些基础资料都是跨境电商B2B企业客户管理的基础。

2.客户细分

客户细分是跨境电商B2B企业提高客户管理水平的重要工作内容。客户细分是指根据客户的不同特征将客户进行分类,对细分后的每一类客户采取有针对性的措施以维护现有客户或吸引潜在客户。只有准确、深入地进行客户细分,才能保证客户的不同需求得以体现。跨境电商B2B企业根据客户的真实需求,调整合作方式,采取措施,尽可能满足客户的需求,提高客户的满意度与忠诚度,才能实现客户的锁定效应。

3.客户流失分析

跨境电商B2B业务实践中,客户流失是时有发生的。跨境电商B2B企业应该首先分析客户流失的原因何在?如果是自然原因导致客户流失,企业应该正常对待;如果客户是由于竞争对手的某些竞争行为流失,企业就应该了解竞争对手的优惠措施内容,并结合企业自身情况妥善处理,这种客户流失是外因造成的流失;如果客户的流失是由内因造成,比如业务人员的工作态度不友善、回答问题不积极、专业水平有待商榷等问题造成客户对跨境电商B2B企业不满意时,跨境电商B2B企业应该积极查找内因,分析不足,并采取相应的措施加以处理,尽可能降低影响,弥补损失,同时,总结经验,改进不足。

二、客户调查

(一)客户调查的内容

1.客户基础材料

跨境电商B2B企业的客户以企业为主,个体客户的数量较少。对企业客户基础资料的搜集要注意:除企业客户的基本情况外,还要了解企业客户相关当事人的具体信息。这些信息是跨境电商B2B企业业务开展的基础资料,主要包括企业客户的名称、地址、电话;所有者、经营者、管理者、法人代表及他们个人的性格、兴趣、爱好、家庭、学历、年龄、能力;创业时间、与本企业交易时间;企业组织形式及资产等。

2.客户特征

跨境电商B2B企业在搜集客户的基本信息后,应该对客户的不同特征加以记载,主要包括客户的服务区域、销售能力、发展潜力、经营观念、经营方向、经营政策、企业规模、经营特点等。记录这些信息,便于跨境电商B2B企业全面了解客户的情况,采取有针对性的营销策略与谈判方式。

3.客户业务状况

跨境电商B2B企业应该对客户的经营范围、主打产品、销售业绩、经营管理者和业务人员的素质、与其他竞争者的关系、与本企业的业务关系及合作态度等信息加以搜集,这些数据是对客户进行细化分类的重要依据,规模大、实力强,有较强合作基础的企业应该作为重要客户来对待。

4.客户交易现状

除上述信息外,跨境电商B2B企业还应注意了解客户的销售活动现状、存在的问题、保持的优势、未来的对策、企业形象、声誉、信用状况、交易条件及出现的信用问题等方面。

(二)客户调查的方法

1.人员走访

调查人员与客户进行当面接洽,从中了解情况,搜集所需要的调查资料。人员走访被认为是最为可靠的资料搜集方式,也是客户调查赖以获取详细准确资料的重要方法。调查人员要注意在走访过程中,随时观察被走访者的反应。采取人员走访的方式进行客户调查,双方能够在广泛的基础上交换意见,调查具有针对性,且具有一定的广度与深度。

2.电话调查

电话调查主要借助电信设施进行客户调查,其最大的优点在于简便快捷,耗费的人力、物力较人员走访少,但电话调查中,调查人员与被调查人无法进行广泛的交流沟通,调查面较窄,有些情况下,还有可能受到语种的影响,而且调查信息的可靠性不及人员走访高。

3.邮件调查

邮件调查是现代信息技术迅速发展的产物,费用最低但可靠性最低。邮件调查主要是为了减少实地走访的人次,从而减少整个调查项目的费用开支,通常是与其他方法配合使用。单独采用邮件调查的方式,较低的可靠性将影响调查的效果。

4.焦点人群法

焦点人群法是指企业在进行客户调查时,根据调查内容需要,选定一定数量的被调查者,与被调查者集中沟通。这种方法适用于调查主题明确、调查范围确定的情况,可以利用焦点人群讨论较为集中的调查话题,运用这种方式前要做好周密的计划。

三、客户细分

(一)客户细分的必要性

在市场竞争日趋激烈的现代社会,跨境电商B2B企业之间的竞争也从单纯的价格竞争转化为多层次、多角度的综合性竞争。客户的细分有助于我们区分现有或潜在的客户群体不同的特征,将具有相同或相近特征的客户划归为同类客户,对其典型特征采取有针对性的营销措施,以提高企业的个性化客户管理,客户细分是客户管理科学化的必要组成部分,是企业客户管理水平提升的标志。

(1)有利于选择目标客户和制定有针对性的营销策略。客户细分后,比较容易了解客户的需求,企业可以根据自己的经营思想、方针,制定特殊的营销策略。同时,在细分的市场上,容易了解和反馈信息,一旦客户的需求发生变化,企业可迅速改变营销策略,制定相应的对策,以适应市场需求的变化,提高企业的应变能力和竞争力。

(2)有利于发掘市场机会,开拓新市场。通过客户细分,企业可以对每一类细分客户的特征、满意程度、竞争情况等进行分析对比,企业可以根据这一分析结果采取有针对性的改进,争取客户关系中的主动权。

(3)有利于集中人力、物力跟踪重点客户。任何一个企业的资源、人力、物力、资金都是有限的。通过客户细分,有助于企业提高自身人、财、物及资源的利用效率。

(二)客户细分的标准

跨境电商B2B企业可以采用以下标准细分客户,搜集客户相关信息,建立并完善企业的客户资源库。一般而言,企业可以参照如下因素进行客户分类:客户的个性化资料,客户的消费行为(消费习惯、数量与频率),客户的购买方式,客户的地理位置,客户的职业,客户的关系网,客户的知识层次,客户的规模,客户对企业的贡献,客户的忠诚度,客户的信誉度,客户是否会流失,客户是不是新客户等。

客户细分的主要标准包括:

1.客户与企业的关系

按此标准可将客户划分为:现有客户、潜在客户、历史客户、竞争者客户等。

(1)现有客户,是跨境电商B2B企业通过以往贸易往来形成的客户关系,是企业未来业务发展的重要基础,也是企业开发新客户的有效信息来源。

(2)潜在客户,是跨境电商B2B企业通过多种渠道了解、掌握的未来可能与企业发生业务往来的客户,潜在客户转化为现有客户是企业客户管理的重要目的,也是客户管理的必要性及重要性的体现。

(3)历史客户,是指曾经与跨境电商B2B企业发生业务往来的客户,后因某种原因中断了与企业的合作关系,这类客户如果可以恢复,可能构成企业的重要客户资源。同时,历史客户也是企业发现自身管理及操作问题的重要依据。

(4)竞争者客户,是指跨境电商B2B企业竞争对手的客户。"知己知彼,百战不殆",企业对竞争者客户的关注有助于认识自身客户管理、业务操作及市场营销方面的不足,同时了解竞争对手的优势与特点,做到取长补短。

2.客户对企业的价值

根据客户对企业的价值不同,跨境电商B2B企业的客户可以划分为:

(1)VIP客户。VIP客户是跨境电商B2B企业的重点客户,这一类客户数量不多,但是与企业有长期、稳定、发展势头良好的业务合作,对企业贡献的价值最大。

(2)主要客户。主要客户对跨境电商B2B企业的贡献值仅次于VIP客户,其与企业业务往来也是跨境电商B2B企业利润的重要组成部分,其数量较VIP客户数量多。

(3)普通客户。这些客户与跨境电商B2B企业的业务往来所占比例一般,能够为企业提供一定的利润。

(4)小客户。这类客户人数众多,但是能够为企业提供的盈利却不多,甚至使企业不盈利或是亏本。

对于跨境电商B2B企业来讲,客户管理过程中,对于不同的客户组别要采取各自适合的管理方法。

3.评价客户的指标

(1)按客户信用度细分客户

按此标准可将客户划分为三类:红名单客户、灰名单客户和黑名单客户。红名单客户信用状况最好,灰名单客户次之,黑名单客户信用度最差,是企业严格监管的目标。与黑名单上的企业发生业务往来,就意味着跨境电商B2B企业将自己置于风险的中心,随时可能发生导致亏损的意外事件。

(2)按客户满意度细分客户

按此标准可将客户划分为五个级别:非常满意客户、很满意客户、基本满意客户、不满意客户和很不满意客户。

(3)按客户忠诚度细分客户

按此标准可将客户划分为五个级别:非常忠诚客户、很忠诚客户、基本忠诚客户、不忠诚客户和很不忠诚客户。

四、客户流失

跨境电商 B2B 企业竞争激烈,客户的流动性较大,要保证客户不流失,就要提高客户对产品、服务的满意度,进而形成忠诚度。满意度不是一个长期意义上的概念,客户可能对一笔业务的商品及企业的服务感到满意,但是,如何提高与这类客户重复贸易的概率,就不单单是满意度能够解决的问题,必须建立客户对跨境电商 B2B 企业的忠诚度。能够拥有一批具有较高忠诚度的客户,是跨境电商 B2B 企业得以发展壮大的基础。

(一)客户忠诚度分析

1.客户忠诚的种类

(1)垄断忠诚。这种客户忠诚源于产品或服务的垄断。一些企业在行业中处于垄断的地位,在这种情况下,不论满不满意,用户别无选择,只能够长期使用这些企业的产品或服务。要形成垄断忠诚难度大,尤其在业务竞争激烈的今天。

(2)亲缘忠诚。这种客户选择一家跨境电商 B2B 企业主要因为其亲属与该公司关系密切,如客户亲属是跨境电商 B2B 企业的工作人员等。由于客户与贸易公司分处不同的国家,要形成亲缘忠诚概率较小。

(3)利益忠诚。客户对某跨境电商 B2B 企业形成业务忠诚是因为该跨境电商 B2B 企业的价格优势,这种利益忠诚在我国普遍存在。由于中国多数的出口产品以价格低廉抢占市场,占有市场份额,所以,多数的跨境电商 B2B 业务是基于价格优势的基础达成的。但价格优势是难以长期维持的,即便可以在一定时期内维持,其维持成本也较大,而且极易引发竞争者的不满,采取报复行为,所以,利益忠诚虽然大量存在,但无法形成长期、可持续的客户忠诚。

(4)信赖忠诚。信赖忠诚是一种可靠性高、可持续的忠诚,是跨境电商 B2B 企业提高客户忠诚度的最终目标,形成信赖忠诚需要经过企业与客户的长期合作,需要跨境电商 B2B 企业的产品或服务真正满足了客户的需求。所以,要实现信赖忠诚,跨境电商 B2B 企业必须转换思想,树立"双赢"观念,眼光放远,以实现客户利益最大化为服务宗旨,只有这样,才能保证企业长远利益的最大化。

客户资源是跨境电商 B2B 企业生存、发展的生命线,培养一批具有较高忠诚度的客户,是企业客户管理的最终目标。

2.获取客户忠诚的方法

(1)树立"双赢"观念,真诚对待客户

大部分跨境电商 B2B 业务秉承了原有的买卖行为,也因此存在着传统的买卖对立的观念,即买卖双方是一种敌对的关系,卖方希望高价出售,买方希望低价购买,买卖的过程就是买卖双方斗争的过程。

但是,从长期利益来讲,买卖双方应该摒弃对立观念,树立合作意识,卖方要帮助买方实现相应的目标和价值,并从中获取利益,买卖双方的利益是共同的,以损害一方利益实现自身利益的经营模式已经无法适应现代社会激烈的竞争了。所以,跨境电商B2B企业在业务开展过程中,应该坚持以真诚的态度对待客户需求,与客户沟通,在实现客户利益的同时,实现自身的利益。

(2)建立完善的客户信息数据库

要提高客户的忠诚度,首先要做的就是调查客户的忠诚度,并将调查结果记录在案。因此,跨境电商B2B销售专员在与客户的接触过程中,要重视随时的数据收集和记录,要建立一个完整的信息数据库。同时,要使数据库中的数据信息完整,成为有机的整体,而不是众多孤立数据的堆砌。要尽可能地利用数据库对客户的资料进行多方面、多层次的分析,然后再通过逻辑思维归纳出进一步的结果,以看到客户深层次的一面。

(3)提高客户的兴趣,与客户有意接触并发现商机

跨境电商B2B企业可以采取多种办法激发客户的兴趣,有计划地与客户接触、沟通,并从中发现商机、把握商机。跨境电商B2B企业可以主动发函给客户,询问客户的需求和意见;定期派专人走访客户,就完成的业务情况进行调查,掌握客户的需求变化;时常召开客户见面会或联谊会等,把握每一次与客户接触的机会,赢得客户的信赖。

(4)建立反馈机制,倾听客户的意见

建立有效的反馈机制非常重要,企业面临的不是客户的一次性交易,而是长期性的合作。有效的反馈机制将为双方提供沟通交流的平台,将双方每一笔业务操作过程中的信息进行及时的交换,使买卖双方能够在相对透明的基础上完成交易,这样,一次交易的结束才可能是下一次新的合作的开始。

(5)妥善处理客户的抱怨

及时妥善地处理客户抱怨,是跨境电商B2B企业赢得客户信任和忠诚的有效方法。客户对业务操作出现意见,是业务操作或衔接出现问题的反应。企业这时必须正确对待客户的抱怨,才可能化危机为商机;及时妥善处理客户的抱怨,才能化解潜在的矛盾,争取长期合作的良好基础。

(二)客户流失原因分析

获取客户对企业的忠诚,是跨境电商B2B企业客户管理的目标,但客户流失又是跨境电商B2B企业无法避免的问题,所以,在尽可能提高客户忠诚度的同时,要正确看待客户流失,分析客户流失的原因,将客户流失对企业造成的损失降到最低,也是跨境电商B2B企业客户管理必须要面对的问题。客户流失原因可归结为以下几个方面:

1. 商品价格是导致客户流失的主要原因

跨境电商B2B业务中,买卖双方进行货物或服务的国际交流以获取商业利润为目的,要实现买卖双方的商业利益,在相同品质的条件下,价格优势是最具竞争力的要素。拥有价格优势的跨境电商B2B企业将对客户形成强有力的吸引。而一旦企业丧失了价

格优势，原有的客户就可能转投他家，造成客户流失。

2.业务操作中微妙事件的不良处理也是导致客户流失的常见原因

跨境电商 B2B 业务实践中，买卖双方需要在询盘、发盘、磋商、报价、履行等各个环节发生业务往来，在这频繁的往来中，业务摩擦难免会发生，企业对这种微妙事件的处理方式与态度将对客户的心理造成非常大的影响，直接决定客户对企业的信任度增加还是减少。

在跨境电商 B2B 业务中，无论是卖方还是买方，都不能只顾眼前利益和个人利益，而将对方的利益置之不理。若这种思想体现在贸易摩擦的处理中，则极易造成破坏性的后果。若是己方工作人员的错误，就该诚恳认错并积极弥补。即便是对方客户的问题，也应该设身处地地为对方考虑，从双方的利益角度考虑问题，才有助于双方长期合作关系的建立。抓住对方错误大做文章，会破坏双方合作的基础，交易很难顺畅达成，双方的利益都会受到损失，争取达到"双赢"才是跨境电商 B2B 企业应该关心的。

3.商品品质无法达到客户要求

对方客户如果无法对拟交易的商品品质感到满意，则交易的达成就缺乏起码的基础，即便是侥幸达成一笔交易，也只是短期行为，无法为企业培养真正的客户资源，反而容易在客户群中丧失信誉，起到负面的效果。这种导致客户流失的原因出现的概率虽然不像商品价格那么频繁，但一旦这类问题出现就造成企业很难解决的瓶颈。

4.消极的服务接触无法为客户切实解决所需

如果己方的工作人员没有尽可能地满足客户的需求，积极主动地与客户沟通交流，买卖双方的交易就丧失了良性发展的基础，这种消极的服务态度虽然在一定程度上可能被商品的品质及价格优势掩盖，但服务的低劣是造成客户流失的隐患，一旦在商品品质或价格方面有竞争对手出现，客户的流失就是必然的。而商品的品质与价格优势要在长期内维持本身就不容易，需要投入的成本与精力远远超过维护客户已经建立起来的信任。

5.竞争对手的行动势必在一定程度上形成对客户的吸引力

任何一种商品或服务的供应商面对来自世界各地的消费者或购买者，可谓商机无限，但同时也面临着来自世界各地竞争者的挑战。任何一家企业都希望争取尽可能多的稳定客户，为企业发展提供动力。因此，他们必须切实关注有竞争力的对手的商业行为，并采取相应的对策，以保持现有客户的相对稳定，同时开发、挖掘新的客户，在竞争中争取有利地位。

6.其他非自愿的原因：如死亡、伦理道德问题等

除上述原因外，还有一些其他的非自愿的原因导致企业的客户流失。所以，企业的客户资源应该是一种动态的平衡，保持客户的绝对不流失是任何企业都无法实现的理想状态，企业应该注意保持自身客户资源的动态平衡，培养长期客户、牢牢把握重点客户、高价值客户，保证 VIP 客户不流失，而对于低价值客户则需要考虑维护成本与维护收益的关系。

（三）客户流失处理

避免和处理客户的流失需要根据客户流失的不同原因采取有针对性的措施。根据跨境电商 B2B 业务实践,我们将客户流失的性质分为三类,即自然流失、竞争流失与过失流失。针对三种不同性质的客户流失,跨境电商 B2B 企业应该采取不用的应对措施。

1.自然流失

自然流失,是指非人为因素造成的客户流失。在跨境电商 B2B 业务中,这类现象比比皆是,如一方变更经营范围,改变主营产品,交易对象与另一方相偏离,双方的贸易合作缺乏了共同的基础,无法开展。这类现象在跨境电商 B2B 业务实践中时有发生。

跨境电商 B2B 企业应保持平和的心态,正确认识自然流失的必然性。可以说,跨境电商 B2B 企业对自然流失几乎无能为力,但幸好这种类型的客户流失并不严重,如果自然流失引起重要客户的流失,那跨境电商 B2B 企业就必须另辟蹊径,重新开发新客户。

2.竞争流失

竞争流失是指由于竞争对手的行为导致的客户流失,在跨境电商 B2B 业务中,激烈的竞争已经演变为企业客户流失的重要诱因,面对这种竞争可能导致的客户流失,企业可以采取以下三种策略:

(1)进攻策略:跨境电商 B2B 企业要有针对性地采取措施,改进商品品质,提高服务质量,集中力量发挥自身优势,主动发起进攻,与竞争对手展开正面的竞争,为自己争取客户造势。

(2)防守策略:跨境电商 B2B 企业如果目前自身能力有限,无法与竞争对手平等竞争,没有办法在短期与竞争对手展开面对面的竞争,就应当努力提高服务水平和质量,实行优惠价格,尽量保持和巩固现有市场。

(3)撤退策略:企业通过市场分析或前景预测,如果感到前景对自己不利,就干脆放弃这种产品或服务品种,以腾出资源开发新产品,开辟新市场。

在上述三种策略中,很多企业喜欢选择进攻策略,认为主动采取措施加以还击效果更好,但实际上一味地进攻,未必奏效。人们发现,当太多的企业陷入盲目的竞争中时,它们几乎都企图锁定同一类客户,而忽视了理性的分析和对自己所拥有的客户的关怀,于是一些竞争者往往只需要花费很少的投资,就可以在短时间内利用新的营销渠道和策略抢走客户,以占到更大的市场份额。

3.过失流失

过失流失,是指由于企业自身工作中的过失造成的客户流失,这种类型的流失是占客户流失总量比例最高的,带给企业最大影响的,因此是企业需要重点考虑的。

针对过失流失,跨境电商 B2B 企业必须高度重视,切实发现问题根源,妥善处理,为树立良好的企业信誉与形象做好铺垫工作。

造成过失流失的原因在跨境电商 B2B 业务中表形方式多种多样,如粗制滥造的产品、对客户不闻不问、对员工建议置之不理、忽视反馈信息、不关心企业形象、思想消极、故步自封等。之所以发生过失流失,是因为客户的需求难以得到满足、客户对企业没有足够的信赖。既然已经找到了答案,就可以有针对性地采取措施了。

过失流失是跨境电商 B2B 企业客户流失的主要原因之一,为避免客户因跨境电商 B2B 企业的过失而流失,要把争取工作落实在日常的业务交往中。跨境电商 B2B 企业要从思想上重视客户管理工作,培养企业员工的服务意识,将"双赢"观念灌输给员工,切实改进商品质量,提高服务质量,减少工作过失,这样才能降低过失发生概率,降低客户因跨境电商 B2B 企业的过失而流失。

五、客户争议处理

(一)常见客户争议情形

跨境B2B售后争议解决

跨境电商 B2B 售后工作中,最麻烦的莫过于处理客户投诉或纠纷问题。常见客户投诉或纠纷包括退货问题、差评问题、买家投诉问题等,具体涉及产品、服务、物流等方面。

1.产品方面争议

产品方面争议主要包括产品质量问题、色差问题、码数问题、瑕疵问题、发错款式问题、多发漏发问题、图片与实物不符问题、缺货等。

2.服务方面争议

服务方面争议主要包括售前客服服务态度问题、售前客服销售误导问题、售后客服服务态度问题、售后客服处理效率问题等。

3.物流方面争议

物流方面争议主要包括未及时发货、发错快递、包裹延迟派送、丢件等问题。

(二)客户争议处理流程

1.让客户体会到卖家解决争议的诚意

在实际业务中,如果遇到客户对于产品不满意、物流体验差、客户要求退款等争议问题,首先要做的是体现我们解决争议的态度,感恩客户,对于客户的遭遇表示理解,并且承诺会积极地解决问题。

2.真正地了解订单争议的来龙去脉

跨境电商 B2B 业务的争议性最容易集中在物流环节,比如丢件、产品破损。所以遇到客户争议,首先应该冷静地分析事情的来龙去脉,注意电子格式和证据,比如聊天记录、物流记录等。如果是物流公司的责任,则需要找物流公司解决;如果是客户误会,则应该通过真实的电子证据跟客户真诚沟通,祈求客户理解。

3.引导客户的负面情绪

客户对于订单有争议,对产品不满意,肯定会有很多负面的情绪。这时候最考验在线客户服务的业务能力。好的客户服务会通过自己的专业度、语言能力,再通过站内信、邮件、APP,或通过电话跟客户充分沟通,并且理解认同客户,最终让客户再次信任我们,化解客户的负面情绪,为争议的解决打下基础。

(三)客户争议处理方案

1.首先表示对他的情况及心情完全理解

我们要换位思考,站在客户的立场去看,这个问题给他带来损失和不便,客户发发牢骚也是很正常的,我们做客服工作要表示完全理解。

2.如果是企业方面的错,要立即道歉

跨境电商B2B售后客服的目光不应放在一个订单的得失上,而是放在一个客户的终身价值、一个市场的培育上。不少客户看到企业主动承担,愿意替他考虑,就会放松下来,不好意思那么计较了。

3.调查事情发生的原因

如果需要调查情况,可以跟客户说,我们已经将情况汇报给了经理,马上找相关部门的人开会,调查这个事情。让客户提供进一步的细节,比如拍个照片,统计有多少货物有问题等。如果事情已经调查清楚,则解释一下这个事情为何会发生,问题出在什么地方,已经采取了什么措施,保证下次不会发生。如果客户有责任,要委婉地指出来。在沟通的过程中也不能得理不饶人,搞得客户不开心。

4.把客户的注意力引到解决问题上来

客服人员无法左右客户的想法,但我们可以引导客户的注意力和话题,让客户感受到,我们在积极努力地解决问题,而不是计较损失应该由谁来承担。可以说:"It is really out of expectation.We must find out a solution to get out,do you have any good ideas?"

5.在能够安抚客户、让客户感到舒适的情况下争取利益

比如,可以给客户许诺下个订单给他补偿。如果你前面的部分处理得好,客户对你比较信任,一般客户是可以接受的。在处理售后问题时,客户大多会情绪激动,有时候言语可能偏激。但我们不能以牙还牙,因为这样不但解决不了问题,还会激化矛盾。我们要学会倾听理解,跟客户好好沟通,并给出解决时限,努力给出让客户满意的方法。售后处理是一门变废为宝的艺术,因此我们要把售后变成一次销售机会。这样的话,我们才不至于因为售后问题而流失我们的老客户。

习题测验

(一)单项选择题

1.下列选项中,费用最低的客户调查方法是(　　)。
A.焦点人群法　　　　　　　　B.邮件调查
C.人员走访　　　　　　　　　D.电话调查

2.客户对企业的价值从大到小的准确排列顺序是(　　)。
A.VIP客户＞主要客户＞普通客户＞小客户
B.VIP客户＞普通客户＞主要客户＞小客户
C.VIP客户＞主要客户＞小客户＞普通客户
D.VIP客户＞小客户＞主要客户＞普通客户

3.下面不属于产品争议的是(　　)。
A.质量问题　　　　　　　　　B.色差问题
C.多发漏发问题　　　　　　　D.服务态度问题

(二)判断题

1.业务操作中微妙事件的不良处理是导致客户流失的主要原因。　　(　　)
2.按客户满意度标准可将客户分为五个级别:非常满意客户、很满意客户、基本满意

客户、不满意客户和很不满意客户。 （　　）

能力实训

客户纠纷处理

2021年9月30日，杭州维丰实业有限公司销售专员James收到客户投诉，一个顾客声称几周前购买的水瓶，倒入开水后盖子弹跳出来，开水烫伤了她10个月大的婴儿，如图7-11所示。

```
Re:RE: Re:Fw:FW: 300251-2 Tech Action                                    2019-10-03 13:27:35
From: 施朝阳 <qa@chinawelford.cn>
Sent: Wednesday 2 October 2021 06:44
To: Steven Erridge <serridge@primark.ie>
Cc: 'suri' <suri@chinawelford.cn>; charles <charles@chinawelford.cn>
Subject: Re:Fw:FW: 300251-2 Tech Action

Mimecast Attachment Protection has deemed this file to be safe, but always exercise caution when opening files.

Dear Steven,

This is James Cai, new QA from Welford since September 2, I'll be responsible for the quality of Primark's orders.

We are very surprise to get this unfortunately news that baby got injured due to hot water, when we got this news, our all relevant dept. held a special meeting immd. to analysis the situation and try to find the lid came off reason, the comments from our Technical and Quality dept. as below:

1. This is old model and we got around 20 orders per season from our different final customer and shipped out totally around 1M pcs including Primark 500 K PCS to different countries, until now we didn't receive any complaint about this products Quality issue, special for Lid came off and injured by hot water.
2. This product's design and construction was confirmed by BV 3rd party testing and got safety certificate as attached.
3. Our QC dept. made final inspection for each PO and confirmed that products Quality without any problem then we shipped out, please check attached inspection report.
4. Not only our Quality dept. made final inspection according to the AQL level but also Quality dept. made special testing, just like hot water filling testing with lid seal, lid cover tightening and loosening test and more than 10 test cycles, but Our QC didn't find any problem about Lid came off or loose.
5. From the beginning of this product design, considering this is a travel cup, so there is a sealing function for this cup, if final customer uses in normal condition and screw tightening properly, that would be without any problem and dangerous whatever fill in hot water or cold water.
6. Please noted we reviewed all package AW of SS19 orders at 11th FEB, and there was got approval to this travel mug, further more mass production sample was approved at 8th.MAY then we released order shipments

     The problem happened possibility as below:

1. The final customer didn't use it under normal conditions, for example be impacted, falling down and so on.
2. Most likely case is that final customer didn't tighten the lid properly, or we can say tighten in FALSE tightening situation, or we can say the tightening thread is not on the Right track, then the Steam inside cup expands and caused the Lid to come off after some time.

The Resolve the final customer complaint solution as below:

1. Although that was not caused 100% by products Quality problem, we are willing to bear part of the treatment costs with a responsible attitude towards final customer.
2. If we could get the final customer mentioned Defects water bottle that would help our engineer to analysis and find root case.
3. We will discuss it together for next repeat order if we could add some warning notes on this Mug packaging, just like the Microwave is Forbidden, keep far away from Baby and so on.
4. Our engineer still considered why this final customer take this hot water bottle not far away from his/her baby? he/she should fully understood the hot water is dangerous for baby, so that we consider that was an accident case.

     Looking forward to hearing from your side, tks!

     Sorry for any inconvenience!

     James Cai

Welford Industrial Limited
RM. 2002, Unit Two, Ruling the World Building, No.1819 Hongning Road, Qianjiang Century City, Hangzhou, China.

Tel 86/0571-85781538 Ext 8008  Fax 86/0571-87555615
```

图7-11　客户投诉

请分析评价杭州维丰实业有限公司销售专员James拟订的以上纠纷处理方案。

参考文献

[1] 章安平.进出口业务操作(第三版)[M].北京:高等教育出版社,2019
[2] 章安平.国际贸易基础[M].北京:高等教育出版社,2020
[3] 阿里巴巴(中国)网络技术有限公司,浙江商业职业技术学院.跨境电商B2B立体化实战教程[M].北京:中国工信出版集团,2019
[4] "跨境电商B2B数据运营"1+X职业技能等级证书配套教材编委会.海外社会化媒体营销[M].北京:中国工信出版集团,2021
[5] 毛居华.跨境电商B2B店铺数据运营[M].北京:中国工信出版集团,2021
[6] "跨境电商B2B数据运营"1+X职业技能等级证书配套教材编委会.跨境电商B2B店铺运营实战[M].北京:中国工信出版集团,2021
[7] 中国国际贸易学会商务专业培训考试办公室.外贸业务理论与实务[M].北京:中国商务出版社,2012
[8] 柯丽敏,王怀周.跨境电商基础、策略与实战[M].北京:电子工业出版社,2016
[9] 阿里巴巴国际站规则网址 https://rule.alibaba.com/rule